Lance Webb
FLUCHT AUS EPHESUS

Lance Webb

Flucht aus Ephesus

Leuchter-Verlag eG · D-6106 Erzhausen

Titel der Originalausgabe: ESCAPE FROM EPHESUS
Übersetzung: KH. Neumann
Umschlaggestaltung: Dieter Illgen, Hannover

1. Auflage Oktober 1992

Original Publisher: Thomas Nelson Publishers, Nashville

ISBN 3-87482-161-7

Gesamtherstellung:
Schönbach-Druck GmbH, 6106 Erzhausen

INHALT

TEIL I

PHILEMONS SKLAVE

1. KAPITEL

Das weitläufige Atrium des eleganten Hauses von Aristarchus, dem Kämmerer und Vermögensverwalter der römischen Provinz Asia, war erfüllt mit Vogelgesang. Doch Gaius, dem einzigen Sohn der Familie, erschien das Gezwitscher eher wie der Lärm vieler gefiederter Dämonen.

Gaius, seine beiden jüngeren Schwestern, seine Mutter Alcestia und sein Vater Aristarchus saßen in stummer Verzweiflung am Frühstückstisch. Niemand hatte etwas von den Speisen angerührt. Gaius und seine beiden Schwestern warteten schweigend darauf, daß der Vater ihnen erklären würde, was er und die Mutter seit dem vergangenen Abend schon wußten.

„Etwas Schreckliches muß geschehen sein, Vater?" begann Gaius endlich und betrachtete besorgt das blasse Gesicht von Aristarchus und dessen rot verschwollene Augen.

„Ja, Gaius", nickte der Vater schwer. „Das Unheil, das ich erwartet habe, ist eingetroffen. Seit Wochen habe ich es befürchtet. Und eure Mutter weiß, daß ich auf alle mögliche Weise versucht habe, es zu verhindern."

Gaius betrachtete die Mutter und sah, wie sie litt. Sie hielt sich zwar mit aller Kraft aufrecht, um dem Vater Mut zu machen, doch schien sie jeden Augenblick zusammenzubrechen.

Gaius und sein Vater hatten sich oft über die Risiken seiner hohen politischen Stellung unterhalten. Nach und nach hatte Aristarchus seinen Sohn über die raffinierten Anschläge des ehrgeizigen und gewissenlosen Vitellius Lucas und seines alten Feindes Lamachus unterrichtet. Gaius begriff, daß diese beiden und ihre Anhänger nun doch das Vertrauen des römischen Kaisers Claudius für sich gewonnen hatten. In den ersten neun Jahren seiner Regierung hatten alle nach der tyrannischen Herrschaft des Kaisers Caligula aufgeatmet. Doch während dieser Zeit hatten Lucas und seine Mitverschworenen immer wieder Lügen über den Statthalter der Provinz Asia sowie über Aristarchus und andere hohe Beamte der Provinzverwaltung verbreitet. Mit Schmeicheleien und reichen Geschenken hatten sie nun endlich ihre hinterhältigen Ziele erreicht.

„Aber . . . was können sie gegen unseren tüchtigen Statthalter schon ausrichten?“ hatte Gaius gefragt. Der Statthalter Gaius Flaccus war sein großes Vorbild, solange er denken konnte, und seine Eltern hatten ihm auch den Namen dieses Mannes gegeben, der nun schon fünfzehn Jahre die Provinz Asia mit viel Geschick und Gerechtigkeit regierte.

„Was sie tun können? Mein Sohn, sie haben es geschafft, daß der Kaiser einen Befehl erlassen hat, den Statthalter und andere hohe Beamte der Provinz, mich eingeschlossen, zu verhaften und nach Rom zu bringen. Dort sollen wir als Verräter an der kaiserlichen Macht hingerichtet werden.“ Seufzend fuhr er fort: „Und diesen Befehl werden sie auch dazu benutzen, dich, mein geliebter Sohn, deine Mutter und deine beiden Schwestern als Sklaven zu verkaufen und unser schönes Haus sowie mein gesamtes Vermögen zu beschlagnahmen. Es soll dann dazu dienen, für den neuen Statthalter einen Palast zu bauen.“

Gaius, der für seine siebzehn Jahre schon sehr verständig und erwachsen war, stockte der Atem, als ihm die volle Konsequenz dieser Worte bewußt wurde. Mutig sagte er: „Aber Vater, es muß doch einen Weg geben, daß du entkommen kannst. Und können wir nicht etwas tun, um Mutter und meinen Schwestern die Sklaverei zu ersparen?“

„Ich wünschte, ich wüßte einen Weg“, seufzte Aristarchus kopfschüttelnd. „Gestern abend wurden wir zu einer außergewöhnlichen Sitzung zusammengerufen. Dabei wurde der Befehl des Kaisers verlesen, und der Statthalter wurde sofort verhaftet und gefangengesetzt. Einigen anderen und mir gelang es, den Raum zu verlassen. Doch das wurde schnell bemerkt, und wir wurden durch Legionäre verfolgt. Als ich hier ankam, warteten die Soldaten, die Vitellius Lucas geschickt hatte, schon auf mich. Der Centurio, der die Soldaten befehligte, hielt mich am Tor an und teilte mir mit, ich dürfe über Nacht noch im Haus bleiben. Das habe ich nur seiner Dankbarkeit zu verdanken, weil ich ihm früher auch einmal einen Gefallen getan habe. Er warnte mich aber vor jedem Fluchtversuch und gab mir Zeit bis heute morgen neun Uhr. In wenigen Minuten werden sie kommen und uns mitnehmen."

Alicia und Julia weinten leise, während die Mutter sie zu trösten versuchte.

Gaius stand einige Augenblicke wie versteinert. Dann lief er zu seinem Vater, umarmte ihn und sagte: „Vater, ich werde alles tun, was mir möglich ist, um der Mutter und den Mädchen zu helfen. Welch schrecklicher Schicksalsschlag."

„Gaius", liebevoll zog der Vater ihn an sich. „Verliere nie den Mut, Gaius, was auch immer kommen mag!"

Kommandorufe wurden hörbar und die Schritte anrückender Soldaten. Alceste trat mit den beiden Mädchen zu ihrem Mann und ihrem Sohn. Alle umarmten sich. Und als der Centurio an die Tür pochte, sagte die Mutter mit einer inneren Stärke, über die Gaius nur staunen konnte: „Wir werden es durchstehen. Und du, mein lieber Aristarchus, sei mutig!" Sie umarmte ihren Gatten nochmals und sagte stolz: „Ich möchte lieber an deiner Stelle sein, als den Platz dieser hinterlistigen Verräter einzunehmen."

Nun wandte sie sich den weinenden Mädchen zu, die sich an sie hängten: „Denkt an all das, Alicia und Julia, was euer Vater und ich euch gelehrt haben . . . "

Die Tür zum Atrium wurde aufgestoßen, und die Legionäre traten auf Aristarchus zu und führten ihn fort. Seine

Familie blieb zurück und winkte ihm nach. Bald darauf wurden sie auf einen Ochsenkarren geladen und, von Soldaten bewacht, auf den Marktplatz von Ephesus gefahren.

Gaius kam die Fahrt zum Marktplatz endlos vor. Die vier hielten sich in dem rumpelnden Ochsenkarren eng umklammert, und Gaius und seine Mutter versuchten die beiden Mädchen zu trösten.

Ihre Verhaftung hatte sich schnell herumgesprochen, und viele Freunde und Nachbarn standen auf der Straße und blickten ihnen voller Mitleid nach. Einige riefen ihnen auch ermutigende und tröstende Worte zu. Als sie dann durch ärmere Straßen fuhren, mußten sie sich auch den Spott derer anhören, von denen sie früher ob ihrer Stellung beneidet worden waren. Die Demütigung, die Gaius dabei empfand, wurde nur noch von seiner Furcht vor ihrem unbekannten Schicksal übertroffen.

Endlich bog der Karren auf den riesigen viereckigen Marktplatz ein, auf dem in vielen Buden und Ständen gekauft und verkauft wurde. In der südöstlichen Ecke befand sich eine große Plattform, auf der schon seit Jahrhunderten die Sklaven verkauft wurden. Hinter der Plattform gab es einige kleine Buden, in denen die Sklaven für den Verkauf hergerichtet wurden.

Der Karren hielt vor der größten der Buden an, vor der der Sklavenhändler Grannius sie schon erwartete. Ein Bote von Vitellius, dem neuen Statthalter der Provinz, hatte ihn davon unterrichtet, daß an diesem Vormittag die Familie des Aristarchus und auch die Familien der anderen verhafteten Beamten verkauft werden sollten.

„Grannius, hier bringe ich dir die Familie des Aristarchus zum Verkauf“, sagte der Führer der Begleitmannschaft. „Du wirst sicher einen guten Preis für sie erzielen, vor allem für diesen jungen Mann hier. Er ist nicht nur kräftig und hübsch, sondern auch äußerst intelligent. Er hat die beste Ausbildung in Philosophie, die man sich denken kann."

„Lamachus hat mich schon unterrichtet", antwortete Grannius. „Auch die Frau ist auf dem Höhepunkt ihres Lebens. Sie wird bei ihren Fähigkeiten und ihrer Erziehung auch einen Spitzenpreis bringen. Und die beiden Mädchen . . . " Er wandte sich Alicia und Julia zu und sagte: „Nun hört schon auf zu weinen. Es nützt doch nichts."

Man merkte ihm sein Mitgefühl trotz seines rauhen Äußeren doch an, als er jetzt zu den unglücklichen Gefangenen sagte: „Euer Los ist hart, doch nicht anders als das vieler Tausender im ganzen Reich. Ich rate euch: Findet euch damit ab und weint nicht mehr. Vor allem nicht während des Verkaufs. Wenn ihr einen guten Eindruck macht, ist die Chance größer, daß ihr einen freundlichen Herrn bekommt. Das Leben eines gut aussehenden und intelligenten Sklaven mit einer guten Erziehung muß durchaus nicht hart sein. Ihr seid besser daran als euer Vater, der in Rom sein Leben verlieren wird."

Er wandte sich einer Frau zu, die ihm offensichtlich half, und befahl: „Hier, Fannia, nimm die beiden Mädchen und ihre Mutter und bring sie in die vorgesehene Bude. Bereite sie für den Verkauf vor. Er soll noch heute vormittag stattfinden."

Gaius konnte gerade noch sagen: „Lebt wohl! Mögen die Götter mit euch sein!" Dann wurden seine Mutter und die Schwestern in die Bude gebracht. Es war das letzte Mal in seinem Leben, daß er seine Schwestern sah.

Grannius wandte sich nun Gaius zu. „Also, Sohn", sagte er, „wir wollen uns in Ruhe unterhalten. Ich hasse das bittere Schicksal, das euch hierher gebracht hat, so sehr wie den Diabolus, denn ich habe euren Vater immer sehr geschätzt. Doch ich kann euer Los nicht ändern, sondern nur versuchen, dich an einen guten Herrn zu verkaufen."

Die beiden gingen nun in eine andere Bude. Grannius fragte Gaius nach seinem Alter, seiner Erziehung und vor allem nach den Jahren des Unterrichts bei Phineas, seinem geliebten Philosophie-Lehrer.

„Ich habe gehört, du seist in deiner Klasse der intelligenteste und beliebteste Schüler gewesen und hättest auch hervorragende Kenntnisse in Griechisch“, sagte Grannius. Bei diesen Fähigkeiten sollte es nicht allzu schwer sein, dich an einen reichen Kaufmann zu verkaufen, der einen intelligenten Mann für sein Geschäft und seinen Haushalt braucht. Versuche also den bestmöglichen Eindruck zu machen.“

Grannius gab dem jungen Mann noch weitere Anweisungen über sein Verhalten während des Verkaufs. Und Gaius nahm sich vor, seine Fassung zu bewahren und sich so gut wie möglich zu präsentieren. Er dachte an einen der Lieblingssprüche seines Lehrer Phineas: „Wen die Götter verderben wollen, machen sie zuerst wild und verrückt!“

Gaius dachte: „Vielleicht finde ich einen guten Herrn, den ich überreden kann, auch noch meine Mutter und meine Schwestern zu kaufen.“ Entschlossen wartete er auf den Augenblick, da er die Plattform betreten mußte, um verkauft zu werden.

Gaius würde nie die brennende Scham der Zeit vergessen, während der er nackt auf der Plattform stand und sich in verschiedenen Posen, wie Grannius es befahl, den interessierten Käufern vorstellen mußte. Grannius lobte in hohen Tönen seine Kraft, den klassischen Körperbau und das edle Gesicht wie das von Apollo, so sagte er. Doch am meisten sprach er von seiner Erziehung durch den weitbekannten Philosophen Phineas.

Während Gaius auf der Plattform stand und die Käufer betrachtete, fiel ihm bald ein hochgewachsener Mann mit olivfarbener Haut, dunklem Haar und hoher Stirn auf, der einen sehr intelligenten und dabei auch durchaus freundlichen Eindruck machte. Innerlich flehte Gaius zu den Göttern, damit dieser Mann ihn kaufen sollte.

Die Auktion begann mit einem hohen Gebot von diesem Mann. Gaius wurde ermutigt, als Grannius ihm zuflüsterte: „Sein Name ist Philemon. Er ist ein reicher Hersteller von Seide und Wolle aus Kolossea und Kaufmann obendrein. Er sagte mir vor der Auktion, er suche jemand, der bald seinen alt werdenden Bürovorsteher ersetzen und seine junge Tochter in Philosophie unterrichten kann. Ich machte ihn auf dich aufmerksam. Gib dir also Mühe!"

Plötzlich gab zu Gaius' Überraschung Lamachus, der alte Feind seines Vaters, der nun dessen Stellung in der Provinzverwaltung eingenommen hatte, ein noch höheres Gebot ab. Ihm ging es wohl darum, den Sohn seines alten Gegners in seine Hand zu bekommen. Mehrere Male überboten sich die beiden Kontrahenten, bis sich Lamachus schließlich bei 600 Denare weigerte, noch höher zu bieten. Gaius hielt den Atem an, als Philemon 650 Denare bot und den Zuschlag erhielt.

Als Gaius von der Plattform stieg, gab Grannius ihm seine Kleidung zurück, in die er schnell hineinschlüpfte. Philemon trat zu ihnen und drückte seine Freude aus, weil er nun der Besitzer von Gaius war. Gemeinsam gingen sie zu Philemons eigenem Stand, wo seine Sklaven die gefärbten Seiden- und Wollstoffe verkauften. „Junger Mann", begann Philemon, „jemand wie dich habe ich gebraucht. Ich suche einen guten Lehrer für meine Tochter Helen, die erst zehn Jahre alt ist. Ich war beeindruckt, als ich hörte, daß du der beste Schüler in einer von Phineas Klassen warst. Er war früher einmal auch mein Lehrer. Außerdem glaube ich, daß du die Fähigkeit hast, einmal den Platz von Polectus einzunehmen, der nun alt wird." Er wies auf einen älteren Sklaven hin, der Geld zählte und die Bücher führte.

„Was dir und deiner Familie geschehen ist, tut mir leid, denn ich habe den verhafteten Statthalter und deinen Vater immer sehr geschätzt. Doch da euch dieses Unglück nun einmal getroffen hat, bin ich froh, dein Herr zu sein", fuhr Philemon fort. „Ich habe mich übrigens entschlossen, dir einen neuen Namen zu geben, damit du bei dem jetzigen Namen

Gaius nicht immer an dein früheres Leben erinnert wirst. Ich werde dich Onesimus nennen (das Wort kommt von dem griechischen Wortstamm „brauchbar").“

Unter diesem Namen stellte Philemon den neuen Sklaven auch den anderen Sklaven an seinem Verkaufsstand vor.

„Herr, ich hätte nur eine Bitte“, wandte sich Onesimus flehend an Philemon. „Du hast mich so freundlich in deinem Haushalt willkommen geheißen, und dafür bin ich dankbar. Ich habe nur einen Wunsch, den ich demütig und von ganzem Herzen vorbringen möchte: Bitte, kehre zu der Versteigerung der anderen Sklaven zurück und überlege . . . “, er stockte, weil die Gefühle ihn so sehr bewegten. Endlich fuhr er fort: „Und überlege doch einmal, ob du nicht auch meine Mutter kaufen kannst.“

Während er sprach, wurde ihm klar, wie hoffnungslos seine Bitte war. Doch als er sah, wie freundlich Philemon ihn anblickte, faßte er Mut und sagte: „Herr, in ganz Ephesus gibt es keine schönere und geschicktere Frau mit so großer Erfahrung und Können im Haushalt als meine Mutter Alcestia. Sie würde in deinem Haus bestimmt eine große Hilfe sein. Und Herr, ich habe auch noch zwei jüngere Schwestern. Welche Freude wäre es für uns, wenn wir zusammenbleiben könnten.“

Philemon dachte einige Augenblicke nach, dann sagte er: „Onesimus, deine Mutter könnte wirklich eine wertvolle Ergänzung unseres Haushalts sein. Aber für deine Schwestern habe ich wohl keine Verwendung.“

„Danke, Herr“, antwortete Onesimus und verbeugte sich demütig. „Ich wünsche dir viel Erfolg.“

Während Philemon wieder zu der Plattform auf der anderen Seite der Agora (Marktplatz) ging, betete Onesimus wieder zu den Göttern.

Der alte Polectus hatte ihn beobachtet. Mitleidig legte er ihm jetzt die Hand auf die Schulter und sagte warm: „Mein junger Freund, ich freue mich, dich in unserer Familie willkommen zu heißen. Philemon ist ein ungewöhnlich freundlicher und rücksichtsvoller Herr. In Kolossea gehört ihm ein großes Geschäft und eine große Werkstatt, wo Seiden- und Wollstoffe hergestellt und auch mit dem Purpur gefärbt werden, für den Kolossea berühmt ist. Unter uns 59 Sklaven, die im Geschäft und Haushalt arbeiten, herrscht ein guter Geist. Während du nun auf seine Rückkehr wartest, kannst du durchaus schon anfangen, ‚brauchbar' zu sein."

Onesimus nickte, setzte sich neben Polectus und begann unter seiner Anweisung Geld zu zählen, das für einen großen Stoffverkauf bezahlt worden war.

Bald kehrte Philemon mit Alcestia zurück. Mutter und Sohn fielen sich in die Arme und weinten vor Glück über ihr Zusammenbleiben und vor Trauer über den Verlust der Mädchen.

2. KAPITEL

Onesimus fand sein neues Leben als Sklave bei Philemon gleichzeitig bitter und interessant. Der Kaufmann war ein besserer Herr als die meisten Sklavenbesitzer. Er hatte Macht über Leben und Tod seiner Sklaven. Er konnte ihnen das Leben leicht oder schwer machen und sie in jeder Weise bestrafen, die ihm recht erschien.

Doch er war kein brutaler Tyrann, wie viele andere Sklavenhalter. Polectus wurde bald der Ratgeber und ältere Freund von Onesimus.

„Nur sehr wenige Male kann ich mich erinnern, daß Philemon seinen Zorn an einem Sklaven ausließ, der ungehorsam war oder grobe Fehler machte. Er besteht auf gute Arbeit und bestraft Faulheit und Oberflächlichkeit. Doch er ist gerecht und versucht, uns nach den Prinzipien der Philosophen zu behandeln. Da du auch ein Philosoph bist", sagte der alte Mann lächelnd, „wirst du ganz gut mit ihm zurechtkommen, wenn du tust, was er sagt. Wahrscheinlich sogar besser als die meisten von uns, denen es manchmal langweilig wird, sich von ihm immer die Zitate seiner bevorzugten Denker anzuhören, wenn er uns darin Unterricht erteilt."

„Das ist sicherlich mein Glück", stimmte Onesimus zu. „Du weißt ja, daß Philemon von mir erwartet, ich soll seine Tochter täglich zwei oder drei Stunden in den Lehren der griechischen und römischen Philosophen unterrichten. Er erzählte mir, daß sein Vater ihn in seiner Jugend nach Pergamon sandte, dem ‚Athen von Asia'. Dort hat er im besten Gymnasium der Stadt Unterricht erhalten. Er sagte auch, daß er von der Bibliothek dort, die eine der besten der Welt sein soll, reichlich Gebrauch gemacht hat."

„Von all dem verstehe ich nichts", meinte Polectus achselzuckend. „Doch ich kann mich erinnern, daß er schon als Junge mit Zitaten von Philosphen um sich warf, von denen ich noch nie etwas gehört hatte."

„In Pergamon kann man wirklich denken lernen", sagte Onesimus. „Auch ich war ein Jahr dort, als ich vierzehn war. Ich habe, genau wie unser Herr, bei Phineas studiert, der nun schon sehr alt ist, aber immer noch ein scharfer Denker."

Sie arbeiteten im Büro zusammen an Philemons Büchern. Onesimus verbrachte viel Zeit unter Polectus' Aufsicht. Doch am meisten freute er sich immer auf die Stunden mit Helen, einem hübschen kleinen Mädchen, das ihn an seine Schwestern erinnerte. Sie spielte noch mit Puppen und hatte zuerst Mühe, sich auf den Unterricht und die Papyrus-Rollen ihres Vaters zu konzentrieren, aus denen sie mit Onesimus lesen mußte. Doch nach und nach erwachte ihr Geist für die Weisheiten der alten Philosophen und entwickelte sich unter Onesimus fähigem Unterricht.

Trotz des bitteren Verlusts des Vaters und der Schwestern fand er sein neues Leben interessant und durch die Gemeinschaft mit der Mutter auch erträglich. Philemon war großzügig genug, ihnen zu erlauben, am Abend, nach getaner Arbeit, zusammenzusein.

Alcestia erwies sich als wertvolle Hilfe für Philemon und seine Frau; genau wie Onesimus es gesagt hatte. Doch vor allem Helen schätzte Alcestia sehr, die ihr gute Umgangsformen und das rechte Benehmen in der Gesellschaft beibrachte. Alle anderen Sklaven im Haus bewunderten Alcestia wegen ihrer ständigen Freundlichkeit und ihren Fähigkeiten. Philemon hatte ihr aufgetragen, vor allem für die Mahlzeiten verantwortlich zu sein, zu denen Gäste anwesend waren; was bei Philemons führender und angesehener Stellung unter den Bürgern von Kolossea sehr häufig vorkam.

„Erinnerst du dich an Platos Beschreibung unserer Seelen, die dein Vater oft erwähnte?" fragte Alcestia ihren Sohn, als sie eines Abends noch in der angenehmen Kühle des *Hortulus,* des kleinen Gartens, der für die Sklaven reserviert war, zusammensaßen.

Onesimus nickte und dachte dabei auch an einen der Dialoge von Sokrates.

„Sokrates sagt, unsere Seele sei wie zwei Pferde und ein Lenker. Das eine Pferd ist weiß und gut, mit einem edlen Hals; es braucht keine Peitsche, sondern nur richtige Führung. Das andere ist ein dunkles, häßliches und heimtückisches Tier voller Widerspenstigkeit und Stolz und lehnt sich sogar noch gegen die Peitsche und die Sporen auf."

„Sohn, vergiß nicht, daß du diese beiden Pferde deiner Seele richtig lenken mußt, auch in dieser schwierigen Zeit", mahnte Alcestia. „Du wirst das stolze, trotzige Pferd oft stark zügeln müssen. Doch wenn du geduldig bist und die nötige Ausdauer hast, wird das weiße Pferd der Weisheit und Umsicht dir helfen, das dunkle unter Kontrolle zu halten. Diese Probe müssen wir beide in den kommenden Monaten und Jahren bestehen."

„Aber Mutter", wandte Onesimus ein, „selbst wenn du recht hast, kann und will ich mein Schicksal nicht einfach hinnehmen. Doch ich werde mich immer bemühen, damit das dunkle Pferd des Trotzes und der Rebellion nicht die Oberhand gewinnt. Das wäre töricht und gefährlich zugleich."

Während die Wochen und Monate vergingen, gab es immer wieder Stunden, in denen das dunkle Pferd des Stolzes in Onesimus kaum mehr zu zügeln war. Denn er und seine Mutter wurden trotz ihrer viel besseren Erziehung und Fähigkeiten nicht anders behandelt als die anderen Sklaven. Gewiß, es gab hier und da kleine Annehmlichkeiten, wie zum Beispiel den *hortulus.* Doch die völlige Trennung der Sklaven von Philemons eigener Familie verbitterte den jungen Aristokraten immer wieder.

„Ich kann Stunden mit Helen verbringen und sie mit philosophischen Ideen überschütten", beklagte er sich bei

Alcestia, „doch ich darf keinen Schritt mit ihr im Garten gehen oder bei anderen Gelegenheiten mit ihr sprechen. Und Archippus ist mir so fremd, als sprächen wir verschiedene Sprachen, obwohl er in meinem Alter ist und genau wie ich in Pergamon unterrichtet wird."

Archippus, Philemons einziger Sohn, war von seinen Studien in Pergamon für einige Zeit nach Hause gekommen. Er war groß und schlank und hatte so schwarzes Haar wie sein Vater. Ein einziges Mal hatte er sich an Onesimus gewandt, um zu erfahren, welche Fortschritte Helen machte. Er stellte nur kurz die nötigen Fragen, obwohl er dabei durchaus nicht unfreundlich war.

„Vater sagte mir, daß Helen deinen Unterricht mag, besonders jetzt, da du mit ihr aus Platos *Phaedrus* gelesen hast und dich mit ihr über den Sinn wahrer Liebe unterhältst."

„Ja, sie beginnt jetzt Interesse zu zeigen. Am Anfang war es recht schwer, und ich dachte, sie würde sich nie von ihren Puppen trennen. Doch Plato und seine Erklärungen zu dem Dialog von Sokrates mit Phaedrus haben einiges bewirkt", antwortete Onesimus.

„Na ja!" rief Archippus lachend, „ich glaube, ein so hübsches Mädchen wie Helen wird sich früher oder später am meisten für *amor* und *eros* interessieren."

Onesimus wollte gerade antworten, da drehte Archippus sich um und ging ohne ein weiteres Wort davon.

„Ach, zum Teufel!" entfuhr es Onesimus. „Er behandelt mich, als sei ich eine Sache und kein Mensch."

Doch als er dann die Bücherei betrat, in der das Mädchen, das sich nun langsam zu einer jungen Frau entwickelte, auf den Unterricht wartete, hatte er sich wieder beruhigt. *Ich werde ihr von den zwei Pferden erzählen und von ihrer Seele, die der Wagenlenker ist,* dachte er, als er sich ihr gegenüber an den Tisch setzte.

Helen war in dem schwierigen Alter, in dem sie immer noch die Naivität und den Charm eines Kindes besaß und doch sich auf der anderen Seite die ersten Anzeichen des

Erwachsenwerdens regten. Sie war sehr hübsch und hatte dunkelbraunes Haar und nußbraune Augen. Wenn sie lachte, was sie über manche seltsame Ansichten der Philosophen gern tat, so war das überaus ansteckend.

Onesimus hatte ihrer neugierigen Fragen wegen oft selbst sehr tief in den Gedanken der alten Philosophen graben müssen, um Antworten zu finden.

Er hatte auch manchmal Grund gehabt, das Pferd des Stolzes und der Auflehnung in Zaum zu halten. Denn auch Philemon war trotz seiner philosophischen Denkungsart an manchen Tagen nicht zu genießen. Dann konnte es geschehen, daß ein frecher Sklave statt der üblichen fünf Schläge ganze fünfzehn übergezogen bekam. Und bei schlimmeren Vergehen, wie Diebstahl usw., gab es neben den Schlägen dann auch noch zehn Tage strengen Arrest, statt des einen Tages, der sonst fällig war. Onesimus stahl nicht, obwohl er sich selbst manchmal fragte, wozu er wohl alles fähig sein könnte, um seine Freiheit zu erlangen.

Einige Male war er nahe daran, sich ebenso aufzulehnen wie jene armen Sklaven, die dafür fünfzehn Schläge erhielten. Doch es war ihm noch immer gelungen, sein heißes phrygische Temperament zu zügeln. So vergingen die Monate; und nach außen hin schien das Verhältnis zu seinem Herrn ein durchaus annehmbares zu sein.

3. KAPITEL

Fast sieben Jahre verbrachte Onesimus die meisten Tage zwei Stunden mit Helen, die dabei immer von einer älteren Sklavin begleitet wurde. Onesimus sah, wie sie von einem linkischen Mädchen zu einer schönen jungen Frau heranwuchs. Und sie wurde von ihm angezogen, wie jedes junge Mädchen von einem klugen und noch dazu hübschen jungen griechischen Adligen angezogen würde.

Während der vielen gemeinsamen Stunden sprach er nicht nur von den Philosophen, sondern erzählte auch von seinem eigenen Schicksal, das ihn in die Sklaverei gebracht hatte. Ihr Gerechtigkeitssinn fühlte mit ihm, und er spürte, welch warme Sympathie sie ihm entgegenbrachte. Doch andererseits war diese Beziehung zu Helen für Onesimus auch stets eine Quelle der Bitterkeit, denn er wußte, daß er als Sklave keine Möglichkeit hatte, sich ihr noch mehr zu nähern. Als sie einmal in seiner Nähe stand und auf einige Worte des Aeschylus auf einem Pergament deutete, fühlte er die Berührung ihres Körpers. Das durchlief ihn wie ein Schauer und versetzte seine Seele in nicht geringen Aufruhr.

Ob sie wohl diese Spannung auch fühlte, fragte er sich manchmal. Jeder vielsagende Blick von ihr, jede kleinste Berührung und oft schon ein freundliches Lächeln ihrerseits erfüllten ihn immer mehr mit einem brennenden Verlangen, das dazu führte, daß er die Sklaverei und seinen Herrn nur noch mehr haßte.

Die ganze Sache wurde noch komplizierter, als Leslia, eine sinnliche und hübsche junge nubische Sklavin, ins Haus kam. Philemon hatte sie gemeinsam mit ihrem Bruder auf dem Sklavenmarkt in Ephesus gekauft, weil beide sehr geschickt mit dem Webstuhl umgehen konnten. Doch es wurde sehr bald klar, daß sie neben der Weberei noch andere Fähigkeiten hatte. Oft unterhielt sie die anderen Sklavenmädchen mit Geschichten von Liebesabenteuern mit männlichen Sklaven und sogar mit früheren Herren und ihren jungen Söhnen.

„Du nimmst dich besser vor ihr in acht", warnte Alcestia ihren Sohn besorgt, „denn sie hat offensichtlich ein Auge auf dich geworfen."

Und so war es auch. Vom Augenblick an, als Leslia Onesimus sah, wurde sie von ihm angezogen. Sie gab sich alle Mühe, beim Essen stets in seiner Nähe zu sitzen und sich auch sonst auf ihn aufmerksam zu machen. Hörte sie doch bald durch den Klatsch der anderen Sklaven von der seltsamen Beziehung, die zwischen Helen und ihrem Sklaven-Lehrer bestand.

„Wie hältst du das nur aus, wenn du jeden Tag so nahe bei ihr sitzt?" fragte sein Freund Pythius ihn eines Tages lächelnd. „Ich glaube, ich würde platzen. So eine reife Frucht neben mir, und ich dürfte sie nicht einmal berühren."

„Sei still!" fuhr Onesimus ihn an und verließ eilig den Raum.

Pythius folgte ihm und sagte: „Nun sei doch nicht so hochfahrend. Da Helen für dich unerreichbar ist, vergiß sie doch einfach. Hast du nicht bemerkt, daß Leslia dir folgt wie eine hungrige Katze? Halte dich doch an sie."

Obwohl er ärgerlich war, weil Helens Name von den anderen Sklaven in einer solchen Weise gebraucht wurde, fragte er sich immer wieder: *Warum nur? Warum kann ich die Ketten nicht brechen, um ein freier Mann zu sein und sie in meine Arme zu nehmen?* Aber es war alles so hoffnungslos.

Helen spürte die Gefahren und die Hoffnungslosigkeit ihrer Situation genauso. Eines Tages saßen sie wieder zur üblichen Zeit in der Bibliothek. Dabei sah man beiden die unausgesprochene Furcht an. Während des Frühstücks hatte man in Philemons Familie über Helens beste Freundin Aurelia gesprochen. Sie waren beide im gleichen Alter. Aurelia war von ihrem Bruder Horace in den Armen eines der besten Sklaven seines Vaters ertappt worden. Tief bewegt lauschte Helen dem, was Archippus zu erzählen wußte.

„Horace war so zornig, daß er den Sklaven blutig und bis zur Bewußtlosigkeit schlug", berichtete Archippus. „Und Aurelia darf für einen ganzen Monat ihren Raum nicht verlassen."

Die anderen Mitglieder der Familie waren entsetzt, und Helen brach in Tränen aus.

„Ich kann Aurelia ja ein wenig verstehen", meinte Archippus. Denn der Sklave ist ein sehr hübscher und großer blonder junger Mann aus Britannien. Er ist der beste Wagenlenker weit und breit. Er fuhr immer den Wagen mit den beiden feurigen Arabern, die Urbanus, dem Vater von Aurelia, gehören. Doch jetzt ist es vorbei mit seiner guten Stellung und seinem guten Aussehen. Es ist schade um den tüchtigen jungen Mann. Ich bedauere ihn."

„Was hat man denn mit ihm gemacht?" fragte Helen bewegt.

„Nun, nach der Prügel, die er von Horace erhielt, bekam er noch vierzig Schläge mit der Bullpeitsche. Außerdem wurde sein hübsches Gesicht auf beiden Wangen mit dem Brandeisen verunstaltet; die Brandnarben wird er für immer behalten. Und dann wurden ihm noch seine beiden Ohrläppchen abgeschnitten, und er muß für zwei Monate bei Wasser und Brot in einer Einzelzelle sitzen."

„Das mag sehr hart sein", bemerkte Philemon. „Doch ein so anmaßender Sklave, der sich solche Freiheiten gegenüber der Tochter seines Herrn herausnimmt, verdient es nicht anders. Hier muß harte Strafe sein, sonst sind all unsere Töchter nicht mehr sicher. Aber", fügte er lächelnd hinzu, „ich bin sicher, daß wir so etwas von Onesimus, unserem intelligenten Philosophen, nicht zu befürchten haben."

Helen wurde rot, sagte aber nichts weiter. Sie dachte aber

über ihre eigene Lage und ihre Gefühle nach und war sich klar darüber, in welcher Gefahr sie und Onesimus sich befanden. Deshalb konnte sie auch, als sie dann Onesimus zum Unterricht gegenübersaß, nicht verhindern, ihn zu fragen: „Hast du gehört, was Aurelia und dem Sklaven Angell geschehen ist?"

„Ja", antwortete Onesimus bitter. „Was für ein Tor war er doch, seine Unfreiheit nicht zu bedenken." Als er bemerkte, wie sich ihre Augen mit Tränen füllten, fügte er hinzu: „Mach dir nur keine Sorgen, liebe kleine Schülerin. Ich kenne meinen Platz und werde mich daran halten." Beide wußten, daß jede weitere Beziehung zwischen ihnen nur mit Unheil enden konnte.

Als der Unterricht beendet war, ging Onesimus zu seinem Lieblingsplatz im *hortulus,* um dort mit seiner Bitterkeit allein zu sein. Doch gerade, als er den Garten betreten wollte, lief ihm Leslia in den Weg. Sie stemmte die Hände in die Hüften und blickte ihn herausfordernd lächelnd an.

Warum soll ich dieses schweigende Angebot nicht annehmen, überlegte Onesimus. *Andere Möglichkeiten bleiben mir in meiner Lage doch nicht.* „Wie wäre es denn mit einem Spaziergang am Fluß entlang?" sagte er.

„Warum nicht, mein gallanter Philosoph!" antwortete sie. „Du kannst doch sicher noch einiges mehr, als nur jeden Tag mit der kleinen Herrin über die verstaubten Philosophen zu reden. Sie nahm ihn bei der Hand, und sie gingen beide in den Garten, wo er sie zu einem verschwiegenen Platz hinter einem großen Myrthenbusch führte, an dem er oft saß, wenn er allein sein wollte.

Kaum ein Dutzend Worte wurden zwischen den beiden gewechselt, als sie sich ihrer Leidenschaft ergaben. Und auch anschließend lagen sie noch für einige Zeit stumm nebeneinander, während Onesimus eine friedliche und entspannte Stimmung überkam.

Als beide dann zu den Unterkünften der Sklaven zurückkehrten, redete Leslia ununterbrochen. Sie erzählte, wie gut es doch bei Philemon war im Gegensatz zu ihrem vorherigen Herrn. Er hatte sie heftig geschlagen, nachdem sie seinen jüngsten Sohn verführt hatte. Dann hatte er sich entschlossen, sie und ihren Bruder zu verkaufen. So waren sie zu Philemon gekommen.

Onesimus war von ihren Worten unangenehm berührt. Er mußte daran denken, daß zwischen ihnen nicht ein Wort von Liebe gesagt worden war. Da waren nur die kurzen Augenblicke der Leidenschaft gewesen, sonst nichts weiter. Wie leer mußte es in Leslia aussehen, daß sie nur an das Vergnügen des Leibes denken konnte. Wie ganz anders war da seine Liebe zu Helen.

Es ist kein Wunder, überlegte er, *daß ich die Zeit mit Helen stets so genieße. Welch feines Mädchen ist sie doch; wie ganz anders als Leslia. Mit ihren sechzehn Jahren ist sie auch innerlich schon so gereift, daß man sich mit ihr über viele tiefsinnige Dinge unterhalten kann. In diesem Punkt gleicht sie immer mehr meiner Mutter.*

Diese Gedanken waren es, die ihn beschäftigten, während er zu seinem eigenen Raum ging.

„Helen ist intelligenter und eine bessere Denkerin als neunundneunzig von hundert anderen Frauen in ganz Jonien — und sogar besser als die meisten Männer!“ Philemon sagte das voll Stolz von seiner Tochter, als er einige Tage später mit Onesimus über ihre Fortschritte sprach. Er klopfte dem jungen Sklaven anerkennend auf die Schulter. „Du hast viel Anteil an der Entwicklung ihres Geistes, dafür bin ich dir sehr dankbar.“

Onesimus wunderte sich, denn es war recht ungewöhnlich, daß Philemon einem Sklaven gegenüber seinen Dank auf diese Weise zum Ausdruck brachte.

„Doch sie muß noch gründlicher die wirklich großen Philosophen kennenlernen“, fuhr Philemon fort. „Sie ist noch nicht so weit, daß sie aus deinem Unterricht entlassen werden kann, um dann als Ehefrau und Mutter die anderen Seiten des Lebens kennenzulernen."

Onesimus spürte, wie sich in ihm alles verkrampfte und auflehnte bei diesem Gedanken. Und doch war ihm klar, daß Helen in nicht allzu langer Zeit heiraten würde — allerdings nicht ihn, sondern einen anderen Mann.

„Auch deine Mutter Alcestia ist eine gute Lehrerin", meinte Philemon. „Sie hat Helen viel über das Benehmen und die Sitten beigebracht, die für eine jonische Frau der höheren Stände wichtig sind. All das wird ihr helfen, später einmal eine gute Ehefrau zu werden."

Dann sagte er etwas, das den jungen Sklaven freudig stimmte: „Onesimus, ich möchte, daß du uns zur Agora (Marktplatz) nach Ephesus begleitest, wenn dort Frühlingsmarkt ist. Du mußt auch auf diesem Gebiet Erfahrungen sammeln, und Polectus wird dich anweisen. Außerdem geht auch Helen mit uns. Vielleicht gelingt es dir, sie unterwegs dazu zu bringen, daß sie meinen liebsten ephesischen Philosophen, Heraklit, besser verstehen lernt. Er ist vielleicht unseren alten Göttern gegenüber sehr kritisch, doch ich liebe die Ehrlichkeit dieses rauhbeinigen alten Philosophen. Was er über den Aberglauben bei der Götterverehrung zu sagen hat, wird vielleicht ein gutes Gegenmittel sein für die Schwärmereien eines sechzehnjährigen Mädchens, die sie in der Stadt der Liebesgöttin Artemis und ihrer lüsternen Priesterinnen empfinden mag. Doch sag", und damit legte er seine Hand auf den Arm des jungen Sklaven, „wirst du unterwegs, während du auf einem Esel reiten mußt, meine Tochter in die großen Gedanken Heraklits einführen können?"

„Sicher, Herr", antwortete Onesimus mit einem Anflug von Spott in der Stimme. „Der Rücken eines Esels ist der beste Platz, um Geduld und Demut zu lernen."

„Und ich wüßte nichts wünschenswerteres für eine Frau, als Geduld und Demut", antwortete Philemon, und beide lachten.

4. KAPITEL

Es war ein wunderschöner Morgen, als Onesimus sich fertigmachte, um mit der kleinen Karawane nach Ephesus zu reisen. Er hatte seiner Mutter vor einigen Tagen davon erzählt, daß Philemon ihn mitnehmen wollte. Und es waren gemischte Gefühle, die durch seine Seele zogen, wenn er daran dachte, daß er Ephesus wiedersehen würde.

„Sohn", hatte Alcestia gelacht, „du mußt neben den guten auch die schlechten Dinge hinnehmen. Das Leben ist gemischt mit Freuden, Kummer und Verunsicherungen. Du mußt die Freuden umarmen und lernen, die Demütigungen zu überwinden. Wird uns nicht in einigen der großen Schauspiele des Aeschylus gelehrt, daß wir vielleicht mehr von den Stunden der Demütigungen als von den Stunden der leichten Erfolge lernen?"

Onesimus hatte noch sorgfältig Reservekleidung in seinen ledernen Reisesack gepackt und ging nun zu den anderen, um seinen Platz auf dem Eselsrücken einzunehmen. *Ein Esel ist für einen Sklaven eigentlich das passende Reittier"*, überlegte er. Um so überraschter war er, als er sah, daß Helen zwar auf einem weichen mit Kissen gepolsterten Sattel, aber auch auf einem Esel saß.

„Guten Morgen", hübsche Schülerin", sagte er lächelnd, während er sich leicht vor ihr verbeugte und sie dann bewundernd anblickte.

Sie ritten an dem grasbewachsenen Ufer des Lykus-Flusses entlang, das reichlich mit Oleanderbüschen und Föhren bewachsen war, die ihren Duft ausströmten. Sogar die Esel schienen Freude an diesem Morgen zu haben. Onesimus hätte gern den Platz mit ihrem Esel getauscht und sie auf seinem Rücken getragen. Es bereitete ihm einige Mühe, all die frohen Gedanken beiseite zu schieben und sich zu konzentrieren. Doch dann sagte er: „Bist du bereit, an einem so schönen Morgen den Gedanken eines alten Philosophen zu lauschen?"

„Warum nicht?" meinte sie schelmisch. „Mit dir als Erklärer wird vielleicht auch Heraklit erträglich."

„Dieser Morgen ist eigentlich ein gutes Beispiel für seinen Hauptpunkt", sagte Onesimus. „Und der ist, um es ein wenig überspitzt zu sagen: Wenn du das Rütteln und Schütteln der Gangart des Esels aushalten kannst, wirst du nach und nach Ephesus erreichen."

Er erklärte ihr, daß Heraklit die großartige Einheit lehrte, in der alle Dinge im Universum stets durch gegensätzliche Spannungen im Gleichgewicht gehalten wurden. „Leben wird nur dann gut", erklärte er ihr, „wenn wir die entstehenden Konflikte klug akzeptieren und nicht versuchen, den entstehenden Spannungen aus dem Weg zu gehen. Ein Leben ohne Herausforderung kommt zu Stillstand und Tod."

„Nun, da ich durchaus nicht sterben möchte, werde ich mich also in so viele Konflikte stürzen wie nur möglich", erwiderte Helen herausfordernd.

So hat es Heraklit eigentlich nicht gemeint", sagte Onesimus nachdenklich. „Er meint vielmehr, daß wir keinem Kampf aus dem Wege gehen, sondern ihn bewältigen sollen, damit immer die Gerechtigkeit siegen kann. Man kann es auch anders sagen: Heraklit will uns wohl auffordern, nie aufzugeben. Nur wenn wir immer wieder gegen alle Widerstände ankämpfen, werden wir richtig leben."

„Ist das die Weise, in der du dein Leben erhältst, Onesimus?" fragte Helen. „Du hast nie aufgegeben, obwohl du durch große Ungerechtigkeit zum Sklaven geworden bist."

Ihre offenen Worte trafen ihn. Wie gut verstand sie doch, was er empfand. Es war eigentlich nicht Heraklit, mit dem sie argumentierte, sondern Onesimus.

„Nein, ich bin nicht tot!“ antwortete er fest. „Ich bin als Freier geboren und bin nun trotzdem ein Sklave. Ich möchte Gerechtigkeit für das Unrecht, das meinem Vater angetan wurde. Doch ich bin ein Sklave und an einen Tuchhändler und Färber gebunden.“

„Aber was willst du tun, Onesimus?“

„Ich werde jedenfalls nicht aufgeben, denn eines Tages werde ich wieder frei sein“, sagte er ruhig, so daß sein Herr, der direkt vor ihnen ritt, es nicht hören konnte. „Doch, Fräulein Philosophin, wir müssen zu Heraklit zurückkehren und uns den Herausforderungen eines jeden neuen Tages stellen, so wie es die Sonne jeden Tag tut.“

„Dann will auch ich versuchen, es wie die Sonne zu halten“, meinte Helen.

Damit endete die Unterhaltung, und sie ritten schweigend eine Zeitlang nebeneinander her.

Die Karawane folgte dem Lycus, bis zur Einmündung seines Wassers in den Meander-Fluß. Als Helen und Onesimus ihre Unterhaltung wieder aufnahmen, besprachen sie für den Rest des Tages andere Gedanken der heraklitschen Philosophie. Doch während der Abendmahlzeit, als die Dämmerung über dem Lager heraufzog, vergaß Onesimus seine Vorsicht. Mit der Freiheit, die ihm stets gewährt wurde, sagte er zu Philemon: „Herr, deine Tochter und ich sollten noch ein wenig über einen besonderen Punkt der heraklitschen Philosophie reden, den sie noch nicht ganz verstehen kann. Es ist der Gedanke, daß Frieden und Wohlsein allein dadurch kommen, daß die Spannungen des Lebens im rechten Gleichgewicht gehalten werden.“

Philemon lachte anerkennend. „Das ist einer der schwierigsten Punkte des Philosophen, mein Junge. Wenn es dir gelingt, Helen das verständlich zu machen, hast du wirklich ein gutes Tagewerk vollbracht.“

„Dann werden wir uns mit deiner Zustimmung noch für einige Zeit unter jenen großen Baum am Flußufer setzen, Herr, und ich werde tun, was ich kann, diesen Punkt klarzumachen", sagte Onesimus. Philemon nickte wohlwollend, weil er sich über den Eifer des jungen Sklaven freute.

Der Lehrer und die Schülerin setzten sich unter den großen Walnußbaum, nahe am Wasser, während Philemon darauf achtete, daß das Lager für die Nacht ordentlich hergerichtet wurde und die Tiere versorgt wurden. Für einige Augenblicke sahen Helen und Onesimus schweigend auf das Wasser, in dem ein großer Felsblock lag, an dem sich die Wellen schäumend brachen.

„Betrachte den Felsblock", sagte er endlich. „Obwohl er mitten im Flußbett liegt und sich den Wellen in den Weg stellt, kann er das Wasser doch nicht hindern, weiterzufließen, es sucht sich immer wieder seinen Weg. So ist es auch mit den Widerständen des Lebens, wenn wir ihnen recht begegnen, machen sie uns nur um so eifriger. Doch manchmal . . . ", er zögerte einen Augenblick, ehe er fortfuhr: „Doch manchmal scheint es für bestimmte Situationen keinen Ausweg zu geben."

Helen begriff, was er meinte, und nickte zustimmend. Wieder schwiegen die beiden; und Onesimus war sich darüber klar, daß man auf diese Weise die Gedanken Heraklits nicht erklären konnte. Doch die hereinbrechende Dunkelheit und der aufgehende Mond erzeugten eine ganz eigenartige Atmosphäre, und ehe die beiden jungen Leute es sich bewußt wurden, hatten sich ihre Hände gefunden. Onesimus spürte, wie sein Herz heftiger klopfte. Erschreckt begriff er, was er tat. Doch da war es auch schon zu spät.

Er fühlte, wie Philemons Hand ihn zornig packte und hochriß. Im nächsten Augenblick versetzte der Kaufmann seinem Sklaven einen so heftigen Faustschlag, daß dieser zu Boden stürzte und das Bewußtsein verlor. Prustend und nach Luft schnappend kam Onesimus wieder zu sich, weil der alte Polectus einen Eimer Wasser über ihn goß.

„Steh auf, du Hund!" schrie Philemon zornig. „Wer bist du denn, daß du dir meiner Tochter gegenüber solche Freiheiten herausnimmst! Ich sollte dich einfach totschlagen —

nach aller Freundlichkeit, mit der ich dich behandelt habe. Ich werde dich auspeitschen, damit du nie wieder deinen Platz vergißt!"

Er blickte Polectus an und befahl: „Bring mir die Peitsche!" Dann fuhr er seine Tochter an: „Geh sofort in dein Zelt! Hast du vergessen, daß eine freie Frau, die sich mit einem Sklaven einläßt, selbst ganz schnell zur Sklavin werden kann."

„Vergib mir, Vater", weinte Helen, „wir haben uns dabei nichts Böses gedacht."

Zornig scheuchte er sie mit einer Handbewegung davon. Er ergriff die Riemenpeitsche, die ihm gereicht wurde und befahl den anderen Sklaven, Onesimus an den Baum zu binden und seinen Oberkörper zu entblößen. „Ich werde dir jetzt beibringen, wie du dich zu verhalten hast, du unverschämter Kerl", fauchte er.

Onesimus war entschlossen, keine Schwäche zu zeigen. „Herr, ich kenne meinen Platz", antwortete er fest. „Ich wollte weder deine Tochter noch dich beleidigen."

Onesimus würde die Demütigung und den Schmerz jener Stunde nie vergessen. Sein Kopf schmerzte, und in ihm kämpften Haß und Furcht miteinander, als er an dem Baum stand und auf die Strafe wartete. Ohne ein weiteres Wort schlug Philemon zu, doch seinen Schlägen konnte man den Zorn anmerken, der ihn gepackt hatte. Zehn, zwanzig, vierzig Mal schlug er auf den entblößten Rücken des Sklaven. Jeder Schlag hinterließ breite rote Striemen. Bald platzte die Haut auf, und das Blut lief den Rücken hinunter. Doch mit jedem Schlag wuchs Onesimus' Widerstand und sein Entschluß, um jeden Preis nach Freiheit zu suchen.

Endlich war es vorüber, und er wurde losgebunden. Vor Schmerzen und Schwäche sank er zu Boden. Philemons Zorn war vorüber. „Steh auf, wenn du kannst", sagte er ruhig. „Polectus mag dir helfen und sich um deinen Rücken kümmern. Wärest du bisher nicht ein so gehorsamer und nützlicher Diener und ein so guter Lehrer für Helen gewesen, hätte ich dich totgeschlagen. Doch es war das erste Mal, daß du ungehorsam warst. Nimm dich in acht, damit es nie wieder geschieht."

Der alte Polectus kam mit Salbe zurück und begann den wunden Rücken zu behandeln. Philemon blickte noch einen Augenblick zu, dann sagte er kopfschüttelnd: „Ich plane für dich ein gutes Leben, besser als es irgendein anderer Sklave in ganz Jonien hat. Du sollst mein oberster Verwalter werden, dem ich alle Abrechnungen anvertraue. Es gibt Dutzende netter Sklavenmädchen, unter denen du wählen kannst. Ich glaube, Leslia ist ganz verrückt nach dir. Nimm, welche immer du willst und schlage dir Helen aus dem Kopf. Versprich mir, nie wieder deine Grenzen zu überschreiten und deine Arbeit weiter so gut zu tun wie bisher, dann wirst du ein so gutes Leben haben, daß viele freie Männer dich beneiden werden."

„Herr, ich kenne meinen Platz", sagte Onesimus unterwürfig, „und bin für deine Freundlichkeit dankbar. Vorhin habe ich mich einfach vergessen. Aber ich werde nie etwas tun, was deiner Tochter schaden oder sie in schlechtes Licht bringen könnte. Bitte, glaube mir."

„In Ordnung", nickte Philemon. „Ich vertraue dir. Doch es wird trotzdem keinen weiteren Unterricht mit Helen mehr geben." Damit drehte er sich um und ging davon.

Onesimus stand ganz still, während Polectus immer noch die Wunden auf seinem Rücken behandelte. „Nimm es leicht, mein Junge", sagte der alte Mann ruhig. „Du hast zuviel zu verlieren, wenn du dich nicht an deine Grenzen hältst."

„Meine Grenzen, meine Grenzen", murrte Onesimus. „Was meinst du damit? Glaubst du etwa, ich will für immer ein Sklave bleiben?"

„Was könntest du sonst schon sein, mein Sohn?"

Onesimus konnte die Worte des alten Mannes nicht vergessen, während er sich mit seinem schmerzenden Rücken unruhig auf dem Lager hin- und herwarf. *Meine Grenzen —*

meine Grenzen, überlegte er immer wieder, und es schien ihm, als wären alle Wege verschlossen.

Als der Morgen dämmerte, machte sich die kleine Karawane wieder auf den Weg nach Westen. Helen ritt neben ihrem Vater, und Onesimus ritt neben Archippus. Der Sohn Philemons, den Onesimus sehr beneidete, war kürzlich erst von einer längeren Reise nach Rom zurückgekehrt. Dort hatte er Möglichkeiten gefunden, den Purpurstoff seines Vaters zu noch besseren Preisen und in größeren Mengen zu verkaufen, als auf den Märkten in Ephesus und Smyrna.

Während der nächsten Tage, die sie nebeneinander ritten, fanden die beiden jungen Männer, daß sie vieles gemeinsam hatten. Archippus war mit seinem Vater einig, daß bei Onesimus eine geringere Strafe ausreichend war, als Angell sie erhalten hatte. Beide, Archippus und Onesimus, liebten die Philosophie der Stoiker und konnten sich nicht mit den Ideen der Epikuräer anfreunden. Die Epikuräer waren ihnen zu pessimistisch und zu hoffnungslos. Und doch stellte Onesimus überrascht fest, daß er innerlich den Epikuräern manchmal recht gab.

„Es ist doch töricht, Glück finden zu wollen, indem man die Hoffnung aufgibt“, meinte Archippus an ihrem ersten Tag. „Ganz gleich, wieviel Vergnügen uns der Augenblick bereitet, wenn es keine Hoffnung auf die Zukunft gibt, ist die Gegenwart sinnlos.“

Onesimus verzog bei diesen Worten sein Gesicht bitter. Und während der Diskussion dieses Tages und der noch folgenden sieben weiteren wurde ihm immer wieder seine eigene Lage vor Augen geführt. Archippus hatte Freude an der Unterhaltung mit diesem intelligenten und gebildeten jungen Sklaven, und während sie sich besser kennenlernten, verlor er auch immer mehr von seiner herablassenden Haltung.

„Wie kann ich, als Sklave, mich über die großartigen Mölglichkeiten freuen, die dein Vater mir anbietet, wenn das, was ich eigentlich möchte, für mich unmöglich ist?“ fragte Onesimus. „Ich glaube, ein Sklave kann eher ein Epikuräer sein als ein Stoiker und einfach für das Vergnügen des Augenblicks leben, wenn doch keine Hoffnung für die Zukunft ist."

„Niemals" ereiferte sich Archippus. „Epikur lehnt doch alle Götter ab und scheint zu meinen, der Tod und alles, was nachher kommt, sei gar nicht wichtig. Möchtest du denn nicht mehr sein als ein Stein? Das ist doch alles, was Existenz für ihn bedeutet — ein menschlicher Stein. Trinken, essen, Sexualität genießen und lustig sein, denn nur das Heute zählt, sonst nichts. So kann es nicht sein. Doch wenn du Vertrauen in die Götter hast, dann wirst du frei sein, obwohl du ein Sklave bist."

„Wie soll das angehen?" fragte Onesimus ungehalten. „Die Götter sind korrupt und grausam wie die Menschen. Wie kann zum Beispiel Vertrauen in den eifersüchtigen alten Zeus mein Leben irgendwie ändern? Oder wie ist es mit der wollüstigen und verdorbenen Artemis? Wie soll Vertrauen in solche Götter den Menschen besser machen?"

„Wenn du bereit bist, dich in die Eleusischen Mysterien einführen zu lassen, wirst du erkennen, daß es ein ewiges Leben gibt", erklärte Archippus. „Du hast zwar recht, daß die Art der meisten Götter uns nicht helfen kann. Doch es muß da noch einen uns bisher unbekannten Gott geben, der weiser und vertrauenswürdiger ist als jene, über die man uns belehrt hat. Das ist auch der Grund, weshalb ich soviel Interesse an den Eleusischen Mysterien habe. Irgendwie findet man dann die Kraft, allem Übel und Leiden und dem kommenden Tod mutig zu begegnen. Vielleicht ist es jener unbekannte Gott, der diesen Mut gibt."

Onesimus dachte an jenem Abend noch lange über diese Unterhaltung nach. Er fragte sich, wie dieser große Unbekannte sein mochte und ob bei ihm auch noch ein Sinn für sein Leben zu finden war? Helen war ihm weiter entrückt als je, und alle anderen Wünsche schienen auch hoffnungslos zu sein.

Der Groll wuchs in ihm wie ein bösartiger Tumor, während er den aufgehenden Mond beobachtete. Er kam sich wie dämonenbesessen vor. Und vielleicht war er das auch. Vielleicht wohnte ein Dämon in ihm? Er mußte über diese Möglichkeit nachdenken. Er richtete sich auf und schüttelte die Faust gegen jenen unbekannten Gott.

„Welches Recht hast du, solche Ungerechtigkeit zuzulassen?" zürnte er. Es dauerte noch lange, ehe er in einen unruhigen Schlaf fiel.

5. KAPITEL

Philemons Karawane zog langsam durch die üppige grüne Ebene, wo der Fluß Cayster sich in die Aegäis ergoß. Nicht weit entfernt vom besten Hafen der ganzen Provinz Asia erhoben sich die marmornen Säulen und großartigen Bauwerke von Ephesus glänzend im Sonnenlicht.

Als Junge war Onesimus oft mit seinen Freunden auf dieser von Maulbeer- und Feigenbäumen eingesäumten Straße geritten, die die Täler der beiden Flüsse Cayster und Meander miteinander verband.

Welch ein Unterschied zwischen damals und heute, da er nun als Sklave auf dem Rücken eines unruhigen Esels und mit einem Herzen voller Hoffnungslosigkeit in sein geliebtes Ephesus einritt. Er erinnerte sich daran, mit welcher Verachtung er damals auf die schwitzenden und schmutzigen Sklaven geblickt hatte, die, angetrieben von ihren Herren, die Waren abluden, die auf den Markt gebracht wurden.

Die Erinnerungen seiner Kindheit stiegen auf, als er das Gymnasium sah, und dann das prächtige Gebäude der römischen Verwaltung, in dem damals sein Vater residierte. Nun fiel sein Blick auf den majestätischen Eingang des großen Amphitheaters, in dem sie so oft Spielen und Theatervorstellungen beigewohnt hatten.

Nun bog die Karawane in die Agora ein, den riesigen viereckigen Platz, der von Läden und Verkaufsständen umgeben war. Dort drüben auf der Plattform hatte er gestanden und hatte die Demütigung erfahren müssen, als Sklave verkauft zu werden. Auch heute wurde dort wieder mit Menschen gehandelt, als wären sie nichts weiter als Vieh. Auch heute noch, sieben Jahre nach jener schrecklichen Stunde, als er dort verkauft wurde, stand die Szene so lebendig vor seinen Augen, als wäre es erst gestern gewesen.

Doch auch ein Gefühl der Dankbarkeit für Philemon kam in ihm auf, weil dieser seine erste Bitte als Sklave erfüllt und seine Mutter ebenfalls gekauft hatte. Ein leichtes Lächeln zog über sein Gesicht, als er daran dachte, daß Philemon als eines der ersten Dinge ihm einen neuen Namen gegeben hatte. Onesimus hieß er seither und stellte überrascht fest, daß er den Namen, den sein Vater ihm gab, fast vergessen hatte.

Doch ich war Gaius und bin es immer noch, sagte er trotzig zu sich selbst. Obwohl ihm klar war, daß er Ursache genug hatte, Philemon dankbar zu sein. Er hätte auch in die Hände eines viel härteren und grausameren Sklavenherrn fallen können. Doch andererseits war die Erinnerung an die harten Schläge noch zu frisch, um allen Groll aus seinem Herzen zu vertreiben.

Philemons Karawane kam jetzt bei dem großen Stand, den er gemietet hatte, zum Halten. Hier sollte die mitgebrachte Ware ausgestellt und verkauft werden.

Da die Karawane in der vergangenen Nacht nicht weit von Ephesus entfernt gelagert hatte, waren sie gegen Mittag schon mit der Arbeit des Abladens und Ausstellens fertig. Allen machte die Arbeit Spaß, und selbst Helen legte mit Hand an, um die mitgebrachten Stoffe in der bestmöglichen Weise den Käufern zu präsentieren.

Da Philemon für seine gute Ware bekannt war, kamen schon bald die Käufer, um die mitgebrachten Stoffe zu begutachten und mit Philemon und Archippus über den Preis zu handeln. Polectus saß an einem Tisch, um das Geld zu zählen und zu wechseln. Onesimus war dazu bestimmt worden, ihm zu helfen und die Tricks des Geschäfts zu lernen. Schon in der ersten Stunde hatte einer der besten Kunden eine große Portion der besten Stoffe für sich ausgesucht und wollte nun bezahlen.

„Du wirst für mich eines Tages eine genauso große Hilfe sein, wie Polectus es schon seit vielen Jahren ist“, sagte Philemon freundlich. „Lerne soviel du kannst, Sohn, und hilf so gut du kannst, dann werde ich den Vorfall von vor einigen Tagen bald vergessen.“

Onesimus’ Gesicht wurde rot, doch er beherrschte sich und schwieg und konzentrierte sich ganz auf die komplizierten Aufgaben, jeweils die richtigen Preise in den verschiedenen Währungen, Münzen oder auch Juwelen zu berechnen und mit ausländischen Kreditbriefen umzugehen, die durch die erfahrenen Hände von Polectus gingen. Onesimus half beim Zählen und Eintragen, denn hier gab es sehr viel zu lernen. Und obwohl er in Mathematik immer gut gewesen war, erforderten doch die einzelnen Transaktionen seine ganze Aufmerksamkeit.

Plötzlich wurde ihm und auch Polectus bewußt, daß die meisten Kunden weggegangen waren, und zwar nicht nur von ihnen, sondern auch von allen anderen Ständen, denn das Geschrei des Handelns und Feilschens war längst nicht mehr so laut wie noch kurz vorher.

„Was ist denn geschehen?“ fragte Onesimus erstaunt.

Polectus lächelte nachsichtig. „Sieh, die Leute haben sich um den kleinen Juden versammelt, der dort auf dem Rednerplatz der Agora steht. Dort sind unsere Kunden und auch die Kunden der anderen Kaufleute. Möchtest du auch einmal hören, was dieser kleine Bursche, Paulus ist sein Name, zu sagen hat? Einer unserer Kunden hat mir erzählt, daß dieser Paulus, obwohl er selbst ein Jude ist, Streit mit den meisten anderen Juden hat — und zwar nicht nur, weil er ihre Geschäfte stört, sondern weil er sagt, er sei der Nachfolger eines Mannes, von dem er behauptet, er sei ihr Messias. Dieser Messias war ein Galiläer, Jesus von Nazareth, ein früherer Zimmermann und ein armer Rabbi, der von den Römern unter der Statthalterschaft von Pontius Pilatus gekreuzigt wurde, weil die Juden das von ihm verlangten. Dieser Paulus predigt täglich im Lehrsaal des Tyrannus, da die

Juden ihn aus ihrer Synagoge hinausgeworfen haben. Doch ab und zu kommt er auch hier auf die Agora, um öffentlich zu allen zu sprechen, die ihm zuhören wollen."

„Es wäre schon interessant", meinte Onesimus, „aber . . ."

„Ich bleibe hier und kümmere mich um die Geschäfte, wenn du ihm zuhören willst", sagte Polectus lächelnd. „Du wirst in guter Gesellschaft sein, denn ich sehe, daß auch Philemon, Archippus und Helen schon eine ganze Weile diesem feurigen kleinen Redner zuhören."

Onesimus näherte sich den Versammelten mit großer Neugier. Was hatte dieser Mann zu sagen, wodurch die abgebrühten Kaufleute aus allen Gegenden der Erde so angezogen wurden? Er stellte sich an einen Platz, von dem aus er einen guten Überblick hatte und auch alles gut hören konnte. Die Erscheinung des Redners war durchaus nicht beeindruckend. Nur etwa 1,65 Meter groß, mit buschigen Augenbrauen, dichtem Bart und einem faltigen und fast ledernen Gesicht, dem man ansehen konnte, daß es seit vielen Jahren der Wüstenhitze und der Kälte der Berge und anderen Wetterbedingungen ausgesetzt war. Doch seine Augen waren beeindruckend, weil in ihnen ein seltenes Feuer blitzte. Er war auch kein großer Redner in dem Sinne, daß er seine Zuhörer durch seine Rhetorik oder durch seinen Redestil hätte beeindrucken können, wie Onesimus das von manchen Philosophen her kannte. Seine Worte waren einfach, aber klar und bestimmt, als habe er eine wichtige Botschaft weiterzusagen.

Doch trotzdem lag etwas in seiner Stimme und seinem ganzen Wesen, das seine Zuhörer fesselte. „Ich habe Jesus nicht kennengelernt, während Er noch als Mensch auf der Erde war", sagte Paulus gerade, als Onesimus die ersten Worte verstand. „Doch ich bin überzeugt davon, daß Er der Christus, der Messias, ist, der Eine, den Gott sandte, um durch Ihn Geheimnisse zu offenbaren, die den früheren Zeitaltern verborgen waren. Über Sein Erdenleben wurde ich durch Seine Jünger unterrichtet, die mit Ihm durch Galiläa,

Judäa und Samaria gezogen sind. Sie erzählen, daß Er überall die gute Botschaft vom Königreich Gottes verkündigte, das uns allen nun sehr nahe gekommen ist. Und Er offenbarte dieses Königreich in Seinen Taten der Liebe, indem Er die Kranken, Lahmen und Blinden heilte, den Armen half und die Trauernden und Entmutigten tröstete. Kein Mensch hat je so gelebt und so geredet wie Er. Doch leider war es mir nicht vergönnt, Ihn während Seiner Erdenzeit kennenzulernen, und auch Seine Kreuzigung habe ich nicht erlebt. Doch ich kann bezeugen, daß Er mir in Seiner Herrlichkeit begegnet ist, nachdem Er auf wunderbare Weise von den Toten auferstanden war; und dies können mehr als fünfhundert andere Jünger mit mir bezeugen!"

An diesem Punkt war unter den Zuhörern hier und da Gemurmel zu vernehmen. „Der Mann ist verrückt", meinte ein Kaufmann aus Kreta leise, in dessen Nähe Onesimus stand. „Noch kein Mensch ist je von den Toten auferstanden."

Paulus sprach nun mit solcher Überzeugungskraft weiter, daß Onesimus davon beeindruckt wurde, obwohl sein Intellekt das, was er hörte, ablehnte. „Dieser Jesus ist mir begegnet wie einem Spätgeborenen. Deshalb möchte ich es euch, meine Freunde, ganz klarmachen, daß die gute Botschaft, die ich zu verkündigen habe, nicht die Erfindung eines Menschen ist. Die Dinge, die Er in Seinem Erdenleben tat, sind vielen bekannt, die Ihn damals kannten und dabeigewesen sind. Doch die Bedeutung dessen, warum Er eigentlich auf der Erde lebte und dann unschuldig am Kreuz starb, habe ich von keinem Menschen empfangen, sondern sie wurde mir durch Jesus Christus selbst offenbart.

Einige von euch wissen, welches Leben ich führte, als ich noch der jüdischen Religion anhing und mit welchem Eifer und welcher Wut ich damals die Anhänger Jesu verfolgte und versuchte, die Gemeinde Jesu Christi zu zerstören. Ich war so eifrig in der Befolgung der Gesetze und Überlieferungen unserer Vorfahren wie kaum ein anderer Jude. Doch dann hat Gott sich mir in Seiner großen Gnade und Barmherzigkeit durch Seinen Sohn Jesus Christus offenbart, damit ich unter allen Völkern Seinen Namen und die gute Botschaft von der Erlösung verkündigen sollte."

Die Männer, in deren Nähe Onesimus stand, tauschten fragende Blicke untereinander aus, und hier und da war auch leises Kopfschütteln zu bemerken. Doch dann wurde ihre Aufmerksamkeit wieder von dem Redner in Anspruch genommen, der sich gerade aufrichtete und voller Überzeugung rief: „Eine Sache weiß ich ganz gewiß: In Ihm wohnt die ganze Fülle der Gottheit. Er, der uns erschuf und uns täglich am Leben erhält, hat sich in Liebe und Wahrheit offenbart durch Seinen ewigen Sohn — durch diesen Menschen Jesus, der uns so liebt, daß Er bereit war, für uns alle an dem schmachvollen Kreuz zu sterben, damit nun allen Menschen die gute Botschaft von der Erlösung durch Ihn verkündigt werden kann. In Ihm ist Befreiung von Furcht, von Schuld und vom Bösen! Der Tod und das Unheil dieser Welt sind besiegt, denn Er hat den Tod überwunden und lebt! Friede und Freude, Freiheit und Liebe sind die Gaben Seines Heiligen Geistes, den Er allen gibt, die an Ihn glauben. Ich rufe jeden von euch auf, Buße zu tun und an Ihn zu glauben! Außerdem möchte ich euch alle in die Lesehalle des Tyrannus einladen, wo ich noch mehr über Sein Königreich sagen werde."

Eine eigenartige Stille legte sich über die Versammelten aus allen Teilen der römischen Welt. Paulus hatte in der einfachen griechischen Umgangssprache geredet, die allen einigermaßen bekannt war. Auch Onesimus war nun tief interessiert an dem, was er gerade gehört hatte, doch wie die meisten anderen lehnte er die Möglichkeit, daß ein Mensch von den Toten auferstehen könnte, ab. Als die Leute auseinandergingen, sah er zu seinem Erstaunen, daß Philemon, Helen und einige andere diesem Paulus zu der Lesehalle folgten. Offensichtlich wollten sie noch mehr von ihm hören.

Archippus war von seinem Vater angewiesen worden, zu ihrem Stand zurückzukehren. Als er Onesimus sah, winkte er ihm zu, und sie gingen gemeinsam zurück.

„Was denkst du von ihm?“ fragte Archippus. Beide dachten daran, daß ihre Unterhaltungen auf der Reise die gleichen Themen zum Gegenstand gehabt hatten, die Paulus angesprochen hatte.

„Nach dem, was er über diesen galiläischen Zimmermann gesagt hat, der gestorben und wieder von den Toten auferstanden ist und der der Sohn Gottes sein soll, denke ich, er ist ein Narr“, sagte Onesimus gerade heraus. „Allerdings ist das, was er über den Weg zu Freiheit, Friede und Liebe sagt, verlockend. Doch Epikur würde sagen, daß man Schaden anrichten kann, wenn man falsche Hoffnungen erweckt.“

„Wieso willst du wissen, daß diese Hoffnungen falsch sind?“ forderte Archippus ihn heraus. „Der Tod und die Auferstehung eines Gottes ist doch für alle, die mit den Eleusischen Mysterien vertraut sind, nichts Ungewöhnliches. Du wirst doch mindestens zugeben, daß dieser Paulus ganz anders ist als alle Philosophen, die wir bisher gehört haben.“

„Ja, das stimmt“, antwortete Onesimus lachend. Doch da er den Sohn seines Herrn nicht verärgern wollte, sagte er nichts mehr. Und selbst sein verfeinerter Verstand war von diesem einfachen kleinen Mann seltsam beeindruckt worden.

Als Philemon und Helen am Nachmittag zurückkehrten, schienen sie sehr begeistert zu sein, als sie Archippus berichteten, was Paulus gesagt hatte und welche Fragen sie gestellt hatten. Onesimus stand nicht nahe genug, so daß er nur Bruchstücke der Unterhaltung mitbekam. Als der Markt geschlossen hatte, bekamen alle in einem großen Unterkunftshaus für Kaufleute, in dem Philemon ein Teil gemietet hatte, ihr Quartier für die nächsten Tage angewiesen. Außerdem befahl Philemon, Onesimos solle die Aufsicht über die Vorbereitungen für das Abendessen übernehmen.

„Hilf Polectus beim Einkauf der Lebensmittel und sorge dafür, daß am Tisch Plätze für drei zusätzliche Gäste bereitgehalten werden. Nehmt Croto mit und kauft von den besten Früchten, die ihr finden könnt, und auch sehr gutes Fleisch.“ Als Philemon sich schon zum Gehen anschickte, blieb er nochmals stehen und fügte hinzu: „Achtet aber darauf, daß ihr kein Schweinefleisch bringt. Paulus, der kleine Prediger, dem wir heute zuhörten, und zwei seiner Freunde kommen zum Abendessen. Er ist zwar ein Christ, aber trotzdem auch noch ein Jude, und ich möchte ihn nicht in Verlegenheit bringen. Ich verlasse mich auf dich, Onesimus, daß alles richtig vorbereitet wird."

Diese neue Aufgabe steigerte Onesimus' Groll noch. Er war doch Lehrer und Verwalter und kein Küchensklave! Doch da zu den Gästen auch Paulus zählte, freute er sich andererseits auch, ihm zuhören zu können, obwohl er an seine Lehren nicht glauben konnte. Und außerdem bot sich ihm dadurch auch Gelegenheit, Helen zu sehen.

Also machte er sich mit Polectus und Croto, dem Koch, auf den Weg, um gute Früchte und Gemüse zu kaufen und auch ein zartes Lamm, das einen guten Braten abgeben würde.

Nach der Rückkehr vom Markt überwachte er das Decken des Tisches. Feine Leinentücher wurden ausgelegt und frische Blumen in Gefäßen daraufgestellt, so daß der Raum bald erfüllt war mit dem Duft von Rosen und Lilien. Onesimus hatte seiner Mutter oft genug zugesehen, wenn sie diese Aufgabe erfüllte, so daß es ihm keinerlei Schwierigkeiten bereitete, alles zufriedenstellend auszurichten.

Als Paulus dann in Begleitung von Tyrannus und dessen Frau Joanna eintraf, begrüßte Onesimus sie an der Tür. „Du bist Paulus. Mein Herr ist hocherfreut, dich und deine Freunde zum Abendessen als Gäste zu haben", sagte er in seinem besten Griechisch.

Ganz im Gegensatz zur üblichen Sitte und zu Onesimus' Überraschung erwiderte Paulus seine Grüße und fragte ihn nach seinem Namen.

„Der Name, den mein Herr Philemon mir gegeben hat, ist Onesimus."

„Ich bin sicher, du bist für alle sehr nützlich, mit denen du zusammenkommst. Du hast wichtige Aufgaben vor dir, junger Mann. Ich freue mich, dich kennenzulernen. Dies ist Tyrannus, der mir seine Lesehalle für meine Predigten zur Verfügung stellt, und seine Frau Joanna. Sie sind mit deinem Herrn schon seit Jahren befreundet und sind jetzt auch meine Freunde geworden."

Onesimus verbeugte sich ein wenig verlegen, weil einem Sklaven soviel Aufmerksamkeit zuteil wurde. Doch das warme persönliche Interesse, das Paulus an ihm hatte, zeigte ihm, daß er hier einem ungewöhnlichen Mann begegnete. *Archippus hat recht,* dachte er, *dieser Mann ist anders als alle Philosophen, denen ich je begegnet bin.*

Als das Abendessen serviert wurde, fuhr Paulus fort, freundliches persönliches Interesse an jedem Anwesenden zu zeigen, einschließlich Polectus und den anderen Sklaven, die bedienten. Als er sich eine gute Portion von dem Lamm reichen ließ, sagte er erfreut: „Welch schmackhafte Mahlzeit. Ich möchte gern den kennenlernen und ihm danken, der sie zubereitet hat, vor allem dieses köstliche Fleisch."

Croto wurde gerufen und erschien, sehr verlegen ob seines ungewohnten Auftritts, und versuchte, seinen enormen Bauch unter der Küchenschürze zu verstecken. Paulus dankte ihm herzlich, und der kleine dicke Mann verlor ein wenig von seiner Schüchternheit. Und in einer Mischung von Griechisch und Phrygisch murmelte er etwas, wie sehr es den Koch freute, wenn jemand ein gutes Stück Lamm zu schätzen wußte.

Während des Essens ließ sich Paulus von Philemon über dessen Familie und seine eigene Person informieren und auch über ihre Spezialität, wertvolle Stoffe herzustellen und mit der kostbaren Purpurfarbe, für die Kolossea berühmt war, zu färben. Paulus verstand es, die Unterhaltung so lebendig und attraktiv zu gestalten, daß man darüber bald sein nicht sehr ansehnliches Äußeres vergaß. Es dauerte nicht lange, da kam das Gespräch auf die Morgenversammlung in der Agora und anschließend in dem Lehrsaal. Tyrannus, einer der führenden und reichsten Kaufleute von Ephesus, hatte die Halle zu dem Zweck gebaut, damit bekannte Philosophen, die nach Ephesus kamen, darin ihre Vorträge halten konnten.

Tyrannus sagte enthusiastisch: „Von allen bekannten Lehrern und Rednern, die seit dem Bau der Halle nach Ephesus kamen, hat Paulus die größten Zuhörerscharen angezogen und auch am meisten Gutes bewirkt." Tyrannus war ein stattlicher dunkelhaariger Mann mit einem gepflegten Bart und intelligentem Gesicht. Er fuhr fort: „Ich bin stolz darauf, ein Christ zu sein. Die zwei Jahre, seit Paulus das erste Mal in unsere Stadt kam und mich neben anderen taufte, waren die bisher besten meines Lebens. Ich wäre glücklich, für all seinen Lebensunterhalt aufzukommen. Doch ihr müßt wissen, daß mein Freund und Bruder Paulus darauf besteht, für seine Bedürfnisse selbst zu sorgen und daß er deshalb darauf besteht, weiterhin in seinem Beruf als Zeltmacher tätig zu sein und das, was er nötig hat, selbst zu verdienen."

Paulus nickte bestätigend und schien damit sehr zufrieden zu sein.

Philemon meinte erstaunt: „Warum solltest du Zeit aufwenden, deinen Unterhalt selbst zu verdienen, wo du doch alle Kraft und Zeit aufwenden könntest für das, was du zu lehren hast. Alle Philosophen, deren Lehren längst nicht so interessant sind wie die deinen, werden durch reiche Anhänger unterstützt. Warum nicht auch du? Tyrannus und auch ich, wir würden uns freuen, für deinen Unterhalt aufkommen zu können."

„Ich bin dankbar für eure Bereitschaft", sagte Paulus schlicht. „Doch ich bin nicht in erster Linie ein Philosoph, obwohl ich die Lehren der besten Denker gelesen und studiert habe. Doch ich war der größte aller Sünder; und nun bin ich durch die Gnade Gottes berufen, der ganzen Welt die gute Botschaft von Jesus Christus zu verkündigen, daß Er unser Erlöser und Herr ist. Doch würde ich mich irgendwo als Lehrer niederlassen, unterstützt von reichen Männern, die so großzügig sind wie du, das würde mich doch hindern, meinem Auftrag nachzukommen und der ganzen Welt und allen

Menschen, Armen und Reichen, Freien und Sklaven, die gute Botschaft vom Königreich Gottes zu verkündigen. Solche Gastfreundschaft, wie ich sie heute abend hier genieße", fügte er mit einem Lächeln hinzu, „ist für mich mehr als genug."

„Aber was treibt dich, dein Leben aufs Spiel zu setzen und für die Menschen so große Risiken auf dich zu nehmen?" fuhr Philemon fort. „Tyrannus und Joanna haben mir einiges davon erzählt, welch weite Reisen du machst, wie oft du im Gefängnis warst und geschlagen und verachtet wurdest, sogar von deinem eigenen Volk, den Juden. Sie sagten, daß du schon manchmal dem Tod ins Auge gesehen hast und immer wieder die größten Anstrengungen machst, um überall die Menschen zu belehren. Ich bin sehr froh, daß du auch nach Ephesus gekommen bist. Aber warum tust du das alles?"

„Ich tue es im Namen Gottes, unseres Vaters, dessen Königreich uns offenbart worden ist und für uns im Himmel bereitet ist in dem großen Zeitalter, das kommen wird, wenn Christus regiert und alle Dinge Ihm untertan sein werden. In Seinem Namen und nach Seinem Willen bin ich Sein Gesandter und gehe zu allen Menschen, um ihnen diese gute Botschaft zu verkündigen, weil es keine bessere gibt, für die es sich lohnen würde zu leben."

Onesimus beobachtete das Erstaunen und die Faszination auf den Gesichtern der kleinen Gruppe, die mit Paulus am Tisch saß. Endlich brach Philemon das Schweigen:

„Als du heute von dem *Königreich des Himmels* sprachst, fragte ich mich, was du damit meinst. Ist es ein weit, weit entfernter Platz, wo dieser Gott, der sich in Christus offenbart, regieren wird?"

„Durchaus nicht", antwortete Paulus eifrig. „Das Königreich des Himmels ist hier, mitten unter uns, um uns und bei manchen auch in ihnen, obwohl es von den meisten Menschen nicht erkannt und akzeptiert wird. So hat es Jesus Seinen Jüngern gelehrt. Die Herrschaft des allmächtigen Schöpfers, des Vaters unseres Herrn Jesu Christi, schließt den gesamten Kosmos ein, und damit natürlich auch unsere Erde. Der Heilige Geist, den Christus uns gesandt hat, belehrt uns, damit wir die enorme Länge und Breite, Höhe und Tiefe der Liebe Gottes, unseres großen Vaters, verstehen, die Er für uns hat. Und wir Menschen, alle Männer und Frauen, die durch Jesus Christus Seine Kinder werden, sollen diese Liebe auch in ihr Leben empfangen, damit alles im Himmel und auf der Erde in die wahre Einheit und Gemeinschaft in Christus gebracht wird."

„Bei allen Göttern, welch großartige Konzeption!" rief Philemon. „Dieses gewaltige Konzept übersteigt bei weitem die Gedanken von Empedokles, daß wahre Einheit erst dann entstehen kann, wenn Liebe einmal alle Feindschaft überwindet. Doch bei dir, Paulus, klingt es so, als ob solche Liebe schon jetzt das Leben der Menschen erfüllen kann, die darauf eingehen, und daß sie irgendwann einmal endgültig Sieger bleiben wird."

Auch Onesimus war von der Unterhaltung fasziniert. Empedokles und seine Jünger, hauptsächlich Anaxagoras und später Aristoteles, gehörten zu seinen liebsten Philosophen. Er wußte, daß Anaxagoras und Aristoteles lehrten, es gäbe nur eine Welt, und in ihr sei eine wahre Einheit zu finden. Doch er hatte nie sehen können, wie diese Einheit zustande gebracht werden sollte; denn eine Möglichkeit, wie Feindschaft, Haß und Egoismus am Ende von der Liebe überwunden werden sollten, hatte auch Empedokles nie zeigen können.

Diese Gedanken gingen durch seinen Kopf, als Philemon sich an ihn wandte und ihn beauftragte, sich darum zu kümmern, daß die Sklaven die Tafel abräumten und daß frischer Wein gebracht wurde. Onesimus gehorchte enttäuscht, denn er hätte zu gern gehört, was Paulus jetzt antworten würde. Er hatte diesen Mann, den er gegen mittag noch einen Narren genannt hatte, wohl doch sehr unterschätzt. Dieser Paulus war ein großartiger Denker. Und doch schien ihm irgend etwas daran nicht zu stimmen. Der Gedanke, daß ein Mann, der ungerecht zu leiden hatte und dann schmachvoll gekreuzigt wurde, der Repräsentant des allmächtigen Schöpfers des Universums sein sollte, war für ihn unvorstellbar. Das war einfach zuviel und war nicht mit der Logik seines Intellekts auf einen Nenner zu bringen.

Als er einige Minuten später zurückkehrte, hörte er gerade noch eine andere Erklärung von Paulus, die sein Erstaunen noch vergrößerte, die ihm aber so wünschenswert klang, daß er davon sofort gefangen war, denn sie korrespondierte mit seinen tiefsten Wünschen.

Archippus hatte Paulus vorher gefragt, was er damit meinte, wenn er sagte, jemand der Jesus Christus annahm und sich zu Ihm bekehrte, würde *ein neuer Mensch in Christus.*

„. . . wir erhalten, wenn wir uns zu Christus wenden, durch den Heiligen Geist neues Leben aus Gott in unser Leben. Und in der Kraft dieses neuen Lebens kann unsere alte menschliche Natur, die voller Egoismus, Habgier, Vergnügungssucht und Götzendienst ist, beständig überwunden werden, weil uns dann durch den Heiligen Geist auch täglich diese erneuernde Kraft zufließt, durch die wir Gott immer besser kennenlernen und immer mehr von Seinem Wesen durchdrungen werden. Es geht hierbei nicht um die Frage, ob wir Griechen oder Juden, beschnitten oder unbeschnitten, Barbaren, Skyhten, Freie oder Sklaven sind, sondern es kommt nur darauf an, ob wir in Christus sind, so daß Christus alles in allem sein kann.

In dieser Erneuerung des Lebens, von der Jesus selbst gesagt hat, daß wir *von neuem geboren werden müßten,* — und genau das hat Er damit gemeint —, liegen die Wesenszüge Jesu, die uns durch den Heiligen Geist gegeben werden und die als Früchte des Wirkens des Heiligen Geistes in uns dann in unserem Leben wachsen sollen, nämlich Geduld, Freundlichkeit, Demut, Barmherzigkeit, Großzügigkeit, und über das alles hinaus die wahre göttliche Liebe, die in Jesus Christus so demonstriert wurde, als Er Sein Leben für die Menschen gab. Weil ich von mir selbst sagen kann, daß dieses großartige Geschenk des neuen Lebens in mir so wunderbar wirksam ist durch den Heiligen Geist, bin ich unserem großen Gott, unserem Vater im Himmel, von ganzem Herzen und mit meinem ganzen Leben dankbar und tue alles, was ich tue, zur Ehre und im Namen unseres Herrn Jesus Christus."

Als Paulus diese Erklärung beendet hatte, herrschte für eine ganze Weile ehrfürchtiges Schweigen. Dann erhob sich Philemon und entließ die Sklaven.

Onesimus war überwältigt von der Großartigkeit dieser Gedanken. Und als er nun mit Polectus in ihr eigenes Schlafgemach ging, fragte er sich selbst: *Kann ein Mensch in dieser bösen und egoistischen Welt wirklich so leben? Und wenn es so wäre, dann wäre dies das Ende für alle Sklaverei, Brutalität, Ungerechtigkeit und habgierigen Egoismus.* Berauscht von den Möglichkeiten, die Paulus mit seinen Erklärungen über den *neuen Menschen in Jesus Christus* aufgezeigt hatte, nahm seine Verwunderung noch zu, als ein anderer Sklave kam und ihm ausrichtete, Paulus wolle ihn noch sprechen, ehe er ging.

Welch ein Mann ist das, der sich sogar um die Sklaven kümmert? fragte sich Onesimus, als er eilig zum Speisesaal zurückging. Vielleicht gab es ja doch so etwas wie ein neues Leben in diesem Jesus Christus, in dem es keine Herren und Sklaven mehr gab, sondern nur noch freie Menschen?

Paulus stand schon am Eingang und verabschiedete sich gerade von Philemon, Archippus und Helen. Als er Onesimus bemerkte, wandte er sich ihm zu, legte ihm die Hände auf die Schultern und sagte mit großem Nachdruck: „Onesimus, du bist für uns alle heute abend sehr hilfreich gewesen. Deine Vorbereitungen für das Abendessen waren sehr gut. Ich möchte dir und den anderen, die mitgeholfen haben, sehr herzlich danken. Ich würde mich sehr freuen, mit dir oder anderen Angehörigen aus Philemons Haushalt zu sprechen. Doch denke immer daran, was auch geschehen mag, du bist auserwählt zu großen Aufgaben. Da ist viel in deinem Leben, für das du jetzt schon und in kommenden Jahren dankbar sein solltest."

Onesimus, dem sonst Worte nie fehlten, konnte nur verlegen und überwältigt seinen Dank stammeln. Aus den Augenwinkeln blickte er dabei auf seinen Herrn. Wie würde es ihm gefallen, daß ein Sklave wie ein Gleichberechtigter behandelt wurde? Doch Philemon schien selbst noch so sehr von dem beeindruckt zu sein, was er gehört hatte, daß ihm dies gar nicht bewußt wurde.

Als Paulus gegangen war, trat Philemon zu Onesimus, legte ihm die Hand auf den Arm und dankte ihm für die gute Arbeit dieses Abends mit Worten, die Onesimus nie von ihm erwartet hätte: „Ich vergebe dir im Geiste Christi für das, was unterwegs geschehen ist, Onesimus", sagte er, „und ich möchte, daß du auch mir vergibst. Ich weiß noch nicht recht, ob dieser Christus wirklich der Herr des Universums ist, doch dieser Paulus hat meiner Seele mehr Hoffnung und Frieden gegeben, als ich je für möglich gehalten hätte. Geh nun und ruhe dich aus. Morgen werden wir noch mehr von diesem großen Mann Gottes hören und lernen."

Onesimus beantwortete diese Worte zögernd, aber dankbar. Philemon wünschte ihm noch einen guten Schlaf und ging. Auch der junge Sklave kehrte in seinen Raum zurück, und in seinem Herzen begann ein ganz klein wenig neue Hoffnung zu wachsen. „Vor dir liegen noch wichtige Aufgaben . . ." hatte Paulus gesagt. Wenn dies stimmte, und wenn auch Philemon es glaubte und wenn er ein *neuer Mensch in Christus* geworden war, was immer das auch bedeuten mochte, dann . . . ja dann vielleicht . . . Es war zuviel für ihn, dies zu Ende zu denken. Er lag auf seinem Bett und Träume von Freiheit und Freude wollten in ihm aufsteigen.

Am nächsten Morgen allerdings sah die Welt wieder so aus wie immer, und die trübsinnige Stimmung nahm ihn bald wieder gefangen. Die Geschäfte mit den kostbaren Purpurseidenstoffen und den feinen Wollstoffen gingen überaus gut, und er war vollauf beschäftigt. Philemon war immer noch der Herr, und Onesimus war immer noch sein Sklave.

Gegen elf Uhr vormittags verließen Philemon, Archippus und Helen den Verkaufsstand und überließen alle Arbeit Polectus und Onesimus. Sie selbst machten sich voller Eifer auf den Weg zur Rednerhalle des Tyrannus, um Paulus zuzuhören. Onesimus hätte alles mögliche gegeben, um mitgehen zu können, doch er war immer noch der Sklave. Die Worte des vergangenen Abends waren eben nur wie ein Traum — zu gut, um wahr zu sein. Die übliche Arbeit des Tages ließ ihn erbarmungslos aus seinen Träumen erwachen.

Epikur hatte doch recht: Es war falsch, zu hoffen. Die Hoffnung ist ein treuloser Verräter. Es war besser, nur für den Augenblick zu leben und das größtmögliche Vergnügen daraus zu machen. Und wenn das Leben hart wurde, dann mußte man zum Stoiker werden, den Problemen mutig ins Auge schauen und sich eben einfach damit abfinden. Dies war die einzige Möglichkeit, die Seele einigermaßen im Gleichgewicht zu halten. Menschliche Institutionen und die menschliche Natur konnten eben nicht verändert werden.

6. KAPITEL

Philemons Geschäfte gingen ausgezeichnet. Geld und Juwelen flossen ihnen nur so zu und mußten gewechselt, bewertet und gezählt werden. Onesimus war mittlerweile die Aufgabe übertragen worden, die Bücher zu führen; und er tat sein Bestes, um Polectus' Belehrungen in die Tat umzusetzen. Er gab sich Mühe, die Gedanken an Paulus und die Freiheit zu vergessen. Das gelang ihm auch, bis Philemon von der Halle des Tyrannus zurückkehrte. Der Herr war so freundlich und großzügig, wie ihn die Sklaven bisher noch nie erlebt hatten.

Was war geschehen? Was hatte er von Paulus noch erfahren? Doch Philemon sagte kein einziges Wort darüber. Der Nachmittag schleppte sich dahin. Onesimus fühlte sich erschöpft durch den neu aufgebrochenen inneren Kampf und die Anforderungen, die durch die komplizierten Geschäfte an ihn gestellt wurden. Einmal machte er einen bösen Fehler, den Polectus erst entdeckte, nachdem er mehrere Male nachgerechnet hatte. Er tadelte Onesimus hart dafür, etwas, das bei dem freundlichen Mann ganz selten vorkam. „Reiß dich zusammen und wach auf, junger Bursche", tadelte Polectus. „Du bist eigentlich viel zu intelligent, um solche Fehler zu machen."

Diese Worte waren für Onesimus wie eine Herausforderung, und er gab sich alle Mühe, sich auf seine Bücher zu konzentrieren.

An diesem Abend gab es kein besonderes Essen. Philemon und seine beiden Kinder hatten eine Einladung von Tyrannus und Joanna angenommen, gemeinsam mit Paulus und anderen Christen den Abend in ihrem Haus zu verbringen.

Onesimus war zu aufgewühlt, um allein mit Polectus den Abend in ihrem Raum zu bleiben. Rastlos lief er durch die Straßen, die nun gefüllt waren mit Menschen, die in Ephesus ihr Vergnügen suchten. Da waren Kaufleute, Matrosen, Abenteurer, Diebe, Prostituierte und viele andere. Fast alle schienen das gleiche Ziel zu haben: den Tempel der Artemis oder Diana, wie die Römer die häßliche vielbrüstige Göttin nannten, die auf ihrem Thron in dem prunkvollsten Tempel saß, der außerhalb der Stadt Rom zu finden war. Seine Ohren waren erfüllt vom Lärm der feiernden und teilweise schon betrunkenen Menschenmengen. Er erinnerte sich an die Worte des Apollonius von Tyana, der das Treiben in Ephesus beschrieb: „Sie sind alle ganz wild auf die Tänzer und Schauspieler, und die ganze Stadt ist voller verweichlichter und sich weibisch gebärdenden Männern und voller Lärm."

Es stimmte. Es gab überreichlich Pfeifer, Flötenspieler und andere Musiker, und Lärm war auch genug. Es schien so, als stünden an jeder Ecke der großartigen Marmorstraße, die zum Tempel führte, irgendwelche Musiker. Sie spielten und begleiteten Männer und Frauen, die zur Musik auf der Straße lustvoll tanzten, um die Besucher aus allen Teilen der Welt sinnlich zu erregen. Auch Onesimus fühlte diese jugendliche Leidenschaft in sich erwachen, während er durch die Straße ging und alles aufmerksam beobachtete.

Ephesus war bekannt als die Vergnügungsstadt des ganzen Römischen Reiches. Hier wurde alles, was irgendwie Vergnügen brachte, geduldet und war gesegnet durch die Göttin Artemis selbst. Sie repräsentierte nicht nur die Fruchtbarkeit, sondern auch schrankenlose sexuelle und andere Lüste, die von der Göttin nicht nur geduldet, sondern sogar gefördert wurden. Man sagte, sie werde auf ihrem goldenen Thron schon seit mehr als fünfzehn Jahrhunderten unter verschiedenen Namen angebetet. In ganz früheren Zeiten als Cybele, dann als Artemis und nun als Diana.

Onesimus ging langsam den Heiligen Weg hinauf. Er war fasziniert von den Musikern und Tänzerinnen. Umgekehrt wurde seine attraktive jugendliche Erscheinung auch von den Tänzerinnen wahrgenommen, die ihn einige Male umringten und in ihren Tanz hineinzogen. Dabei forderten sie ihn immer wieder auf, eine von ihnen für einige vergnügliche Stunden auszuwählen. Doch so sehr er auch von ihnen angezogen wurde, lehnte er doch immer wieder höflich ab und ging weiter die Straße hinauf.

Er hatte den Tempel noch nie näher gesehen, und Diana, die Göttin darin, noch nie. Als Junge hatten seine Eltern gemeint, er sei noch zu jung für diese Erfahrungen. Doch nun war es eine Freiheit, die sich auch ein Sklave erlauben konnte, wenn seine Arbeit getan war. Zwar fielen ihm die Worte Heraklits ein, mit denen er die Leere und Sittenlosigkeit dieser Religion anprangerte. Doch er war ein Mensch und wollte alles selbst sehen und beurteilen.

Als er den von riesigen Säulen getragenen Eingang des Amphitheaters passierte, drängten sich dort viele hundert Menschen, um Eintrittskarten zu kaufen, weil an diesem Abend ein neues Schauspiel vorgeführt wurde. Auch er zögerte einen Augenblick, entschloß sich dann aber doch, zuerst zum Tempel zu gehen.

Als er sich dem berühmten Bauwerk näherte, hörte er schon die Lieder der verschiedenen Tempelchöre, die zu beiden Seiten des Eingangs auf der Plattform standen und von Musikern begleitet wurden. Rund um den Tempel standen und saßen Prostituierte — junge Frauen, die der Göttin geweiht waren. Sie waren völlig nackt und nur bedeckt mit ihrem langen Haar. Es war ihr Vorrecht, zum Gesang und zur Musik zu tanzen und sich aus den Besuchern junge Männer auszusuchen, mit denen sie dann in aller Öffentlichkeit auf den Tempelstufen die berühmten Fruchtbarkeits-Ritualien vollzogen. Die erotische Erregung, die durch diesen öffentlich vollzogenen Geschlechtsverkehr erzeugt wurde, gehörte zur Atmosphäre der Artemis-Gottesdienste dazu. Zwar nahmen nur wenige der Besucher an dem eigentlichen physischen Akt teil, doch alle anderen betätigten sich als anteilnehmende Zuschauer.

Auch Onesimus schaute eine Weile zu. Und da seine eigenen Leidenschaften dadurch geweckt wurden, nahm er die Einladung einer heiligen Prostituierten an. Doch als er mit ihr einige Stufen hinaufgegangen war, blieb er stehen. Er konnte das Abenteuer mit Leslia noch vor sich selbst rechtfertigen, doch er konnte seinen Körper nicht zur öffentlichen Schaustellung der Lust anbieten. Heraklits Worte kamen ihm wieder in den Sinn, der die Göttin und ihren Tempel der Lust verlacht hatte. Dann mußte er an Paulus' Worte vom Abend vorher denken: „Der ewige Gott hat uns dazu berufen, von Ihm als Kinder angenommen zu werden, die Ihm geweihte Menschen voller Liebe sind."

Das mochte stimmen oder auch nicht, überlegte er, doch es war in jedem Fall besser als dieses abstoßende öffentliche Schauspiel. Wahre Liebe gab es hier nicht, sondern nur Menschen, die ihre Körper gegenseitig zur öffentlichen Lustdarstellung benutzten. Er machte sich also von der enttäuschten Prostituierten frei und ging geradewegs in den Tempel zum Thron der Diana, vor dem sich Hunderte ehrfürchtig verbeugten und zur Göttin um Söhne oder Töchter beteten.

Auf ihrem goldenen Thron sitzend, blickte die riesige Statue der Mutter-Göttin und Beschützerin der Fruchtbarkeit wie eine monströse, häßliche und viel zu dicke Frau mit vielen großen Brüsten, auf ihn herab. Da war nichts von wahrer Fraulichkeit zu sehen, wie er sie so sehr in seiner Mutter und auch in Helen bewunderte. Wenn Diana tatsächlich die höchste Wirklichkeit repräsentierte, überlegte er, dann war das Leben nichts anderes als unbefriedigende Orgasmen physischer Lust inmitten einer leidenden und dem Tod geweihten Menschheit.

Die Fruchtbarkeitsgöttin hatte ihm an diesem Abend wirklich einen guten Dienst erwiesen, denn er war abgestoßen worden von ihr selbst und allem, was mit ihrer Religion zusammenhing. Er fragte sich, ob sexuelle Erfahrungen überhaupt einen Sinn hatten, wenn sie nicht von echter und verantwortlicher Liebe begleitet waren, wie er sie bei seinen Eltern immer gesehen hatte. Er wußte es nicht und würde es herausfinden müssen. Doch für diesen Abend hielten ihn sein fragender Intellekt, die mahnenden Worte seines früheren Lehrers und die Lehren von Paulus davon ab, es auszuprobieren.

Er verließ den Tempel und ging den Heiligen Weg zurück. Beim Amphitheater blieb er kurz stehen. Doch er war nun zu müde und seine Überlegungen waren zu sehr durcheinander, um an dem Schauspiel Freude zu haben. Also machte er sich auf den Heimweg und schlief, begleitet von Polectus lautem Schnarchen, bald darauf ein.

Die nächsten Tage verliefen wie die bisherigen. Die Geschäfte gingen weiterhin sehr gut. Doch Onesimus war immer neu frustriert, wenn er sah, wie Philemon mit seinen beiden Kindern zu Paulus' Unterweisungen ging. Er hätte sonst etwas gegeben, um dabei sein zu können oder wenigstens mit Helen sprechen zu dürfen. Doch obwohl Philemon freundlicher als gewöhnlich war, hatte er nicht einmal eine Andeutung gemacht, daß Onesimus ebenfalls in die Halle des Tyrannus gehen und Paulus zuhören könnte, und noch viel weniger änderte sich etwas im Blick auf Helen. Er war immer noch der Herr, und Onesimus der Sklave, der in seinen Grenzen zu bleiben hatte.

An mehreren Abenden versuchte er, seine Bitterkeit zu vergessen, indem er mit Patroklus, einem anderen jungen Sklaven, der für die Stoffe verantwortlich war, ins Amphitheater ging und sich dort einige Vorstellungen ansah. Aber die beiden hatten außer ihrer Jugend und ihrem Wunsch nach Freiheit nur wenig gemeinsam. Doch war es immerhin besser, als mit seinen bedrückenden Gedanken allein zu sein.

Onesimus mußte allerdings feststellen, daß ihm die Schauspiele im Amphitheater nicht mehr so viel Freude machten wie früher, als er noch mit seinen Eltern ging. Er konnte selbst da den Groll über sein Schicksal nie ganz vergessen, und mitten in den besten Szenen ertappte er sich, daß er mit seinen Gedanken bei Helen war. Und außerdem wurde er nicht mit dem Widerspruch fertig, den er in dem sah, was Paulus lehrte und was Philemon tat. Und das fachte seinen Groll immer neu an.

Noch bei zwei weiteren Gelegenheiten wurde der Apostel Paulus zum Abendessen in Philemons gemietete Räume eingeladen. Auch dabei hatte Onesimus wieder die Vorbereitungen und den ordentlichen Ablauf des Abends zu überwachen. Er stand während des Essens ein wenig hinter dem Stuhl seines Herrn, um die Wünsche, die dieser äußerte, entgegenzunehmen und für ihre Ausführung zu sorgen. Dadurch bekam er auch den größten Teil der Unterhaltung mit. Doch immer mehr schienen ihm Paulus' Worte nur schöne Wunschträume und Phantasien zu sein. Je mehr Paulus von der Liebe des ewigen Vaters im Himmel redete und auch von der Verantwortung aller, die Gott durch Jesus Christus als ihren Vater kennengelernt hatten, diese Liebe an ihre Mitmenschen weiterzugeben, um so unsicherer und verbitterter wurde Onesimus.

Eines Abends, als sich der Zeitpunkt der Rückkehr nach Kolossea näherte, gab Philemon den Auftrag an Onesimus, alle Sklaven in den Speiseraum zu rufen. Als alle sich versammelt hatten und auf ihren Herrn warteten, kam in Onesimus wieder ein wenig Hoffnung auf, Philemon würde nun beginnen, all das Reden von der brüderlichen Liebe in die Tat umzusetzen. Auch in den Gesichtern der anderen Sklaven las er ähnliche Erwartungen. Was würde ihr Herr jetzt tun?

Seit Tagen schon unterhielten sie sich über die neue Religion, von der es schien, daß Philemon und seine Kinder sie annehmen wollten. Einige der Sklaven hatten die Gelegenheit wahrgenommen, wenn ihre Zeit es erlaubte, Paulus in der Halle des Tyrannus oder auf dem Marktplatz zuzuhören. Alle hatten wenigstens so viel verstanden, daß Paulus lehrte, daß der große Schöpfer und einzig wahre Gott, der Vater dieses Herrn Jesus Christus, alle Menschen liebte und sie alle in seine göttliche Familie einbeziehen wollte, ganz gleich ob sie Juden oder Griechen, Freie oder Sklaven, Männer oder Frauen waren. Alle wurden sie durch Jesus Christus Brüder und Schwestern, und Liebe zu Gott und untereinander war das erste große Gebot.

Dies war ein großartiges Ideal. Und obwohl keiner von ihnen sich so sehr mit diesen neuen Lehren beschäftigt hatte wie Onesimus, hatten sie in ihren Unterhaltungen doch darüber spekuliert, welchen Unterschied das von nun an in ihrem Leben machen würde. So kamen sie alle mit unfertigen Hoffnungen, daß dieser neue Glaube auch ihre Lebensverhältnisse verbessern und ihnen vielleicht ein gewisses Maß an Freiheit bringen würde.

Philemon betrat gemeinsam mit Paulus und seinen Kindern den Raum. Zunächst drückte er den Sklaven gegenüber seine Anerkennung für ihren Dienst während der Zeit in Ephesus aus. Das war schon ungewöhnlich, denn noch nie hatte ihr Herr ihnen für ihre Arbeit gedankt. Als Sklaven waren sie ja dazu verpflichtet und hatten keine Wahl.

„Morgen werden wir mit den Vorbereitungen für die Heimkehr beginnen", fuhr Philemon bewegt fort. „Heute abend möchte ich euch, meiner großen Familie, die ich nach Paulus' Worten als meine Brüder und Schwestern anzusehen habe, obwohl ihr meine Sklaven seid, von dem größten Geschenk, das ich, mein Sohn und meine Tochter je empfangen haben, erzählen. Ich hoffe, daß auch ihr dieses Geschenk recht bald annehmen werdet."

Er machte eine kleine Pause, um die folgenden Sätze zu ordnen. „Durch die Gnade Gottes bin ich nun ein Nachfolger Jesu Christi, der für alle Menschen, also auch für mich, gekreuzigt wurde. So unwürdig wie ich bin, werde ich doch getauft werden in Ihn und Seine Gemeinde hinein, von der unser Bruder Paulus sagt, sie sei der Leib Christi. Ich möchte von nun an ein Christ sein!" Onesimus spürte, daß es Philemon mit seinen Worten wirklich ernst war. Er schloß mit dem Satz: „Mein Sohn und auch meine Tochter sollen nun für sich selbst sprechen.“

Archippus erhob sich und erklärte überzeugend, auch er wolle von nun an Jesus Christus nachfolgen. Dann blickte er Onesimus direkt an und sagte: „Ich habe in Ihm und in Seinem Weg durch die Lehren unseres Bruders Paulus die Erfüllung der besten Wahrheiten unserer großen Philosophen gefunden, die ich stets so bewundert habe. Wovon Heraklit, Sokrates und Plato theoretisch redeten, ist für mich in Jesus Christus Lebenswirklichkeit geworden. Er ist auf diese Erde gekommen und hat uns in Seinem Erdenleben das Wissen um Gott und um Seinen Willen und Sein Wesen offenbart. Nur die Tiefe Seiner Liebe kann alle Feindschaft und alles Böse und alle Not überwinden, die uns bedrohen — ja und sogar den Tod selbst.

Onesimus, Er ist der uns bis dahin unbekannte Gott, von dem wir auf der Reise nach hier gesprochen haben. Sein Wesen ist Liebe und Barmherzigkeit, und Sein Wille ist unsere vollkommene Freiheit.“

Onesimus verspürte ähnlich tiefe Bewegung und Hoffnung in seinem Herzen wie an jenem Abend, als Paulus das erste Mal von Liebe und Freiheit gesprochen hatte. „Ich freue mich darüber“, murmelte er nur.

Nun erhob sich Helen und erklärte fest, auch sie haben den Entschluß gefaßt, von nun an eine Christin zu sein. Als sie jetzt Onesimus offen anblickte, war ihm, als würde er von seinen Gefühlen fast überwältigt.

„Onesimus“, begann sie, „du bist für mich stets ein guter Lehrer gewesen und hast mich für das vorbereitet, was ich nun durch den Apostel Paulus gehört habe, nämlich daß allein Jesus Christus in unserem Herzen das rechte Gleichgewicht zwischen den Spannungen des Lebens bewirken kann, von denen Heraklit redet. Der Friede Christi ist der tiefste Friede, den ein Mensch erfahren kann. Er allein kann das Suchen und die Unruhe unserer Seele zur Ruhe bringen. Ich habe diesen Frieden gefunden“, sagte sie, und dabei füllten sich ihre Augen mit Tränen. „Onesimus, ich hoffe, daß auch du ihn findest.“

Verlegen und erschüttert konnte er nur murmeln: „Ich danke dir!“ Doch er wagte es nicht mehr, ihr oder einem anderen in die Augen zu schauen. Seine Gedanken gingen wirr durcheinander. Dies schien wirklich eine neue Welt zu sein, oder, wie Paulus es bezeichnet hatte, „eine neue Schöpfung“. Diese drei Menschen, die sein Schicksal bestimmten, waren anders geworden — und sie meinten es ehrlich.

Paulus erhob sich nun. „Meine Brüder und Schwestern“, sagte er, „ich hoffe, ihr werdet alle in euren Herzen und Leben noch die Freude in Christus erfahren. Ich bedauere es, daß die meisten von euch während der Markttage zu wenig Zeit hatten, um mehr von den großen Taten Jesu Christi und dem Willen Gottes zu hören, so wie es eurem Herrn und seinen Kindern möglich war. Ich wünschte mir, ich könnte jeden von euch noch persönlich unterweisen. Doch Philemon, Archippus und Helen haben mir viele Stunden zugehört und mir viele Fragen gestellt. Sie sind nun sicherlich in der Lage, euch alles, was nötig ist, weiterzusagen, damit auch ihr den Weg zu Jesus finden könnt. Nehmt teil an der Versammlung, wenn die drei gemeinsam mit anderen Neubekehrten getauft werden.“

„Auch ich würde mich sehr freuen, wenn ihr teilnehmt“, fügte Philemon hinzu. „Ihr seid alle willkommen. Doch dies ist kein Befehl. Keiner soll glauben, er müsse anwesend sein. Ich möchte zwar, daß ihr alle Christen werdet und so aufrichtig wie ich glaubt, daß Jesus Christus der Herr ist und daß der Vater im Himmel uns liebt und uns durch Seine Gnade berufen hat, Seine Kinder zu sein. Doch dies kann nur durch eure eigene freie Entscheidung geschehen.“ Er wandte sich Paulus zu und bat ihn, noch zu beten und alle Versammelten zu segnen.

Als Paulus betete und so zu Gott redete, als stünden sie alle von Angesicht zu Angesicht vor Ihm, wuchs in Onesimus die Hoffnung noch viel mehr. Paulus betete, die Hausgemeinschaft Philemons möge sich untereinander so lieben, wie Christus sie alle liebte, sie möchten sich gegenseitig tragen und einander vergeben, wenn sie falsch gehandelt hatten, wie Gott ihnen in Jesus Christus vergab. Dann schloß er mit dem Satz, den Onesimus in seinem Leben noch oft hören sollte: „Die Gnade Jesu Christi sei mit euch allen!“

Onesimus rannte in sein Zimmer, warf sich auf das Bett, verbarg das Gesicht in seine Hände und weinte wie ein Kind. Wenn die Freiheit jetzt nicht kam, dann würde sie nie kommen! Hatte Paulus nicht gesagt, in Christus gäbe es weder Sklaven noch Freie? Doch nicht ein einziges Wort war gesagt worden darüber, daß sie nun auch ihre äußere Freiheit erlangen würden. Und was war mit Helen?

Er schlief unruhig und träumte von einer Himmelstür. Ein Engel forderte ihn auf, hineinzuschauen, und schlug sie ihm dann vor der Nase zu. Er fuhr aus dem Schlaf auf und überlegte. Onesimus sah, daß das Tor zum *Königreich des Himmels,* wie Paulus es nannte, ihm von demselben Mann zugeschlagen wurde, der so offen von sich bezeugte, er sei im Glauben dort eingetreten. Wie konnte jemand, der von solcher Liebe und Freiheit redete, andere Menschen als Sklaven halten?

Es ist ein guter Schachzug für das Geschäft und auch für die Familie, wenn man ein Christ ist, denn es verändert sicherlich die Atmosphäre, überlegte Onesimus zynisch. Aber wo bleibt die wahre Freiheit? Es hört sich alles so heilig und gut an, hat aber nichts damit zu tun, mir meine Freiheit wiederzugeben. Es ist Freundlichkeit ohne Gerechtigkeit, und das kann grausam sein.

Am letzten Abend ihres Aufenthalts in Ephesus war der gesamte Haushalt Philemons eingeladen, an einer christlichen Versammlung im Hause des Tyrannus teilzunehmen. Es war der erste christliche Gottesdienst, den Onesimus erlebte; und es war eine sehr schlichte und einfache Angelegenheit. Man begann damit, daß man einige Lieder sang, in denen Gott und Jesus Christus gepriesen wurden. Anschließend betete Paulus. Er dankte Gott für die neuen Gläubigen, die dem Evangelium gehorsam geworden waren und ihr Leben Jesus Christus übergeben hatten, und er dankte besonders nachdrücklich dafür, daß ihnen sowie allen anderen Gläubigen ihre Sünden nunmehr durch den stellvertretenden Kreuzestod Jesu Christi von Gott vergeben waren und bat Gott, ihnen Kraft zu geben, in allen Lebenslagen treu zu ihrem Herrn und Erlöser zu stehen.

Onesimus stimmte, soweit es ihm möglich war, diesem Gebet von ganzem Herzen zu. Er hoffte, Philemon würde nun erkennen, daß es ihm von nun an unmöglich war, Angehörige seines Haushalts noch als Sklaven zu halten. Denn die Macht über Leben und Tod eines anderen in der Hand zu halten, war nicht die richtige Stellung eines Bruders seinem Bruder oder seiner Schwester gegenüber. *Sicher wird Philemon einsehen, daß solches Handeln Sünde ist und sich davon abwenden,* dachte er.

Nun sprach Paulus von der Liebe Jesu, von Seinem Leiden und Sterben am Kreuz für die sündige und verlorene Menschheit und von Jesu Gebet am Kreuz: *„Vater, vergib ihnen, denn sie wissen nicht, was sie tun!“* Onesimus wurde von diesen Worten tief ergriffen und überlegte, wie sehr dies Gebet Jesu doch auch auf Philemon zutreffen würde, wäre er nach seinem Entschluß, ein Christ zu werden, nicht bereit, seiner Mutter und ihm die Freiheit zu geben. Doch Onesimus war sicher, daß er dann im Blick auf Philemon nicht in der Lage sein würde, so zu beten.

Die Katechumenen, also alle Neubekehrten, die sich auf die Wassertaufe in Christus vorbereiteten, wurden nun von Paulus gebeten, aufzustehen. Paulus erklärte: „Wir werden euch im Namen des Vaters, des Sohnes und des Heiligen Geistes taufen, zum Zeugnis dafür, daß eure Sünden abgewaschen und vergeben sind, daß euer altes früheres Leben mit Christus begraben ist und ihr nun ein neues Leben durch den Heiligen Geist erhalten habt und damit ihr den Heiligen Geist empfangt.“

Er erklärte weiter, daß die Taufe ganz zeitig bei Sonnenaufgang am nächsten Morgen stattfinden würde und daß in der jetzigen Versammlung an diesem Abend die Zustimmung der Gemeinde erteilt würde, die Neubekehrten und Taufkandidaten als neue Glieder in die Gemeinde aufzunehmen. Er forderte die Täuflinge auf, die restlichen Stunden bis zur Taufe im Gebet und in der Konzentration auf ihren Herrn und Meister Jesus Christus zuzubringen.

Onesimus und auch die anderen Sklaven Philemons konnten an der frühmorgendlichen Tauffeier nicht teilnehmen, da sie alles zum anschließenden Aufbruch nach Kolossea fertigmachen mußten. Doch er würde nie den Ausdruck der Erwartung und Freude vergessen, den er auf Helens wie verwandeltem Gesicht an jenem Abend sah, als Paulus sprach. Ihr Antlitz war so voller Gewißheit und Friede gewesen, daß es ihn tief berührte.

Sie sind alle voller Hoffnung und dabei im Irrtum, murmelte Onesimus vor sich hin, als sie am nächsten Vormittag, nach Beginn ihrer Heimreise, am Meander-Fluß aufwärts ritten. *Es ist eine sehr schöne, aber auch gefährliche Täuschung, eine leere Einbildung,* überlegte er. *Denn wenn Christus wirklich lebte, wie sie behaupten, und wenn sie tatsächlich neue Menschen aus dem Geist und der Liebe dieses großen und wunderbaren Gottes geworden sind, dann jedenfalls handeln sie nicht nach ihrem Glauben. Gewiß, sie sind alle viel freundlicher als früher, und es wird auch für uns von nun an leichter sein, in Philemons Haushalt zu leben und zu arbeiten. Doch die Ungerechtigkeit, der Abstand zwischen den Herren und den Sklaven bleibt bestehen — und hier beginnt der Irrtum.*

Die meiste Zeit auf dem Rückweg nach Kolossea ritt Onesimus allein, mit seinen Gedanken beschäftigt, und mit jeder Stunde, die verging, verstärkte sich seine Überzeugung: Die Liebe und Verehrung dieser Christen zu einem Gott, der durch die Liebe herrscht, ist wunderbar, aber ein falscher und leerer Traum.

Heuchler! Dieses Wort kam ihm am meisten in den Sinn. Sie meinten es ehrlich, waren aber doch nur *aufrichtige Heuchler.* Denn wenn man von einer Sache redete, dabei aber ganz anders handelt, dann war man ein Heuchler, ganz gleich, ob man es aufrichtig meinte oder nicht. Je mehr er darüber nachdachte, um so größer wurde sein Groll. Und als sie nach mehreren Reisetagen in das schöne und große Anwesen Philemons einritten, der nun sein christlicher Herr war, wußte Onesimus nicht zu sagen, wie lange er diesen Zustand noch würde ertragen können.

TEIL II

FLUCHT IN DIE FREIHEIT

7. KAPITEL

Es war eine wunderschöne Frühlingsnacht. Die kleine Stadt Kolossea lag still unter dem silbernen Schein des Vollmondes, und hier und da hörte man Nachtigallen singen. Nur der phrygische Sklave Onesimus wälzte sich unruhig und voll innerer Auflehnung auf seinem Lager hin und her. Ihn störte und ärgerte sogar der Gesang der kleinen Vögel. Mehr als zwei Jahre waren nun schon seit jener zuerst so hoffnungsvollen und dann doch enttäuschenden Reise nach Ephesus vergangen. Es waren Jahre, die zuerst Hoffnung erweckten und ihn dann doch in noch tiefere Hoffnungslosigkeit und Verzweiflung trieben.

Da er doch nicht schlafen konnte, erhob er sich und ging zu der Naturbrücke hinaus, die den Lycus-Fluß überspannte. Dort setzte er sich und blickte in das kalte und klare Wasser, das von den zerklüfteten Cadmusbergen und von einem zweiten Arm weiter im Norden herabkam. Hier bei Kolossea vereinten sich beide Flüsse und strömten über zwei Wasserfälle weiter dem Meer zu.

Onesimus setzte sich an den Rand der Brücke und überlegte, mit welcher Geschwindigkeit das hier sehr reißende Wasser wohl dahinfloß. Würde es dieses Tempo auf seinem weiteren Weg beibehalten, so konnte es sich durchaus in zwei bis drei Tagen aus seinem Flußbett befreien und in das Aegäische Meer ergießen. Dieser Gedanke ermutigte ihn ein wenig. Doch dann fiel ihm ein, daß das meiste Wasser immer noch oben in den Bergen eingeschlossen war, von denen es Tag für Tag herabrauschte.

Wie lange werde ich es noch aushalten? überlegte er. *Ich hasse es, immer das Stirnrunzeln von Philemon sehen zu müssen, wenn ich einmal ihm und Helen beisammen auf dem Hof oder im Haus begegne. Er will mir damit stets klarmachen, daß ich mich nicht vergessen soll, sondern immer daran zu denken habe, was mein Platz ist. Ich wurde nicht geboren, um ein Sklave zu sein!*

Er sprang auf und rief laut: „Ich werde frei sein!“ Erschrocken rief er sich selbst zur Ordnung und wiederholte diese magischen Worte nun nur noch mit leiser Stimme, aber immer und immer wieder. Vorsichtig blickte er sich um, ob nicht *Sparteolis,* die *Eimer-Männer,* wie die Polizei auch noch genannt wurde, sein lautes Rufen gehört hatten und sich näherten. Doch alles blieb still. Außer den Nachtigallen gab es scheinbar keine Zeugen seines verzweifelten Ausbruchs.

Er verließ die Brücke und ging zurück zu dem Haus, in dem Philemon in seinem bequemen Bett schlief. Als er an ihn dachte, knirschte Onesimus mit den Zähnen. Doch sein Entschluß zu fliehen half ihm, seine Frustration zu ertragen, die seit zwei Jahren immer größer wurde.

Für einige Minuten saß er noch unter dem Akazienbaum im *Hortulus,* seinem Lieblingsplatz, wenn er mit seinen Gedanken allein sein wollte. *Ich habe seit der Reise nach Ephesus an vielen christlichen Versammlungen teilgenommen, in denen Briefe von Paulus verlesen und viele gute Worte gesagt wurden, aber nie hat Philemon erwähnt, daß es weder Juden noch Griechen, Sklaven noch Freie gibt, sondern Christus alles in allem ist. Von aller Heuchelei, zu der unser menschlicher Geist fähig ist, ist dies die schlimmste.*

Die Idee von dem Königreich des Himmels, in dem es keine Sklaverei gibt, ist eine Illusion. Es ist einfach ein kluger Trick, um die Sklaven besser in Unterdrückung halten zu können. Ich will damit nichts zu tun haben.

Er erhob sich. Er würde jedenfalls alles tun, um wieder frei zu sein. Bei der ersten möglichen Gelegenheit würde er entfliehen, was es auch kosten würde. Er wollte tun, was dazu nötig war, und keine Stunde länger, als unbedingt sein mußte, in diesem unwürdigen Zustand bleiben.

Er wußte, daß die Sklaven anderer Herren ein viel härteres Leben hatten als er. Ihm war auch bewußt, was ihm drohte, wenn man ihn wieder einfing: sein Gesicht wurde durch Brandmale verunziert, die Ohren wurden ihm abgeschnitten und andere schlimme Quälereien oder sogar der Tod warteten auf ihn. Doch der Freiheit und Helen so nahe und doch so weit entfernt davon zu sein, das war schlimmer als alles andere. Das würde er nicht mehr lange ertragen können.

Ich werde stehlen und alles andere tun, um meiner Freiheit willen. Ich hoffe nur, daß ich dazu niemand totschlagen muß. Aber was immer es kostet, will ich tun, um frei zu sein, murmelte er vor sich hin. Alles, was zu tun blieb, war, einen guten Plan zu fassen und die beste und sicherste Gelegenheit wahrzunehmen, die sich ihm bot.

Ein wenig ruhiger geworden, legte er sich auf sein Lager. Und er schlief in jener Nacht besser als seit vielen Wochen.

8. KAPITEL

Ungeduldig wartete Onesimus auf eine Gelegenheit zur Flucht. Obwohl sein Entschluß, zu fliehen, fest blieb, gab es doch auch Stunden des Zweifels und der Depression. Er würde ja nicht nur Philemons Haus verlassen, das sein einziges Zuhause war, sondern auch seine Mutter mit ihrer liebenden Fürsorge, ihrem weisen Rat und allen Ermutigungen, die sie immer für ihn hatte. Er riskierte Leib und Leben und betrog jene, die in den Grenzen der allgemein akzeptierten Sklavenhalterei doch freundlich zu ihm gewesen waren. Und das Schlimmste war, daß er Helen verlassen würde. Doch ihr so nahe und trotzdem getrennt zu sein war noch unerträglicher. Mit jedem Tag wurde sein Entschluß fester, die Freiheit zu suchen.

Aus Wochen wurden Monate, und ein volles Jahr ging vorüber, während Onesimus eine Fluchtmöglichkeit suchte. Die Familie und das Haus Philemons waren das Zentrum einer kleinen christlichen Gemeinde in Kolossea geworden. An jedem ersten Tag der Woche versammelte sich eine wachsende Schar von Christen in dem großen Patio, und Philemon oder Archippus oder ein anderer der schon etwas fortgeschrittenen Christen leitete den einfachen Gottesdienst.

Die Hausgemeinschaft, die Katechumenen, wie die Neubekehrten genannt wurden, und andere interessierte Besucher durften am ersten Teil des Gottesdienstes teilnehmen. Dieser lief ähnlich ab wie die Versammlungen in den jüdischen Synagogen. Doch neben dem Gesetz, den Propheten und den Psalmen wurden auch noch Briefe von Paulus an die

Christen in Galatien und an die Gemeinde in Korinth gelesen und auch Schreiben von anderen Aposteln. Die Begebenheiten aus dem Leben Jesu und Seine Lehren wurden immer wieder erzählt. Freudige Lieder zur Ehre Gottes und Jesu Christi wurden gesungen. Viel Zeit verwendete man für das Gebet und die Fürbitte. Und dabei betete man so, als sei der auferstandene Christus buchstäblich persönlich in ihrer Mitte.

Onesimus nahm an den meisten Versammlungen teil, um durch seine Abwesenheit keinen Verdacht zu erregen. Er schätzte manches von der Schönheit und Weisheit des christlichen Glaubens und seiner Lehren. Ganz besonders schätzte er es, wenn aus Paulus' Briefen an die Gemeinde in Korinth vorgelesen wurde. Einen davon hatte der Apostel an diese so sehr menschliche und unvollkommene Schar von Christen geschrieben während seines Aufenthalts in Ephesus. Ganz besonders gefiel Onesimus jener Teil des Briefes, der jenes großartige Gedicht oder Lied der Liebe enthielt. Doch jedesmal, wenn er es hörte, wurde auch sein Groll neu angefacht, weil er dabei an die Inkonsequenz und das Versagen von Philemon und Archippus denken mußte, deren Glaube nach Onesimus' Meinung nicht zu dem paßte, was sie taten.

Wenn diese Versammlungen vorüber waren, wurden alle, außer den getauften Christen, unter dem Segen Gottes verabschiedet. Die Glieder der christlichen Gemeinde blieben noch beieinander und feierten das Abendmahl. Alcestia, Onesimus' Mutter, war von Philemon gebeten worden, dafür jeweils Brot und Wein bereitzuhalten, die zu dieser Feierstunde gebraucht und von den Christen gegessen und getrunken wurden in dankbarer und freudiger Erinnerung an den Opfertod Jesu Christi und die Seinen gebrochenen Leib und Sein vergossenes Blut repräsentierten.

Einige der Sklaven des Hauses hatten sich bekehrt und waren nun schon getaufte Christen. Unter ihnen waren Patroculus und Croto, auf dessen intellektuelle Fähigkeiten Onesimus mit Verachtung herabschaute.

Leslia jedoch schien von dem allen unberührt zu bleiben. Sie lebte in einer anderen Welt, dachte Onesimus. Es hatte ihm immer große Mühe gekostet, ihr stets aus dem Weg zu gehen, da sie ihm immer noch nachstellte. Er wußte, daß er der Versuchung wohl erliegen würde, sollte sie ihm allein begegnen. Doch glücklicherweise arbeitete er durch seine neuen Aufgaben als Buchhalter und Verwalter in Räumen, zu denen die anderen Sklaven kaum Zugang hatten. Er hatte diese Aufgaben von dem alten Polectus übernommen, der sehr krank geworden war.

Sein Philosophie-Unterricht mit Helen war nie wieder aufgenommen worden. Philemon schien überhaupt nicht daran zu denken. Das war eine Zurücksetzung, die in Onesimus Bitterkeit aufkommen ließ, wann immer er daran dachte.

Doch was Onesimus mehr störte als alle anderen Dinge, war die Tatsache, daß seine eigene Mutter großes Interesse an dem neuen Glauben von Philemons Familie zeigte. Alcestias Zuneigung zum Christentum war für ihn eine Enttäuschung. Einige der ausgiebigsten Unterhaltungen, die Mutter und Sohn in der letzten Zeit miteinander hatten, erwuchsen aus dem Widerspruch, den Onesimus zwischen den Worten und Taten der Nachfolger Jesu Christi sah. Er konnte nicht verstehen, daß seine Mutter da so blind war.

„Vergiß nicht", gab Alcestia ihrem Sohn zu bedenken, „daß Philemons ganzes Leben, seine Geschäftsverbindungen und damit sein Einkommen und auch sein Ansehen in der Gesellschaft von Kolossea, in der er einen geachteten Platz einnimmt, in Gefahr wären, würde er seine Sklaven freilassen. Auch du kannst doch die Veränderungen in seinem Leben und in seinem Handeln seinen Mitmenschen gegenüber erkennen. Kannst du dich mit diesen in seinem Leben sichtbaren *Früchten des Geistes,* wie Paulus sie in seinem Brief an die Galater nennt, nicht zufrieden geben? Ich glaube, daß in ihm wie in seinen Familienangehörigen ein Wunder geschehen ist."

„Aber Mutter", wandte Onesimus ein, „siehst du nicht,

daß gerade die erste und wichtigste Frucht des Geistes, nämlich die Liebe, verleugnet wird, wenn in seinem Haus andere Menschen als Sklaven in Unterdrückung und Unfreiheit gehalten werden? Denke doch einmal an die Worte, die Paulus in dem Brief an die Galater schreibt: *Zur Freiheit hat uns Christus berufen. So steht nun fest und laßt euch nicht wieder von dem Joch der Sklaverei gefangennehmen.* Wie kann jemand frei sein, wenn er immer noch ein Sklave ist?"

Wohl hundertmal, bis zur Erschöpfung, hatte er seiner Mutter diese Frage schon gestellt. Und ihre Antwort war, mit geringen Variationen, immer die gleiche: „Es gibt eine schlimmere Sklaverei als die äußeren Ketten, mein Sohn. Eines Tages wirst du noch verstehen lernen, daß wahre Freiheit nicht unbedingt von äußeren Umständen abhängig ist."

„Welche Torheit!" empörte er sich. „Diese christliche Liebe ist nur eine andere neue Art von Opium. Sie ist billiger als die Drogen, die aus dem Osten eingeführt werden, ist aber genauso wirksam, um jene, auf denen man herumtrampelt, zu befriedigen und zu berauschen."

Wenn Onesimus dann in ihren Augen sah, wie weh er seiner Mutter damit getan hatte, bat er sie um Verzeihung. Doch trotzdem wiederholten sich diese Szenen, wenn auch mit unterschiedlichen Worten, jedesmal, wenn sie über diesen neuen Glauben diskutierten. Nach einiger Zeit beschloß er, dieses Thema im Gespräch mit ihr zu meiden, denn sie hatte sich nun auch bekehrt und war eine Katechumenin. Sie freute sich schon darauf, in einigen Wochen im Wasser getauft zu werden von der Hand dessen, der nicht nur ihr Herr war, sondern auch ihr „Bruder in Christus".

In seinem Inneren freute sich Onesimus für seine Mutter, wie auch für Helen, da er sah, wie sich ihr Wesen immer besser entfaltete unter dem, was sie die „Gegenwart Christi" nannten. Und nun würde seine Mutter auch ganz auf diesen Glauben eingehen und an diesen Abendmahlsfeiern teilnehmen, wo man so besonders an den dachte, der Sein Leben für die gesamte Menschheit gegeben hatte. Es war wohl nur ein harmloser Aberglaube, aber für sie schien es gut zu sein.

Am Morgen nach der Taufe umarmte seine Mutter Onesimus mit Freudentränen in den Augen. „Mutter“, sagte er, „ich bin glücklich für dich. Möge diese neue Erfahrungen für dich eine Tür sein in das, was dieses *Königreich des Himmels* für dich auch immer bedeuten mag. Vergib mir, daß ich in meiner Sehnsucht nach Freiheit deinen Glauben nicht teilen kann; aber ich bin froh, daß du ihn gefunden hast.“

Onesimus' Zeit und Aufmerksamkeit wurde fast völlig von Philemons Geschäften in Anspruch genommen, da Polectus wegen seiner immer mehr zunehmenden Krankheit ihm kaum noch Rat und Hilfe sein konnte. Es war selbst für einen jungen Mann mit der Intelligenz und Lernfähigkeit, wie Onesimus sie hatte, eine schwierige Aufgabe, doch er fühlte, er würde sie meistern können, selbst wenn Polectus ihm bald keinerlei Rat mehr würde geben können.

Als dann der Winter hereinbrach, verschlechterte sich Polectus' Zustand rapide, und an einem Spätwintertag fiel er ins Koma, aus dem er nicht wieder erwachte. Da er ebenfalls ein Christ geworden war — er hatte manchmal in ähnlicher Weise mit Onesimus darüber diskutiert wie dessen Mutter —, schlief er voller Frieden und würdevoll ein, so daß Onesimus widerwillig anerkennen mußte, daß solches Sterben ein nachdrückliches Zeugnis für Christus war. An einem der nächsten immer noch kalten Tage fand dann eine christliche Beerdigungsfeier statt.

Onesimus war beeindruckt durch die Art, mit der die Christen dem Tod begegneten. Während einige Sklaven, die Polectus näher gestanden hatten, zwar um ihn trauerten, und besonders seine alte Frau den Verlust ihres Gatten schmerzlich empfand, gab es doch kein bitteres Klagen und keine Verzweiflung, die so allgemein bei der Beerdigung von Nichtchristen zu sehen war. Trauer war da, wegen der vorübergehenden Trennung, aber auch leiser Dank dafür, daß der Abgeschiedene nun zu einem besseren Leben in der

Ewigkeit mit Christus gegangen war, zu einem Leben nach dem Tod, das für Griechen und Römer bestenfalls die Existenz eines körperlosen Wesens im Schattenreich war.

„Für euch ist dieser Glaube tatsächlich zur Wirklichkeit geworden", gestand er seiner Mutter zögernd zu. „Doch ich halte mich lieber weiter an Aristoteles und Epikur und akzeptiere nur solche Dinge als Realitäten, die ich mit meinen natürlichen Sinnen fassen und prüfen kann. Dies scheinen mir die einzigen verläßlichen Tatsachen des menschlichen Lebens zu sein."

Seine Mutter schüttelte nur leise den Kopf und sagte freundlich: „Sohn, denke an das, was Paulus sagte: *Was kein Auge gesehen und kein Ohr gehört hat und was alle menschliche Vorstellungskraft übersteigt, das hat Gott denen bereitet, die Ihn lieben."*

Ich bin froh, daß meine Mutter einen so trostreichen Glauben gefunden hat, dachte Onesimus. *Das wird es für sie leichter machen, wenn ich bei meiner Flucht auch sie verlassen muß.*

An einem Morgen mitten im Frühling besprach Philemon wie üblich die Aufgaben des Tages mit Onesimus. Doch dann fügte er noch hinzu: „Im nächsten Monat ist es wieder an der Zeit, die jährliche Reise zum Markt nach Ephesus zu machen. Ich fühle mich kaum mehr in der Lage, mitzukommen. Ich werde älter, und die Schmerzen in meinen Gliedern machen mir das Reiten zur Plage. Deshalb möchte ich, daß Archippus und du dieses Mal mit genügend anderen Sklaven die Reise unternehmen. Mit deinen Kenntnissen vom Geschäft und den Erfahrungen, die du schon in Ephesus gesammelt hast, glaube ich, daß ihr beiden es auch ohne mich genau so gut könnt."

Er legte die Hand auf die Schulter seines Sklaven. „Onesimus, ich bin sehr zufrieden mit der Art, wie du den Platz von Polectus jetzt ausfüllst. Er war ein so fähiger und ehrlicher Mann, und es braucht einen genauso treuen Mann, um in seinen Schuhen zu stehen. Du hast dich als vertrauenswürdig und fähig erwiesen, und dafür bin ich dankbar. Es betrübt mich nur, daß du dich bisher noch nicht bereit gefunden hast, gemeinsam mit deiner Mutter und den anderen aus unserem Haushalt ein Glied der Gemeinde Jesu Christi zu werden."

Onesimus war verlegen, denn er konnte seine wahren Gefühle und Gedanken nicht aufrichtig darlegen. Doch es gelang ihm wenigstens, so offen wie möglich zu sagen: „Vielen Dank, Herr, für deine freundlichen Worte. Aber ich kann eine Religion nicht akzeptieren, die auf dem Leiden und der schrecklichen Kreuzigung eines Mannes aufgebaut ist, ganz gleich, wie gut dieser Mann auch immer gewesen sein mag. Ich kann einfach nicht glauben, daß dieser Mann die höchste Offenbarung jener Realität sein soll, die alles kontrolliert und zusammenhält. Ich denke, Empedocles kommt der Wahrheit näher, wenn er sagt, daß das Leben ein beständiger Kampf und gleichzeitig dadurch auch Ausgleich zwischen Haß und Liebe ist. Ich bin mir nicht sicher, daß es einen allmächtigen Herrscher über allem Existierenden gibt. Doch ich bin dankbar für deine Fähigkeit, den Streit und die Uneinigkeit zu überwinden und in der Liebe zu leben."

Da Philemon ihm aufmerksam zuhörte, fand Onesimus zum ersten Mal den Mut, ein klein wenig in versteckter Weise auf seine eigentliche Frustration hinzuweisen: „Ich möchte aufrichtig sein, Herr", fügte er zögernd hinzu. „Aber ich kann nicht sehen, wie jemand, der an die so wunderbar beschriebene Liebe in Christus glaubt, der doch der Herrscher über alles sein soll, dann so bereitwillig das böse System dieser Welt akzeptieren und sogar selbst mit darauf eingehen kann, ohne zu versuchen, es zu verändern."

Philemon schaute ihn verwundert an. „Ich bin nicht sicher, daß ich dich jetzt verstanden habe, Onesimus. Was meinst du damit?" fragte er.

Onesimus bereute schon, so viel gesagt zu haben, und

machte einen Rückzug. „Es tut mir leid, Herr, damit angefangen zu haben. Eines Tages hoffe ich, mit dir offen darüber reden zu können, doch das wird eine sehr lange Unterhaltung werden, fürchte ich. Doch im Augenblick, das weißt du selbst besser als ich, ist meine und auch deine Zeit knapp bemessen, denn es gibt sehr viel zu tun, um die Reise im nächsten Monat vorzubereiten und alle laufenden Geschäfte trotzdem ordentlich zu erledigen." Damit lenkte er die Unterhaltung auf die drängende Frage über eine große Sendung von Seide, die aus dem Osten erwartet wurde, schon etliche Zeit überfällig und immer noch nicht bei ihnen eingetroffen war.

Während der nächsten Monate war Onesimus vollauf mit doppelten Vorbereitungen beschäftigt. Er mußte nicht nur alles Notwendige für die Reise nach Ephesus anordnen und überwachen und sich dieserhalb auch ständig mit Archippus und Philemon absprechen und dessen Rat und seine Anordnungen einholen, sondern er brauchte auch viel Zeit, um seine Flucht richtig zu planen. Seit er im Hause Philemons oberster Verwalter und Buchhalter war, hatte er jedesmal, wenn größere Einkäufe für den Haushalt oder das Geschäft zu tätigen waren, eine kleine Summe, so gering, das es nicht auffiel, für sich abgezweigt; und das tat er auch jetzt, als die Vorräte für die Ephesus-Reise beschafft werden mußten. Doch er wußte trotzdem genau, daß diese kleinen Beträge, die er sorgfältig beiseite gelegt und gespart hatte, nicht genug waren für einen flüchtigen Sklaven, um damit nach Rom zu kommen. Und Rom war der beste Platz für einen Sklaven, der geflohen war und gesucht wurde, der Entdeckung zu entgehen.

Endlich kam auch der Tag der Abreise. Der Abschied von seiner Mutter war auf ihrer Seite von vielen Tränen begleitet. Zu seiner Überraschung kam auch Helen in sein Büro, in dem er mit einer letzten Überprüfung der Warenlisten beschäftigt war. Sie hatten in all den Jahren seit des unheilvollen Ereignisses an jenem Abend am Flußufer nur sehr wenige und kurze Unterhaltungen miteinander geführt; und diese waren mehr zufällig zustande gekommen, mit Ausnahme von einer, als Helen ihn bewußt darauf angesprochen hatte, daß sie seine Ablehnung, ein Christ zu werden, sehr bedauerte.

Er war dabei zu ihr, als seiner früheren Schülerin, offener gewesen als zu Philemon oder Archippus und hatte sie gefragt: „Erinnerst du dich an die Feststellung Heraklits über die *wachen und sehenden Menschen, die sich mit der Welt, in der wir leben, auseinandersetzen, und über die Schlafenden, die versuchen, sich eine Welt nach ihrer eigenen Vorstellung zu schaffen?*"

Helen hatte den letzten Satz dieser heraklitschen Feststellung hinzugefügt: „*Denn sich mit der Ungerechtigkeit abzufinden, bedeutet, laufend zu sterben.*"

„Du hast ein gutes Gedächtnis und warst eine gute Schülerin", hatte Onesimus anerkennend genickt. „Ich bedauere es, daß wir unseren Philosophie-Unterricht nicht fortsetzen konnten. Und für mich bedeuten diese Worte Heraklits jetzt viel mehr als die Worte eures Christus, daß man einander lieben und miteinander in Frieden leben soll. Denn ich kann mich nicht mit der Ungerechtigkeit abfinden. Lieber will ich sterben!"

„Aber Liebe ist doch Gerechtigkeit; natürlich meine ich die starke und selbstlose Liebe unseres Herrn Jesus Christus", hatte Helen widersprochen.

„Aber von dieser angeblichen Gerechtigkeit habe ich bisher noch nicht viel gesehen", hatte Onesimus aufbegehrt, obwohl er diese Worte gleich darauf bereute.

„Aber Onesimus, sind wir nicht stets freundlich zu dir? Hat mein Vater dich nicht gut behandelt und dir in allen Dingen Vertrauen geschenkt?"

„Das hat er tatsächlich. Aber trotzdem bin ich immer noch ein Sklave, das solltest du nicht vergessen. Und wenn eines Tages irgend etwas geschieht, dann solltest du daran denken, daß ich nie der Sklave irgendeines Menschen sein wollte."

Sie hatte mit Mühe ihre Tränen zurückgehalten und war gegangen, und er hatte sich mit grimmiger Laune wieder seiner Arbeit zugewandt.

Doch nun kam sie, um sich zu verabschieden und ihn ruhig, aber mit tiefempfundenem Mitgefühl, das man ihrer Stimme anhören konnte, leise zu mahnen: „Onesimus, tue bitte nichts Übereiltes. Wenn man übereilt handelt, schafft man dadurch manchmal nur noch mehr Ungerechtigkeit. Ich vertraue dir; und das tun auch mein Vater und mein Bruder. Denke daran, daß ich jeden Tag zu unserem Herrn für dich beten werde."

Da sie die Tränen nicht mehr zurückhalten konnte, hatte sie sich schnell umgedreht und war davongelaufen.

Onesimus zögerte einen Augenblick, riß sich aber dann zusammen und beendete schnell die letzten Arbeiten. Ahnte Helen etwas von dem, was er vorhatte, fragte er sich. Er hatte damals recht offen mit ihr gesprochen; und mit seinem Vorhaben riskierte er alles, das wußte er. Für einen Augenblick dachte er noch an Helen und an seine Mutter. Doch ihm war klar: Wenn er blieb, waren seine Chancen, die Freiheit zu erlangen, sehr gering. Er umarmte seine Mutter und küßte sie noch einmal. Dann schwang er sich auf sein Pferd, winkte Philemon, seiner Familie und den zurückbleibenden Angehörigen des Haushalts abschiednehmend zu und trat mit Archippus die Reise an.

9. KAPITEL

Als Archippus und er nun an der Spitze der Kamel- und Eselskarawane ritten, dachte Onesimus mit grimmiger Ironie: *Nun, mindestens bin ich seit der letzten Reise aufgestiegen — und zwar von einem Esel auf ein Pferd.* Zunächst ritten die beiden jungen Männer eine Weile schweigend nebeneinander her. Doch nicht lange, nachdem sie Kolossea verlassen hatten und die Straße am Lycus-Fluß entlangritten, an dessen beiden Seiten wieder Bäume und Büsche in voller Blüte standen, unterbrach Archippus das Schweigen. „Onesimus, da wir beide einige Zeit zusammen verbringen und arbeiten müssen, sollten wir Frieden miteinander schließen. Laß uns so offen miteinander reden wie damals, als wir das erste Mal zusammen nach Ephesus reisten. Du bist der Sache nach unser Sklave, aber ich betrachte dich auch als meinen Freund."

„Na schön, *Freund* Archippus — wenn ein Sklave es überhaupt wagen darf, den Sohn seines Herrn *Freund* zu nennen. Wir haben es nicht nötig, Frieden zu schließen, denn ich kämpfe nicht gegen dich. Doch wenn zwischen uns ein gutes Verhältnis entstehen soll, dann muß es damit beginnen, daß wir gegenseitig ehrlich und offen miteinander sind."

Archippus nickte mit leicht spöttischem Lächeln, und Onesimus fügte hinzu: „Du hast allerdings recht, daß eine Mauer zwischen uns gewachsen ist, seit du diesen neuen Glauben angenommen hast und dich taufen ließest."

„Ja, das habe ich auch empfunden", erklärte Archippus. „Und ich sage offen, es hat mir weh getan, denn ich mag dich sehr, Onesimus. Wenn wir offen miteinander sein wollen, dann muß ich sagen: Ich mag dich sogar sehr gern. Deine Standhaftigkeit, deinen Intellekt und die Qualitäten deines Geistes habe ich immer bewundert. Doch du hast mir nie gesagt, was sich nun wirklich zwischen uns geschoben hat."

„Da du mich fragst, Herr, will ich offen reden." Onesimus' Gesicht nahm bei diesen Worten einen so grimmigen Ausdruck an, daß Archippus ihn erstaunt anblickte.

„Du und dein Vater, ihr seid Heuchler, und ihr wißt es nicht einmal", begann Onesimus. Ihm wurde augenblicklich klar, daß er als Sklave damit doch einen Schritt zu weit gegangen war. Deshalb fügte er schnell hinzu: „Vergib mir. Doch wenn du sagst, ich sei zwar euer Sklave, doch du siehst in mir mehr einen Freund, dann glaube ich kein Wort davon."

Er erkannte, daß Archippus mehr verletzt als ärgerlich war. Deshalb wagte er fortzufahren: „Du bezeugst, zu Gott, dem Vater des Einen zu gehören, den ihr euren Herrn Jesus Christus nennt. Du sagst auch, du glaubst, daß meine Mutter, und auch ich, und eigentlich jeder eurer Sklaven vor Gott mit euch gleich sind und daß wir alle gleichermaßen von Gott geliebt werden. Habe ich es so richtig gesagt?"

„Ja, du hast es sehr gut ausgedrückt. Paulus lehrt uns, daß es in Christus weder Juden noch Griechen, Sklaven noch Freie, Männer noch Frauen gibt, sondern daß wir in Christus alle eins sind. Du bist in Christus nicht länger ein Sklave, sondern ein Sohn. Und wenn ein Sohn, dann bist du auch als Gottes Kind ein Miterbe Christi."

„Ha! Du sagst es richtig! Und trotzdem verstehst du nicht, warum ich euch als Heuchler ansehe? Du sprichst ja selbst von einem Sohn und Erben, nicht von einem Sklaven. Worin, in Gottes Namen, glaubst du, besteht meine Erbschaft? Doch in nichts anderem als in dem Vorrecht, daß ich zu jedem Wort und jeder Handbewegung deines Vaters, meines Herrn Philemon, gehorsam nicken muß. Und da du nun nach und nach den Platz deines Vaters einnimmst, denke ich, meine Erbschaft besteht darin, daß ich nun dein Sklave bin und dir gehorchen muß. Wie, im Namen von Zeus oder auch im Namen deines Jesus oder wem auch immer, bringst du diese Tatsache zusammen mit den hochtönenden Worten von Paulus, daß wir in Christus alle gleich sind. Ich mit dir gleich? Wenn das so ist, dann sage mir: Wie viele Gedanken hast du dir schon über meine Freiheit gemacht?"

Dieser Ausbruch ließ Archippus für einige Minuten wortlos bleiben. Das war es also, was Onesimus von der christlichen Gemeinschaft fernhielt, die für Archippus und seine ganze Familie wie eine neue Welt gewesen war. Von der Seite hatte er es einfach noch nie gesehen. Doch er konnte diese Bitterkeit jetzt verstehen. Er wußte ja auch, in welch vornehmer Familie Onesimus geboren wurde und daß er durch Lüge und Ungerechtigkeit zum Sklaven geworden war.

„Aber Onesimus", begann er und suchte nach Worten, um seine Verteidigung so gut wie möglich vorzubringen. „Der Apostel Paulus hat doch nicht die äußere Freiheit der Sklaven gemeint, sondern die geistliche Freiheit aller Menschen. Unsere äußeren Verhältnisse und Strukturen bleiben ja bestehen. Ein Grieche ist ja äußerlich trotzdem noch ein Grieche und ein Jude eben ein Jude. Und Männer und Frauen bleiben ja auch weiterhin Männer und Frauen. Er redet von der inneren Freiheit, der Freiheit des Geistes, zu der wir alle berufen sind."

„Also geistlich — bei Jupiter!" Nun war Onesimus völlig erbost. „Was ist das anderes als geistliches Opium für Sklaven!" platzte er heraus. „Es hält uns demütig, so daß ihr noch besseren Dienst aus uns herausbekommt. Welchen Wert hat geistliche Freiheit, wenn mir nicht die Würde zurückgegeben wird, ein Mensch zu sein, frei, mein Leben selbst zu bestimmen? Erinnerst du dich, daß Sokrates von Kallicles wegen Doppelzüngigkeit getadelt wird. Er hält ihm vor, die Naturgesetze mit den gesellschaftlichen Regeln der Menschen vermischt zu haben, weil Sokrates dem Sinn nach sagte: *Das Naturgesetz sagt, Unrecht leiden ist schlimmer als*

Unrecht tun, während das Gesetz der menschlichen Sitten sagt: Es ist besser, Unrecht zu leiden, als anderen Unrecht zu tun.

Wir erfinden diese künstlichen Gesetze, tadelt Kallicles, und legen sie unseren Mitmenschen auf. Auf diese Weise nehmen wir ihnen das Beste und Tüchtigste von ihrer Jugend an weg und zähmen sie wie junge Löwen. Wir reden ihnen ein, es ist richtig, wenn wir alle gleich sind, denn diese Gleichheit ist ehrsam und gerecht — ganz gleich, wieviel Unrecht dem einzelnen dabei geschieht

Und das ist es, was eure zivilisierten Gesetze mir und vielen Tausenden wie mir angetan haben.“ Die Worte strömten aus ihm heraus wie ein Wasserfall. „Selbst euer Paulus, der euch so weise und doch hohle Prinzipien gab, hat nicht nur den Frauen und Ehemännern und Kindern etwas zu sagen, sondern auch den Sklaven. Erinnere dich, er sagte: *Ihr Sklaven, gehorcht euren irdischen Herren in allem! Arbeitet nicht nur, um euch bei den Menschen einzuschmeicheln und ihnen zu gefallen, sondern fürchtet den Herrn mit aufrichtigem Herzen! Tut eure Arbeit gern, als wäre sie für den Herrn und nicht für Menschen.*“

„Aber Moment mal, Onesimus . . .“

„Warte noch, ich habe ja Jahre warten müssen. Kallicles hat recht, nicht Paulus. All seine Lehren von Liebe und Gehorsam sind nur ein nützliches Beruhigungsmittel, um zu verhindern, daß die natürlichen Gesetze zum Durchbruch kommen. Kallicles sagt richtig zu Sokrates: *Gäbe es einen Menschen mit genügend Kraft und Mut, der würde all diese von Menschen gemachten Regeln, Formeln, Sitten und Gesetze, die gegen die Gesetze der Natur sind, unter seine Füße treten und sie abschütteln, und die Sklaven würden sich erheben und rebellieren.*

Doch dabei werden diese menschlichen Gesetze, die oft ungerecht sind, auch mit Gewalt durchgesetzt. Was geschieht denn zum Beispiel mit einem Sklaven, der flieht? Ich denke, diese christliche Liebe, von der Paulus so beredsam spricht, ist auch nichts weiter als das, und deshalb lehne ich sie aus tiefster Überzeugung ab."

Archippus war so überrascht und erstaunt durch diese brillianten Argumente, daß er zunächst schwieg und lange nachdenken mußte. Doch er war ehrlich genug, nach einiger Zeit zuzugeben:

„Es stimmt, die Sklaven werden belehrt, daß Gehorsam und Unterordnung große Tugenden sind; und dadurch, und natürlich auch aus Furcht, wird ein großer Teil der Menschen in der römischen Welt in Sklaverei gehalten. Aber Onesimus, ich glaube, ich kann sogar sagen: ich weiß, daß christliche Liebe etwas ganz anderes und sehr viel mehr ist als ein listiger Weg, um Ungerechtigkeit und Bosheit siegen zu lassen. Ich weiß es, denn Jesu Liebe bewies sich in Seiner Bereitschaft, sich kreuzigen zu lassen und damit Sein unschuldiges Leben für unsere Sünden zu geben. Dies ist Gottes Weise, damit die Menschen zur wahren Freiheit und zum echten ewigen Leben finden und dadurch auch Freude daran haben, ihren Mitmenschen Gutes zu tun und ihnen zu dienen. Vielleicht ist diese Art Liebe wirklich zu groß für unsere kleinen Herzen, obwohl Paulus uns oft versichert hat, daß die Gnade Gottes ausreicht für alles, was uns notwendig ist. *In Christus vermögen wir alles!* sagt Paulus. Doch ich kann sehen, daß mein Vater und ich unseren Glauben und die rechte christliche Liebe nicht in allen Dingen so in die Praxis umgesetzt haben, wie wir das hätten tun sollen."

Auf dieses Eingeständnis hatte Onesimus gehofft, obwohl er es eigentlich nicht erwartet hatte.

„Wir haben einfach nie über den Widerspruch in diesem Punkt, von dem du eben gesprochen hast, nachgedacht", räumte Archippus ein.

„So, so! Ich denke, es wird für die Christen nun endlich Zeit, daß sie ihren Glauben auch auf ihr Leben anwenden", meinte Onesimus, dessen Erregung durch Archippus' Worte etwas gedämpft worden war. „Denn wenn ihr das nicht tut, bleibt ihr ja noch hinter Aristoteles zurück. Er stellte wenigstens die Frage, ob es von Natur aus überhaupt beabsichtigt sei, daß irgendein Mensch zum Sklaven würde und erkannte an, daß dieses Herren-Sklaven-System gegen die Naturgesetze ist. Wenn es also einen Gott gibt, der ein liebender Vater aller Menschen ist, der müßte doch genauso zornig darüber sein wie ich, wenn man auch nur einem Seiner Kinder die Freiheit nimmt."

Archippus war tief bewegt durch die Worte seines Gefährten. „Ich sehe jetzt die Wahrheit in dem, was du sagst, mein Freund, und ich bitte unseren Herrn, mir zu vergeben, daß ich bisher so blind war. Es ist sicher sehr ungerecht, daß du ein Sklave bist, wenn man bedenkt, wie es dazu gekommen ist. Doch mein Vater hat einen hohen Preis für dich bezahlt, und du bist in unserem Haushalt in vielerlei Weise sehr nützlich und wertvoll."

„Ha!" empörte sich Onesimus wieder, „Das Geld ist also wertvoller als ein Mensch, und ich bin nun einmal das Eigentum deines Vaters. Ich werde als Sklave gehalten, weil ich für ihn nützlich bin und er für mich bezahlt hat. Was für ein Argument!"

„Nein, so habe ich es nicht gemeint", verteidigte sich Archippus. „Ich meine nur, daß wir alle inmitten einer Welt voll Ungerechtigkeit leben müssen. Ich gebe zu, daß wir auf die Dauer nicht an der Sklaverei festhalten können, wenn wir bei unserem Glauben an Jesus Christus und unserem Vater im Himmel bleiben, der alle Menschen gleichermaßen liebt. Doch wir müssen darüber nach unserer Rückkehr mit meinem Vater reden. Ich werde mein Möglichstes tun, damit auch er erkennt, wie falsch das ist und daß wir unter den Verhältnissen, unter denen wir nun einmal leben, größtmögliche Gerechtigkeit schaffen sollten."

„Archippus, du bist wirklich mein Freund. Ich bin sehr überrascht, wie gut du meine Probleme verstehst. Doch ich kann das nicht auch von deinem Vater erwarten, denn wir sind alle in unserem heutigen gesellschaftlichen System gefangen, das uns selbstverständlich ist. Ich glaube auch nicht, daß daran während unserer Lebenszeit etwas zu verändern ist. Dein Vater ist noch eine Generation älter als wir und einfach auch in diesen Verhältnissen aufgewachsen. Es ist sehr unwahrscheinlich, daß er seinen Sklaven die Freiheit gibt, wohl noch nicht einmal mir. Und andererseits wäre es sehr ungerecht, würde er sie nur mir geben und den anderen nicht. Er ist nun schon seit vier Jahren ein Christ und hat nie daran gedacht."

„Gib uns Zeit, Onesimus", bat Archippus. „Die Übel von Generationen können nicht über Nacht verändert werden. Ich kann nicht garantieren, daß mein Vater diese Dinge genauso sieht wie ich. Doch er meint es aufrichtig mit seinem Glauben und seiner Liebe zu Jesus Christus, und es ist ihm ernst damit, diesen Glauben in seinem Leben auch in die Tat umzusetzen."

Die beiden setzten ihre Unterhaltung fort, bis die Karawane ein kleines Zypressen-Wäldchen erreichte, wo sie wegen der größten Mittagshitze eine Pause einlegten, um zu essen und sich auszuruhen.

Onesimus war verunsichert. Seine Entscheidung, zu fliehen, war wieder infrage gestellt. Hatte Archippus vielleicht doch genügend Einfluß auf seinen Vater, um ihm zur Freiheit zu verhelfen? Doch er dachte auch an die Worte seiner Mutter, die ihn darauf hingewiesen hatte, daß Philemons Art zu leben und Geschäfte zu führen auch von seinen Sklaven abhängig war. Tatsächlich war es so, daß die gesamte Wirtschaft und Gesellschaft des Römischen Reiches auf dem System der Sklaverei aufgebaut war. *Archippus ist jung und idealistisch,* überlegte er. *Aber Philemon ist alt und ein Realist. Ich bekomme nie eine Chance, meine Freiheit zu erhalten, wenn ich die Gelegenheit jetzt nicht wahrnehme.*

Nach der größten Mittagshitze setzte sich die Karawane wieder in Bewegung und folgte weiter dem Flußlauf des Lycus, bis sie am späten Nachmittag den Meander erreichten. Die beiden jungen Männer waren sehr schweigsam, weil ihnen die Unterhaltung des Vormittags noch durch den Kopf ging.

Am Abend lagerten sie am gleichen Platz, an dem Onesimus von Philemon geschlagen worden war. Als er den Baum betrachtete, an den er gebunden war, durchlebte er in Gedanken nochmals jenes demütigende Erlebnis, und sein Entschluß wurde dadurch nur noch fester. *Es ist jetzt genug,* sagte er zu sich selbst, als er sich niederlegte. *Wenn es wirklich einen Gott gab, der sich Sorgen machte um das Wohlergehen der Menschen, dann sollte Er das beweisen. Er jedenfalls, Onesimus, würde nicht mehr darauf warten, sondern sein Schicksal in die eigene Hand nehmen.*

Bei Tagesanbruch erwachte er durch den Lärm eines Kamelkampfes. Zwei Kamelhengste kämpften miteinander. Sie stritten offensichtlich um eine Kamelstute, die während der Nacht läufig geworden war. Das ganze Lager wurde davon wach, und nun begann die schwierige Aufgabe, die beiden Kämpfer zu trennen. Es war ein seltenes Schauspiel, das Onesimus noch nie miterlebt hatte. Die großen Tiere, die sonst so ruhig waren, bissen und traten sich mit großer Wildheit und schrien und grunzten dabei. Beide bluteten schon an mehreren Stellen.

Einer der Kameltreiber erklärte Archippus und Onesimus, wenn man sie nicht auseinanderbrächte, würden die beiden Tiere solange kämpfen, bis eines sich nicht mehr wehren konnte oder gar tot war. Der Sieger würde sich dann an die Kamelstute halten, und diese würde ihm die Wunden lecken und lebenslang seine Gefährtin sein.

Die Kämpfenden wurden von den erfahrenen Kameltreibern auseinandergebracht, ehe eines der beiden Tiere ernstlich verwundet war. Dann setzten sie ihren Weg nach Ephesus fort.

Die beiden jungen Männer verbrachten den Vormittag damit, das Wesen der Tiere mit dem der Menschen zu vergleichen. Beide waren sich einig, daß es in manchen Dingen gewisse Ähnlichkeiten gab. „Du mußt allerdings zugeben“, meinte Onesimus ironisch, „daß noch nie ein Kamel ein anderes versklavt hat.“

„Es hat sich allerdings auch noch nie ein Kamel darüber beschwert, daß es ein Kamel ist, und dann versucht, lieber ein Pferd zu werden", gab Archippus lachend zurück. Onesimus hatte zwar eine passende Antwort auf der Zunge, schwieg aber, weil er wußte, daß sie mit diesem Thema im Augenblick nicht weiterkommen würden.

Nach etlichen weiteren Tagen zog die Karawane an einem frühen Vormittag in Ephesus ein. Die Sklaven luden die mitgebrachten Waren ab und richteten unter der Aufsicht von Archippus und Onesimus den wiederum gemieteten Verkaufsstand ein. Schon vor der Mittagsruhe konnten sie mit den Geschäften beginnen. Diesmal war Archippus allein der Verkäufer, und Onesimus war der einzige Geldwechsler und Buchhalter. Die Geschäfte gingen gut. Am Abend standen schon erstaunlich gute Beträge in den Büchern, und in der Wertsachenkiste, die Archippus verwahrte, sammelten sich schon beachtliche Geldbeträge und Juwelen.

Am Abend besuchte Archippus die Christen in Ephesus. Er lud Onesimus ein, mit ihm zu kommen. Doch der lehnte ab; er wollte sich nicht mehr von diesen so schön klingenden aber doch leeren und wertlosen Ideen beunruhigen lassen.

Archippus ging zuerst zum Haus des Tyrannus. Ihm und seiner Familie ging es gut. Doch sie waren bekümmert, weil sie gerade erst die Nachricht erhalten hatten, daß Paulus als Gefangener in Rom war. Sie berichteten, wie Paulus in Jerusalem verhaftet wurde und sich dann, als römischer Staatsbürger, auf sein Recht berufen hatte, in Rom vor ein kaiserliches Gericht gestellt zu werden. Daraufhin hatte man ihn nach Caesarea gebracht, wo er zwei Jahre in Gefangenschaft gewesen war. Nach mehreren Verhandlungen vor dem römischen Prokurator wurde er dann unter Bewachung auf ein Schiff gebracht und nach Rom geschickt.

Nach einem Schiffbruch und vielen Schwierigkeiten, in denen Paulus für den Kapitän, die Besatzung und die Passagiere eine große Hilfe gewesen war, erreichten sie Ostia, den römischen Hafen. Paulus hatte sich durch sein Verhalten die Achtung des Kapitäns und aller anderen gewonnen, auch die der ihn bewachenden römischen Soldaten. Von ihnen wurde Paulus in Rom mit warmen Empfehlungen, ihn gut zu behandeln, der Prätorianergarde übergeben.

Da auch noch andere einflußreiche römische Christen sich für ihn einsetzten, erhielt Paulus die Genehmigung, sich ein Haus zu mieten, in dem er wohnen konnte. Dort war er allerdings Tag und Nacht mit einem Soldaten zusammengekettet. Doch dadurch hatte er viel mehr Freiheiten als die üblichen Gefangenen.

Archippus war ebenfalls sehr betrübt über diese Nachrichten und erzählte Onesimus davon. Doch dieser war mit seinen eigenen Plänen so beschäftigt, daß es ihn nicht weiter interessierte.

10. KAPITEL

Die Geschäfte des nächsten Tages gingen so gut, daß kaum Zeit blieb für Unterhaltungen. Am Abend ging Archippus zu einer Versammlung der Christen. Onesimus lehnte wieder ab. Er besuchte statt dessen den Heiligen Weg und das Amphitheater. Die breite Marmorstraße hatte ihn schon früher fasziniert und zog ihn jetzt wieder an.

Er besuchte an den Abenden auch die große Bibliothek von Ephesus, las in den Schriften der alten Philosophen und hörte den Diskussionen zu, die dort beim Licht der Fackeln und Öllampen bis weit in die Nacht hinein geführt wurden. Zu seiner Enttäuschung konnte er aber in den Schriften von Plato, Aristoteles und anderen ebenfalls nur theoretische Betrachtungen über den Wert der menschlichen Freiheit finden. Keiner zog daraus die Konsequenz und stellte die Forderung auf, das System der Sklaverei abzuschaffen und den Sklaven die Freiheit zu geben.

Keiner von ihnen sprach so klar wie Paulus davon, daß es in der Familie Gottes weder Freie noch Sklaven gab, sondern daß in Jesus Christus alle Menschen gleich waren. Was meinte Paulus damit, wenn er sagte, *da ist weder Sklave noch Freier,* überlegte Onesimus. Zu gern hätte er ihn nach einer Erklärung dieses Wortes gefragt.

So gingen die Tage im Einerlei der Geschäfte dahin. An einem Nachmittag, als sie mit dem Verkauf einmal früher Schluß machten, weil Archippus bei Tyrannus eingeladen war, suchte Onesimus den Hafen auf und erkundigte sich nach einer günstigen Schiffspassage nach Rom. Zu seiner

Überraschung erfuhr er, daß ein phönizisches Schiff am gleichen Tag, um fünf Uhr frühmorgens, nach Rom auslaufen würde, an dem Archippus mit der Karawane nach Kolossea zurückkehren wollte. Er bemühte sich sofort um einen einfachen Platz auf dem Schiff, den er auch erhielt.

Anschließend suchte er ein Geschäft auf, daß auch Arzeneimittel verkaufte und stellte sich als Sohn eines reichen Kaufmanns vor. Er erzählte, sein Vater leide seit Kurzem sehr an Schlaflosigkeit und brauche ein Schlafmittel, das zwar sehr wirksam aber nicht schädlich sei.

Der Apotheker mischte ihm ein solches Mittel zusammen und gab ihm genaue Anweisungen, wieviel davon zu nehmen sei, um einen besseren Schlaf zu haben oder gar für einen Tiefschlaf, und ab welcher Menge das Mittel schädlich sein konnte. Onesimus bezahlte und verstaute das Schlafpulver sorgfältig in seiner Tasche.

Der Tag der Abreise wurde endgültig festgesetzt, da nun bald alle mitgebrachte Ware verkauft war. Es blieb bei dem vorgesehenen Zeitpunkt, bis zu dem es noch zwei Tage waren. Onesimus meinte: „Damit haben wir genug Zeit, alle Geschäfte abzuschließen und die Vorbereitungen für die Heimreise zu treffen."

Archippus stimmte zu, und Onesimus freute sich, daß alles nach seinen Plänen ging. Die *Phönix* würde übermorgen bei Tagesanbruch, also gegen fünf Uhr, den Hafen verlassen.

Endlich kam die kritische Nacht. Der Stand war geräumt, die Geschäfte und die Bücher waren abgeschlossen. Alles Geld und die Juwelen befanden sich in der Wertsachenkiste, die Archippus in seinem Raum aufbewahrte. Onesimus wußte genau, wieviel der Inhalt der Kiste wert war. Jedenfalls viel mehr, als er für seine Überfahrt nach Rom bezahlen mußte und als er brauchen würde, um einige Monate in Rom davon leben zu können, bis er einen ordentlichen Lebensunterhalt fand.

Onesimus hatte sich genau ausgerechnet, wieviel an Geld und Juwelen er aus der Kiste nehmen würde. Er brauchte nicht mehr, als der Gewinn dieser Reise ausmachte. Es würde genug in der Kiste zurückbleiben, daß damit neue Ware für das nächste Jahr gekauft und bearbeitet werden konnte. Und außerdem war Philemon reich genug, um einmal auf den Gewinn einer Reise nach Ephesus verzichten zu können. Onesimus beruhigte sein Gewissen auch noch damit, daß er sich selbst einredete, er habe ja schon so viele Jahre treu und fleißig für Philemon gearbeitet, so daß ihm eine solche Entschädigung dafür durchaus zustehe. Den Schaden, der Philemon entstand, würde dieser ohne große Schwierigkeiten verkraften können, und er würde frei sein. — Endlich frei!

Als Archippus und Onesimus nach dem letzten Abendessen in Ephesus noch ein wenig zusammensaßen, um den Erfolg der Reise zu feiern, schlug Onesimus vor, auf diesen Erfolg noch einen zusätzlichen Becher Wein zu trinken. Dabei hatte er aber dafür gesorgt, daß im Raum selbst kein Wein mehr vorhanden und sein eigener Becher noch fast voll war. Als Archippus zustimmte, bestand Onesimus darauf, den Becher seines „Freundes" zu füllen und ging damit hinaus. Dort schüttete er schnell die abgemessene Menge Schlafpulver in Archippus' Becher und brachte ihn gefüllt zurück.

Nach kurzer Zeit sagte er: „Ich habe in den Büchern doch noch einige wenige Eintragungen zu machen und werde das jetzt tun. Du gestattest mir sicher, daß ich mich in meinen Raum zurückziehe?"

Als Archippus nickte, erhob sich Onesimus und sagte: „Ich wünsche dir eine gute Nacht und einen ruhigen Schlaf, *Freund* Archippus."

„Gute Nacht, mein Bruder Onesimus", antwortete Archippus. „Ich werde mich bald zur Ruhe begeben, denn morgen wird ein anstrengender Tag."

Onesimus ging in seinen Raum, der neben dem von Archippus lag. Zwischen beiden Räumen befand sich eine Tür, die Archippus niemals verschloß, das hatte Onesimus schon ausprobiert. Er erkannte daran, wieviel Vertrauen sein

Gefährte in ihn setzte, was ihm den geplanten Diebstahl nicht leichter machte. Wie konnte er jemand betrügen, der sich als solcher Freund erwiesen hatte? Deshalb fiel es ihm jetzt auch schwer, einen Abschiedsbrief zu schreiben. Nur mit viel Mühe brachte er die Zeilen zustande. Er schrieb:

Vergib mir, „Bruder" Archippus, daß ich mir meine Freiheit auf solche Art nehme. Dir würde ich Vertrauen schenken, meine Freiheit zu erhalten. Aber ich bin nicht dein Eigentum, sondern das deines Vaters, einfach ein Stück seiner Besitztümer. Du bist mehr ein Freund und Bruder für mich gewesen und hast mich kaum spüren lassen, daß du der Sohn meines Herrn bist. Doch da die Christen anders handeln, als sie predigen, habe ich keine Wahl, als euren Christus abzulehnen und mein Leben selbst in die Hand zu nehmen. Ich möchte mein eigener Herr sein und will niemandem gehören. Würde ich wieder gefangen, würde dein Vater mich wahrscheinlich trotz aller Lehren von Paulus verstümmeln oder gar töten lassen. Dieses Risiko muß ich eingehen. Ich wünsche dir für deine Zukunft Freude und Glück und, wenn dieser Glaube tatsächlich Wirklichkeit ist, daß du danach handelst. Für mich sind diese Ideen nichts anderes als gefährlicher Aberglaube. Lebe wohl, mein Freund!

Dein „Bruder" Onesimus

Er spürte, wie ihm bei den letzten Worten die Tränen in die Augen traten. Ärgerlich, aber entschlossen, wischte er sie weg.

Es war gegen Mitternacht, und das Schlafpulver hatte seine Wirkung getan. Leise schlich sich Onesimus in das

Nachbarzimmer. Wo Archippus den Schlüssel für die Kiste mit den Wertsachen aufbewahrte, hatte er sorgfältig ausgekundschaftet. Er konnte ihn ohne Schwierigkeiten an sich nehmen und die Kiste aufschließen. Da er genau wußte, was und wieviel er mitnehmen wollte, ging auch das sehr schnell und geräuschlos. Er verschloß die Kiste wieder und legte seinen Brief darauf.

„Lebe wohl, mein Freund“, flüsterte er, als er die Tür hinter sich schloß. „Ich hoffe, du verstehst meine Verzweiflung und vergibst mir. Vielleicht wird uns eines Tages irgendein Gott wieder zusammenbringen.“

Er hatte alles, was er brauchte, schon in einem Reisesack zusammengepackt und brauchte sich nun nur noch auf den Weg zu machen. Es war nur knapp Halbmond, der nicht sehr viel Licht spendete, so daß es in den Straßen ziemlich dunkel war, durch die er den weiten Weg zum Hafen ging.

Als er auf dem Pier ankam, an dem die *Phönix* lag, herrschte dort schon eifrige Geschäftigkeit. Die letzten Waren wurden an Bord genommen, und alles wurde zur Abfahrt fertiggemacht.

Onesimus hatte sich selbst einen Brief fertiggemacht, den er mit Gaius Julius, Kaufmann aus Pergamon, unterschrieben hatte und in dem er allen, denen dieser Brief vorgelegt wurde, versicherte, daß der Überbringer dieses Briefes sein Sohn Gaius Julius III. sei, den er beauftragt habe, eine Geschäftsreise nach Rom zu machen, um neue Geschäftsbeziehungen zu erschließen und Erfahrungen zu sammeln. Alle, die den Brief lasen, seien freundlich gebeten, seinem Sohn die nötige Unterstützung und Hilfe zu gewähren.

Er suchte nach dem für die Passagiere verantwortlichen Schiffsoffizier, bei dem er sich ja schon eine ganz kleine Kabine hatte reservieren lassen, und legte ihm den selbst hergestellten Empfehlungsbrief vor.

Den Offizier, dessen Name Martius Publius war, interessierte der Brief weniger. Ihm ging es mehr darum, das Geld für die Überfahrt zu erhalten. „Der Preis für deine kleine

Koje für die Überfahrt nach Rom beträgt einschließlich der Verpflegung 650 Denar“, erklärte er mürrisch. Während Onesimus ihm das Geld hinzählte, mußte er daran denken, daß Philemon ihn damals in Ephesus genau für die gleiche Summe als Sklave gekauft hatte.

Der Offizier rief einen hinkenden alten Seemann herbei, der die Passagiere während der Reise zu betreuen hatte, und wies ihn an, Onesimus zu seiner Koje zu führen, die ein besseres Loch war, Kabine konnte man dazu kaum sagen. Ordentliche kleine Kabinen bekamen nur sehr reiche Passagiere, die dafür auch viel mehr bezahlen mußten.

Als der alte Seemann ihm geholfen hatte, seine Sachen in der Koje zu verstauen, gab ihm Onesimus ein so reichlich bemessenes Trinkgeld, wie er es sonst wohl kaum erhielt. Er hoffte, sich damit ein wenig die Gunst des Mannes zu erwerben, was ihm auch tatsächlich gelang.

Als er sich kurz mit seiner kleinen Koje vertraut gemacht hatte, ging er zurück an Deck. Dort sah er hier und da eine Anzahl Männer einzeln oder in kleinen Gruppen müßig herumstehen, die wohl auch Passagiere waren und auf die Abfahrt warteten. Es waren meist erfahrene, harte Kaufleute oder Abenteurer, von denen keiner von ihm sonderlich Notiz zu nehmen schien.

Onesimus stellte sich an die Reling, atmete tief die frische Luft ein und beobachtete die letzten Vorbereitungen. Als sich im Osten der erste schmale Streifen der Morgendämmerung zeigte, wurden die Leinen losgemacht und zunächst einige wenige Segel gesetzt. Vorsichtig manövrierte das Schiff aus dem Hafen hinaus, und da der Wind günstig war, lief es bald unter vollen Segeln davon.

Während das Land im Morgenlicht hinter ihm zurückblieb, breitete Onesimus die Arme aus. *Frei! Frei! Endlich bin ich frei!* hätte er fast laut gerufen. Doch da er die anderen Passagiere sah, von denen einige in der Nähe standen, hielt er sich zurück. Das war die Stunde, auf die er so lange gewartet hatte. Niemand würde ihm von nun an mehr sagen, was er zu tun hatte. Sein Leben gehörte ihm nun selbst, und das wollte er voll genießen, sagte er sich.

Onesimus mußte daran denken, was wohl jetzt in Ephesus geschah. Um diese Zeit würde Archippus wohl auch schon wach sein, hatte den Brief gelesen und seinen Verrat erkannt. Was würde er tun? Würde er die *Sparteoli* alarmieren und nach ihm suchen lassen? Er wußte es nicht. Onesimus konnte sich durchaus vorstellen, daß sein Freund am Bett niederknien und für den Sklaven, der ihn verraten hatte, um Vergebung beten würde. Vielleicht würde Archippus die gleichen Worte gebrauchen, die Jesus am Kreuz gesagt hatte: „Vater, vergib ihm, denn er weiß nicht, was er tut."

Wußte er wirklich, was er tat? Immer wieder mußte er an die letzten Monate und vor allem an die letzten Tage denken. Archippus hatte ihn verstanden und akzeptiert, daß er sich dagegen auflehnte, Sklave sein zu müssen. Er hatte versprochen, mit seinem Vater zu reden, und war so freundlich und vertrauensvoll gewesen. Onesimus hatte den einzigen wahren Freund, den er hatte, bestohlen und verraten. Auch Philemon war auf seine Weise freundlich zu ihm gewesen. Er hatte wohl einfach noch nie daran gedacht, daß sein Christentum und die allgemein anerkannte und akzeptierte Sklaverei nicht zusammenpaßten. Wie würde er es aufnehmen, wenn jemand, der so wertvoll für ihn war, ihn verriet? Onesimus wußte es nicht.

Eine Bürde von Schuld und Furcht wollte sich auf Onesimus legen. Ganz gleich, welche guten Dinge ihm auch in der Zukunft begegnen würden, er würde dadurch doch nie seine Untreue und Unehrlichkeit austilgen können. Und was war, wenn er wieder gefangen würde? War es wirklich besser, Unrecht zu tun, als Unrecht zu erdulden, wie Kallicles sagte? Und was war mit den großen idealistischen Worten von Jesus oder Paulus? *Liebet eure Feinde . . . Selig seid ihr, wenn ihr um der Gerechtigkeit willen verfolgt werdet!* Diese Worte schienen ihm töricht zu sein. Doch Paulus glaubte, daß diese Art von Liebe die Liebe Gottes sei — der es regnen ließ und die Sonne scheinen ließ über Gerechte und Ungerechte.

Onesimus hatte mit Zweifeln und Schuld zu kämpfen, so daß er sehr bedrückt war. Doch als sei dies nicht genug, begann nun auch noch sein Magen zu rebellieren. Er hatte zwar schon von der Seekrankheit gehört und gehofft, er würde nicht darunter zu leiden brauchen. Doch nun schien sie zu seiner Seelennot noch dazuzukommen und ihm das Leben noch schwerer zu machen.

Dies war nun sein erster Tag in der Freiheit, und er fühlte sich als Gefangener von Furcht, Schuld, körperlicher Schwäche und Einsamkeit.

„Was ist das für eine Freiheit?" stöhnte er, als er zu seiner Koje ging, um sich hinzulegen. Doch er konnte in den immerfort schaukelnden Bewegungen des Schiffes keinen Schlaf finden, während er im Halbdunkel der Koje lag. Ihm wurde im Kopf und Magen immer schlechter. Deshalb lief er bald wieder an Deck, lehnte sich über die Reling und mußte erbrechen, bis dazu nichts mehr in seinem Magen übrig blieb.

Der hinkende alte Seemann, dem er das reichliche Trinkgeld gegeben hatte, versuchte ihm zu helfen. Er führte ihn von der Reling weg zu einem Platz, wo er sich setzen konnte, und wusch sein Gesicht mit kaltem Wasser.

„Nimm ein wenig von diesem trockenen Brot und kaue es", sagte er freundlich und reichte Onesimus eine harte Brotkante. „Es hilft besser als alles andere."

Onesimus kaute auf dem Brot herum und fühlte sich bald ein wenig besser. Mit der Hilfe des Seemanns gelangte er zurück in seine Koje und fiel bald darauf in einen unruhigen Schlaf.

TEIL III

FREI — DOCH VERSKLAVT

11. KAPITEL

Fünf Wochen mit zahllosen Stunden von Seekrankheit und Depressionen waren für Onesimus vergangen. Endlich legte das Schiff sicher im Hafen von Ostia an, und er verließ auf weichen und schwankenden Beinen die *Phönix,* die ihn sicher durch zwei Stürme und viele Tränen bis nach hier gebracht hatte. Als er feste Erde unter seinen Füßen fühlte, die ihn nun nach Rom und in die Freiheit führen sollte, spürte er, daß zum ersten Mal seit der Abreise von Ephesus und der Flucht aus der Sklaverei wieder ein wenig Mut und Lebensfreude in ihm aufkam.

Es war eine schwierige Reise gewesen. Oft war er dem Zustand der Bewußtlosigkeit nahe, hatte sich Gedanken über die Zukunft gemacht und mit Schuld und Reue gekämpft. Er hatte neben dem freundlichen alten Matrosen, dessen Gunst er sich mit einigen weiteren großen Münzen erhalten hatte, nur wenige der Passagiere näher kennengelernt.

Er hatte ein wenig Furcht vor den Kaufleuten an Bord. Einer von ihnen sah einem Kunden, der in Ephesus bei ihnen Seide gekauft hatte, ziemlich ähnlich. Eines Tages, als sie gemeinsam beim Essen saßen, hatte er Onesimus mit der Frage erschreckt: „Kann es sein, daß ich dich in Ephesus in dem Verkaufsstand von Philemon aus Kolossea gesehen habe?“

„Das ist wohl nicht möglich, denn ich kenne diesen Stand gar nicht und bin dort nie gewesen. Aber es ist wohl nicht zu selten, daß Menschen einander ähnlich sehen“, hatte Onesimus geantwortet und dabei versucht, ruhig zu bleiben. „Ich komme nicht aus Kolossea. Ich bin Gaius Julius III. Mein

Vater ist Kaufmann in Pergamon. Von dort komme ich und bin auf einer Geschäftsreise nach Rom.“

Der Kaufmann schien mit dieser Antwort zufrieden zu sein. Trotzdem saß die Angst, doch noch erkannt zu werden, tief in Onesimus. Er vermied lange Unterhaltungen und engere Bekanntschaft mit den anderen Passagieren. Oft schreckte er durch böse Träume aus dem Schlaf auf, in denen er entdeckt und dann bestraft und gemartert wurde.

Onesimus dachte daran, wie schlimm entflohene Sklaven im Römischen Reich behandelt wurden, wenn man sie wieder einfing. Gewöhnlich wurde ihnen ein beständig sichtbares Brandzeichen aufgedrückt, meist im Gesicht oder Genick. Manche wurden für die Zukunft in eine *Furca* gesteckt, das war ein hölzernes Joch, das sie quälte, drückte und wundrieb und das sie für die Zukunft tragen mußten. Gewiß, Philemon war ein Christ und immer ein freundlicher Herr gewesen, er würde vielleicht nicht so hart mit ihm umgehen. Aber wissen konnte man es nicht. Seine Furcht wurde im Laufe der Wochen schlimmer als die Seekrankheit.

Doch nun, da er wieder festen Grund unter den Füßen und seine Zukunft vor sich hatte, kehrten sein Mut und seine Hoffnung langsam wieder zurück. Er warf sich seinen Ledersack über die Schulter und verließ festen Schrittes den Hafen zur Via Appia hin, die ihn geradewegs nach Rom bringen würde. In einem kleinen Gasthaus machte er halt, kaufte sich eine Mahlzeit und dazu noch etwas Brot, Käse und Wein für unterwegs und machte sich dann auf den Weg nach Rom. Bald begann er ein kleines Lied zu pfeifen, das er schon seit seiner Kindheit kannte.

Die Via Appia war die historische Straße von Ostia, dem Seehafen Roms, zur Hauptstadt. Hier waren schon ungezählte römische Feldherren mit ihren Legionen gezogen, wenn es in den Krieg gegen einen Feind Roms ging, oder wenn der Feind besiegt war und sie im Triumph heimkehrten, beladen mit Beute und mit vielen Gefangenen, die an die Wagen oder Pferde gebunden waren. Onesimus dachte daran, daß man über diese Straße auch seinen Vater Gaius Flaccus und die mit ihm zu Unrecht beschuldigten anderen hohen Beamten als Gefangene zum Gericht und endlichen Tod getrieben hatte. Das ließ Zorn in ihm aufsteigen.

An diesem Tag waren Reisende verschiedener Art auf der alten Straße unterwegs: Kaufleute mit ihren Waren, die Tieren oder kleinen Wagen aufgeladen waren, Abenteurer, hier und da ein römischer Beamter mit offiziellem Auftrag, und auch einige wenige reiche Reisende, die in von Pferden gezogenen Wagen vorüberfuhren oder in bequemen Sänften getragen wurden. Onesimus beobachtete all diese Menschen mit großem Interesse, die mit ihm auf dem Weg waren zur Hauptstadt der Welt.

In der Ferne konnte man das Getrappel vieler Hufe auf den Pflastersteinen der Straße vernehmen, das immer lauter wurde. Eine Kohorte römischer Legionäre kam vom Hafen her geritten. Alle Reisenden drängten sich ganz an den Rand der Straße oder verließen diese sogar, um den Soldaten, die sich als die Herren fühlten, nicht in den Weg zu kommen. Sogar die Prunkwagen und Sänften der reichen Leute räumten die Straße vor den im Trab heranreitenden Legionären.

Onesimus erschrak aufs neue, als diese Vertreter der staatlichen Gewalt heranritten — die Vertreter des Staates, dessen Gesetze er gebrochen hatte und gegen dessen System der Sklaverei er zu rebellieren wagte. Es war wohl zu gefährlich, am hellen Tag auf dieser vielbenutzten öffentlichen Straße nach Rom zu gehen, überlegte er. Der Kaufmann vom Schiff, der meinte, ihn schon einmal gesehen zu haben, mochte ihm hier begegnen; und wenn dann Soldaten in der Nähe waren, konnte er vielleicht auf den Gedanken kommen, ihn anzuzeigen. Und stand er erst vor erfahrenen Beamten, würde ihm wohl sein selbstgefertigtes Papier, das ihn als Sohn des Kaufmanns Gaius Julius aus Pergamon auswies, auch nicht viel helfen. Männer, die täglichen mit solchen Papieren umgingen, würden schnell die Ungültigkeit dieses Dokuments erkennen. In Ostia hatte es bei dem Zollbeamten keine Schwierigkeiten gegeben. Der großzügige Mann hatte nur einen kurzen Blick auf die Papiere der Passagiere der *Phönix* geworfen; und die Goldmünze, die Onesimus ihm in die Hand drückte, hatte dazu beigetragen, daß der Blick auf seine Papiere noch kürzer wurde.

Onesimus entschloß sich also, nicht mehr die Straße zu benutzen, sondern einen kleinen unebenen Fußweg, der neben der Straße durch die Büsche ging. Hier hingen an den Büschen auch viele reife Beeren, von denen er unterwegs eine ganze Anzahl sammelte, um sie mit seinem Brot und Käse zu verzehren.

Als er sich am späten Nachmittag Rom näherte, entschloß er sich, die Stadt erst zu betreten, wenn es dunkel wurde. Er suchte sich also inmitten der Büsche einen bequemen und schattigen Platz, ruhte aus und verzehrte seinen Proviant.

Es war schon dunkel, als er sich wieder auf den Weg nach Rom machte, das er kurz vor Mitternacht erreichte. Da er nicht wußte, wie er vielleicht ungesehen in die Stadt kommen konnte, entschloß er sich, um keinen Verdacht zu erregen, ganz offen das Haupttor an der Via Appia zu benutzen. Der dicke schläfrige Torwächter nickte nur müde, als Onesimus ihm sein Dokument präsentierte und eine Goldmünze in die Hand drückte. Mit einer leichten Handbewegung gab er ihm die Genehmigung, die Stadt zu betreten.

Onesimus ging weiter die Straße entlang, bis er außer Sichtweite des Torwächters war, dann bog er schnell in eine Nebenstraße ab. Beim bleichen Licht des Mondes ging er in nordöstlicher Richtung weiter. Der Unterhaltung einiger Passagiere an Bord der *Phönix* hatte er entnommen, daß die *Subura* (Vorstadt) im Nordosten Roms für die ersten Wochen oder Monate der richtige Platz für ihn war. Es war der Distrikt nordöstlich des Forums zwischen dem Esquilin und dem Quirinal. Hier lebte die Unterwelt der riesigen Stadt, die Menschen, die ihren Lebensunterhalt meist mit Diebstahl, Betrug, Prostitution und ähnlichem bestritten. Die

Polizei wagte sich nur sehr selten in diese Gegend, und wenn, dann nur in größerer Anzahl.

Onesimus hatte allerdings auch gehört, daß jeder, der in die *Subura* ging, sein Leben riskierte, vor allem dann, wenn er einen einigermaßen wohlhabenden Eindruck machte und gut gekleidet war. Er betrachtete seine Tunika. Es war nicht die Kleidung eines Sklaven. Archippus hatte ihm einige von seinen Gewändern gegeben und lächelnd gemeint: „Darin siehst du schon eher wie jemand aus, der auf dem Markt gleichberechtigt mit unseren Kunden verhandeln kann." Er war stolz auf diese schönen Tuniken gewesen, doch nun konnten sie ihm zum Nachteil werden. Er mußte sie also schleunigst für billigere Kleidung umtauschen. Doch jetzt, mitten in der Nacht, war kein Geschäftt geöffnet.

Er suchte sich einen Platz unter einer Brücke und beschloß, hier bis zum Morgen zu warten. Hier wickelte er sich in die einzige Decke, die er bei sich hatte. Der Weg von Ostia nach Rom war lang und ermüdend gewesen. Deshalb schlief er vor Erschöpfung bald ein.

12. KAPITEL

Am nächsten Morgen ging Onesimus zum *Velabrium*, wo Fisch und Gemüse verkauft wurde und wo in vielen kleineren Läden die ersten Geschäfte des Tages getätigt wurden. Der Geruch von Fisch, Zwiebeln und Knoblauch belagerte seine Nase, während er sich umsah. Er entdeckte einen Gebrauchtwarenladen und betrat ihn. Dem Besitzer, einem Griechen, bot er an, seine feinen und kostbaren Tuniken für einige einfachere, ärmere umzutauschen.

Der erfahrene Händler erkannte schnell, daß der junge Mann vor ihm in irgendwelchen Schwierigkeiten war. Er willigte gern in den Tausch ein und sagte lächelnd: „Wenn du willst, kannst du dich gleich hier umziehen. Wir haben für solche Zwecke hier eine kleine Kabine. Dankbar nahm Onesimus das Angebot an und fragte den Griechen, der soviel Verständnis zeigte, auch noch nach dem Weg zur *Subura*.

Mit einiger Mühe fand er den Weg. Die Straßen wurden immer schmutziger und schlechter, je mehr er sich der *Subura* näherte. In der *Subura* drangen von allen Seiten üble Gerüche auf ihn ein, und in den Straßen konnte man überall Tavernen, Bordells, Spielhallen und ähnliches sehen. Dies war die Gosse Roms, das war leicht zu erkennen. Die meisten Menschen auf der Straße machten keinen vertrauenerweckenden Eindruck. Wenn er einige Zeit hier leben mußte, würde er sich sehr anstrengen müssen, ohne Schaden bestehen zu können; das erkannte Onesimus schnell.

„Es ist besser, Unrecht zu tun als Unrecht zu erleiden“, wiederholte er für sich immer wieder. An diese Worte des

Kallicles wollte er sich in der nächsten Zeit halten. Wenn es um seine Freiheit ging, würde auch er sehr listenreich und skrupellos sein können. Sicherlich waren unter den Menschen hier viele entflohene Sklaven, die sich wie er verstecken mußten.

Langsam kehrte sein natürlicher Optimismus wieder zurück. *Es wird aber auch in diesem verkommenen Platz einige Menschen geben, denen ich vertrauen kann,* überlegte er. Vor einer Taverne, die ein wenig besser aussah, blieb er stehen und betrat sie nach kurzem Überlegen. Er setzte sich an einen Tisch in die Nähe einer attraktiven jungen Frau mit den dunklen Augen und Haar einer Jonierin. Sie schien allein zu sein und war stark geschminkt. Offensichtlich war sie eine Prostituierte, denn weder griechische noch römische Frauen würden in eine solche Spelunke gehen, noch nicht einmal in Begleitung ihres Ehemannes.

„Willst du mir bei einem Becher Wein Gesellschaft leisten?“ lud er sie ein und rief dem Wirt seine Bestellung zu.

Sie nickte lächelnd. Schon bei seinem Eintreten hatte sie sich von ihm angezogen gefühlt. Sein sonnengebräuntes hübsches Gesicht, die großen braunen Augen, das dunkle Haar und seine athletische Gestalt hatten sie beeindruckt. Er ist neu hier und kann mir einige Denare einbringen, hatte sie überlegt. Nun erhob sie sich, setzte sich zu ihm und fragte schmeichelnd: „Was tust du hier, junger Adonis?“

„Das, was auch du tust, liebliche Venus“, antwortete er mit mühsam zur Schau gestelltem Mut.

„Nun gut“, antwortete sie. „Ich halte nach einem Mann Ausschau, nach etwas Vergnügen und ein wenig Geld, damit ich mir Nahrung, Kleidung und Schmuck kaufen kann.“

Das war eine ehrlichere Antwort als er erwartet hatte. „Ich bin ein Mann und möchte auch etwas Vergnügen haben, habe aber sehr wenig Geld“, gab er zurück und fügte vorsichtig hinzu: „Ich suche nach Freunden und einem Platz, wo ich bleiben kann. Auch ich muß etwas Geld verdienen, um leben zu können.“

„Dann sind wir also in der gleichen Lage", sagte sie und erhob ihren Becher. „Ich trinke darauf, daß wir uns kennengelernt haben und auf den Erfolg und das Glück, das wir beide brauchen."

Er trank ihr zu und warnte dann: „Wir wollen nicht zu sehr unserem Glück vertrauen. Denke daran, daß unser alter Freund Epikur sagen würde: *Die Hoffnung ist ein Verräter.* Es ist immer der Augenblick, der zählt. Übrigens", er blickte sie mit neuem Interesse an, „dein Akzent sagt mir, daß du aus Phrygien kommen mußt. Auch ich komme von dort, obwohl ich nicht dort geboren wurde. Doch ich habe sieben Jahre in Kolossea gelebt."

„Ich habe gleich bemerkt, daß neben deinem guten Aussehen etwas an dir war, das mich angesprochen hat", meinte sie. „Da sitzen also zwei Phrygier in der *Subura* Roms und trinken einander zu."

„Aber wieso hat es dich nach hier verschlagen?" fragte er mit offensichtlichem Interesse. „Eine so hübsche Frau wie du sollte ihren Lebensunterhalt doch an einem anderen Ort suchen können."

„Und doch ist es hier viel besser, als Sklavin in Phrygien zu sein, das kannst du mir glauben. Als Sklavin war ich nicht nur mit meinem Körper eine Prostituierte, sondern auch mit meiner Seele; und das wollte ich nicht länger ertragen." Ihre Augen blitzten, als sie das erklärte.

„Sieh da, du bist ja auch eine Philosophin!" entfuhr es ihm. „Bei den Göttern, du und ich können sicher gute Freunde sein. Auch ich bin ein entflohener Sklave und stimme dir zu: Es ist besser, hier frei zu sein, als Sklave in Phrygien oder an irgendeinem anderen Ort."

Langsam fanden sie über dem Wein gegenseitige Sympathie und Attraktion füreinander. Ihr Name war Marcia. Sie lebte mit ihrem Zwillingsbruder Nicia in einer schäbigen Wohnung mit drei Zimmern, erzählte sie. In der *Subura* lebten sie schon fast ein Jahr, nachdem sie ihrem Besitzer in Hierapolis entflohen waren. Ihre Geschichte war noch bedauernswerter als die von Onesimus. Ihr Besitzer war ein wollüstiger Schlemmer, der sie laufend mißbrauchte und kaum jemals freundlich war. Er hatte sie und ihren Bruder mit auf eine Vergnügungsreise nach Ephesus genommen, „um einmal ohne seine Frau und die Familie sein zu können", wie er sich ausdrückte. Auf der Reise mußte Nicia sein Diener sein, und Marcia mußte seiner Befriedigung dienen.

„Er war grausam, rücksichtslos und der reine Teufel", erzählte sie haßerfüllt. „Eines Abends war er noch betrunkener als gewöhnlich. Da war es für Nicia einfach, ihm einen Schlag auf den Kopf zu geben, der ihn bewußtlos machte. Wir nahmen ihm all sein Geld und die Wertsachen ab und fanden gerade, wie du, ein Schiff, das nach Rom segelte. Und nun sind wir hier."

Offen erzählte sie Onesimus, der beste Weg, um leben zu können, sei, dem uralten Beruf der Prostitution nachzugehen. Nicia hatte sich einer Gruppe junger und hübscher Männer angeschlossen, die durch ihre Beziehung zu homosexuellen reichen Patriziern ganz gut leben konnten. Unter ihrer „Kundschaft" waren ab und zu sogar Senatoren oder Angehörige von Neros Hof.

„Mit Nicias Hilfe arbeite auch ich als Prostituierte unabhängig von Bordellen und suche mir meine Kundschaft selbst." Lächelnd fügte sie hinzu. „Zunächst dachte ich, auch du könntest ein Kunde sein."

„Ich glaube, das ist kein einfaches Leben", bemerkte Onesimus sympathisch. Er dachte daran, daß diese Beschäftigung, vor allem die von Nicia, für ihn völlig widerwärtig und abstoßend war.

„Es ist leider nicht so, als hätte man ein respektiertes Heim mit einem Ehegatten und Kindern", gab Marcia zu — und dabei bemerkte Onesimus Tränen in ihren Augenwinkeln. „Doch es ist viel besser, als die Sklavin jenes Mannes in Hierapolis zu sein, der mehr ein Tier als ein Mensch war. Im Vergleich dazu ist es hier wie im Paradies."

„Das kann ich verstehen", nickte Onesimus bewegt.

„Doch gibt es keine andere Möglichkeit, das nötige Geld zum Lebensunterhalt zu verdienen?“

„Wir haben auch verschiedenes versucht“, erklärte sie leise. „Doch solange es nicht sicher ist, die *Subura* für dauernd zu verlassen, gibt es nichts, das genug zum Leben einbringt. Wir hoffen, eines Tages genug beieinander zu haben, um ein eigenes Geschäft zu eröffnen — und dann vielleicht auch einmal ein eigenes Heim mit Familie“, fügte sie leise hinzu. „Doch genug davon. Sage mir, Onesimus, mein Freund, was willst du tun?“

„Ich weiß es noch nicht“, antwortete er. „Ich habe eine gute Erziehung bekommen und könnte gut als Sekretär arbeiten, denn ich habe eine feine, deutliche Handschrift. Ich könnte auch Lehrer sein für den Sohn eines reichen Mannes.“ Er erzählte ihr, daß er sechs Jahre Helens Lehrer gewesen war.

Sie blickte ihn bewundernd an. „Du wirst kaum noch Schwierigkeiten haben, wenn du erst einmal der Gefahr entronnen bist, wieder eingefangen zu werden“, meinte sie. „Doch das wird noch eine Zeit dauern.“

Beide schwiegen. Nach einigen Augenblicken meinte sie zögernd: „Komm doch zunächst zu uns. Vielleicht hat Nicia eine Idee, was du tun könntest. Als entflohene Sklaven sollten wir zusammenhalten. Du kannst unser Freund sein, nicht unser Kunde.“ Sie legte ihm leicht die Hand auf den Arm. Doch Onesimus spürte in ihrem Blick mehr als nur Freundlichkeit — und ebenso in seinen eigenen Gefühlen.

„Du bist sehr freundlich“, sagte er und faßte ihre Hand. „Ich versichere dir: Ich werde euch nicht zur Last fallen. Ich habe ein wenig Geld und werde sicherlich bald mehr verdienen.“

Er bezahlte für den Wein, und sie verließen gemeinsam die Taverne — er mit einem leichteren Herzen als seit vielen Monaten.

Ihr Weg führte sie durch mehrere Straßen zu einem sechsstöckigen Mietshaus. Es schien in einem etwas besseren Zustand zu sein als die anderen Häuser hier, obwohl es durchaus kein Palast war. Die Wohnung der Zwillinge war einfach, aber sauber, und mit ausreichend Möbel ausgestattet. Einige Mosaike und Bilder ließen Onesimus überrascht ausrufen: „Daß man so etwas in der *Subura* finden kann!"

„Nun ja", meinte Marcia, „Nicia und ich arbeiten fleißig und sparen, was wir können. Deshalb geht es uns besser als vielen armen Menschen hier."

Sie zeigte ihm einen Raum mit einem Bett, wo er schlafen konnte, bis sich eine andere Gelegenheit für ihn fand. Nicia würde bald kommen, und dann konnten sie darüber reden.

„Sag nur, was ich bezahlen muß für die Benutzung dieses Raums", erklärte er. „Ihr sollt es gern haben."

Sie bemerkte, wie unerfahren er in solchen Dingen war, und beschloß, ihn nicht zu drängen. Sie mochte ihn gern und wollte warten, was Nicia meinte. „Möchtest du dich ein wenig ausruhen?" schlug sie vor. „Du siehst ziemlich müde aus. Hast ja auch allerlei hinter dir. Hier ist ein Becken mit Wasser und ein Handtuch."

Dankbar nahm er das Angebot an, wusch und rasierte sich zum erstenmal in dieser Woche und legte sich dann auf das Lager. Als er später am Tag durch Stimmen aus dem Nachbarraum wach wurde, erhob er sich, ordnete sein Haar und öffnete die Tür. „Sieh da, unser junger Adonis hat seinen Schönheitsschlaf beendet", rief Marcia. „Onesimus, das ist mein Zwillingsbruder Nicia."

„Wilkommen, Gefährte Freiheitssucher", begrüßte Nicia ihn freundlich mit sonorer Stimme. „Marcia und ich haben über deine Lage gesprochen. „Wir freuen uns beide, dich für eine Weile an unserer einfachen Wohnung teilhaben zu lassen, mindestens so lange, bis du etwas besseres gefunden hast, als fremde Frauen in einer Taverne zu einem Becher Wein einzuladen."

Nicia war groß und gut gebaut. Er hatte etwas dunklere Haut als Onesimus, und seinen Händen sah man an, daß er in seinem Leben schon hart gearbeitet hatte.

„Ich danke dir von Herzen", antwortete Onesimus. „Du mußt aber zugeben, es hat sich reichlich bezahlt gemacht, daß ich einer dunkelhaarigen Schönheit einen Becher Wein spendiert habe."

„Marcia sagte mir, daß du wenig von unserem Gewerbe hältst", fuhr Nicia fort. „Doch wenn du eine Weile hier gewesen bist, wirst du finden, daß es gar nicht so schlimm ist. Es bringt höhere Einnahmen und ist viel sicherer als jede andere Arbeit, die ein entflohener Sklave annehmen könnte. Außerdem ist es viel besser, als zu den Armen zu gehören, die in den Straßen herumstehen und von der *Sportula* leben, die ihnen vom Kaiser und reichen Adligen gegeben wird, um sich ihre Gunst zu erwerben und Frieden damit zu kaufen. (Die Sportula war kostenlos ausgegebenes Essen.) Außerdem ist die Gefahr sehr groß, entdeckt zu werden, denn die Beamten, die nach entflohenen Sklaven Ausschau halten müssen, sind immer anwesend, wenn die *Sportula* ausgeteilt wird.

Nein, Freund Onesimus, es gibt schlimmere Arten, seinen Lebensunterhalt zu verdienen, wie zum Beispiel Raub, Diebstahl, betrügerisches Spiel und anderes. Wir haben keine große Auswahl. Wenn du bereit bist, werde ich dir gern zeigen, wie du beginnen kannst."

Er betrachtete den jungen Anfänger anerkennend und fügte hinzu: „Du wirst bestimmt Spitzenpreise erzielen. Wie hört sich fünfzig Denare pro Abend für einen Anfänger an?"

„Ich . . . ich bin nicht sicher, ob ich das tun könnte", stotterte Onesimus verlegen.

„Natürlich kannst du; doch ich werde dich nicht drängen. Jetzt wollen wir essen, und dann werden wir ausgehen, um unsere Partner zu treffen. Übrigens — morgen ist im Kolosseum großer Gladiatoren-Kampftag. Marcia, ich und einige unserer Freunde haben die Absicht zu gehen. Kommst du mit?"

Onesimus war hocherfreut. Er hatte viel von den berühmten Gladiatoren Roms gehört. Zwar bezeichneten einige Philosophen dieses Schauspiel als leeres und grausames Vergnügen, nur gut für den blutdürstigen Mob. Doch er war neugierig und beschloß, sich die Spiele anzusehen.

Das Abendessen war einfach — Brot, Käse und etwas sehr scharf gepfefferte Wurst, von der Marcia sagte, sie sei eine römische Spezialität. Das Beste von allem war, daß Onesimus sich unter Freunden fühlte, akzeptiert als Gleichberechtigter. Es war ein gutes Gefühl.

Nach dem Abendessen gingen sie in eine Taverne am Rand der *Subura,* wo sie ein halbes Dutzend von Nicias Freunden trafen, die um einen runden Tisch saßen. Onesimus wurde vorgestellt. Die jungen Männer betrachteten den neuen Bekannten von Nicia und Marcia anerkennend. Einer meinte: „So, so, die Phrygier halten also zusammen. Das ist nicht zu schlecht, wenn man das Aussehen und den Körper eines griechischen Gottes hat."

Onesimus wurde rot und verlegen, obwohl die Worte als Kompliment gemeint waren.

„Wir trinken auf dein Wohl, Onesimus!" rief ein anderer und erhob seinen Weinbecher. Alle anderen folgten seinem Beispiel. „Vielleicht kannst du dir selbst und deinen neuen Freunden nützlicher sein als früher deinem hartherzigen Herrn", fügte ein anderer hinzu, nachdem sie die Becher wieder abgesetzt hatten.

„Philemon war eigentlich nicht schlecht zu mir", sagte Onesimus zögernd. Doch sie unterhielten sich und lachten so laut, daß niemand seine Worte zur Kenntnis nahm. Also schwieg er.

Sein Gewissen begann ihn zu mahnen. Er wußte, daß er nun zu dieser neuen Welt gehörte, aber er war sich nicht sicher, wie weit er gehen konnte. Er gab sich Mühe, sich an der lockeren Unterhaltung der anderen zu beteiligen. Er beschloß, sich für den Augenblick nicht nur die Freiheit von der Sklaverei, sondern auch die Freiheit von seinen offensichtlich altmodischen Moralbegriffen zu nehmen. Er würde nur für den Augenblick leben und das Leben genießen. Bald war er mit seinen lustigen, teilweise schlüpfrigen Geschichten der

Mittelpunkt der Runde, und die anderen erfreuten sich an seinem Witz.

Endlich erinnerte einer der Gruppe die anderen daran, daß sie an diesem Abend noch zu „arbeiten“ hatten. Jeder von ihnen hatte noch ein Engagement, auch Nicia. Marcia und Onesimus kehrten allein in ihre Wohnung zurück. Während sie durch die dunklen Straßen gingen, fühlte Onesimus die Berührung von Marcias warmer Hand. Dadurch wurde sein jugendliches Verlangen erregt. Als sie die Wohnung erreichten, folgte er ihr ohne ein Wort in ihr Zimmer.

13. KAPITEL

Mit einem Ruck fuhr Onesimus aus dem Schlaf auf. Draußen begann es zu dämmern. Leise schlüpfte er aus Marcias Bett und schlich in den Raum, den man ihm zur Verfügung gestellt hatte. In seiner „neuen Freiheit“ hatte er ihn in dieser Nacht nicht benutzt. Für einige Stunden hatte er all seine moralischen Prinzipien vergessen und sich dem Vergnügen körperlicher Befriedigung hingegeben. In dieser grauen Morgenstunde war es ihm gleich, ob zur wahren Liebe auch Achtung und Zuneigung gehörten.

Die Wahrheit ist, ich habe Marcia einfach gebraucht, um meine physischen Bedürfnisse zu befriedigen, gestand er sich selbst ein. *Und umgekehrt hat Marcia mich gebraucht. Warum auch nicht?* dachte er. Er versuchte, die mahnenden Gedanken zu verscheuchen. Aristoteles fiel ihm ein, der vor *Amor* oder *Eros* — wie die Griechen sagten — gewarnt hatte; ja sogar vor *Amicitia,* der Freunschaft oder Freundesliebe, hatte er gewanrt, wenn sie nur auf Nützlichkeit oder Vergnügen aufgebaut war, statt auf gegenseitigem Respekt und echtem Interesse aneinander. *Amor* und *Amicitia* waren nur gut, sagte Aristoteles, wenn sie in Verbindug mit der höchsten, sich selbst opfernden Liebe gebracht wurden, die von den Römern *Caritas* genannt wurde und von den Griechen *Agape.*

Er lag auf seinem Bett und beobachtete, wie es draußen langsam hell wurde. Dabei kamen ihm irgendwie die großartigen Zeilen von dem wundervollen Gedicht des Paulus in den Sinn, die so gut seine Gefühle Helen gegenüber ausdrückten:

Die Liebe (Agape) ist geduldig und freundlich; sie beneidet niemanden. Die Liebe prahlt nicht, sie ist nicht egoistisch und läßt sich nicht zum Zorn reizen. Liebe hat keine Freude am Unrecht, sondern sie erfreut sich an der Wahrheit. Es gibt nichts, was die Liebe nicht ertragen kann; für ihren Glauben, ihre Hoffnung und ihre Tragkraft gibt es keine Grenzen.

Das war die Liebe, die er sich über alles andere wünschte. Er hatte diese Verse auswendig gelernt, weil sie in den christlichen Gottesdiensten in Kolossea so oft gelesen wurden. Es war vor allem Helen gewesen, die immer wieder darum gebeten hatte, diese Verse sollten vorgelesen werden.

Werde ich je diese Liebe finden? fragte er sich. Vielleicht mit Helen, mit Marcia wahrscheinlich nicht. Er hatte versucht, mit Marcia über die *Caritas* zu reden, doch sie hatte nur gelacht. „*Caritas* ist etwas für die Reichen und Angesehenen, aber nicht für uns. Wir, die Armen und Verachteten, halten uns besser an *Amor.* Wir können uns *Caritas* nicht leisten, denn sie würde uns unsere Freiheit und vielleicht sogar unser Leben kosten. Außerdem möchte ich jetzt schlafen. Wer will sich schon mitten in der Nacht über Philosophie unterhalten?"

„Marcia hatte recht", murmelte er. „Es war nicht die rechte Zeit für Philosophie. Außerdem hatte Marcia nichts für Philosophie übrig."

Sein Nachdenken wurden unterbrochen, als er Nicia schreien hörte, Marcia möge endlich aufstehen und das Frühstück zubereiten.

Onesimus erhob sich, wusch sich und betrat den Hauptraum, in dem Nicia geschlafen hatte und der gleichzeitig als Küche und Wohnraum diente. Onesimus versuchte, einen Blick von Marcia zu erhaschen. Doch sie war ganz anders als in der vergangenen Nacht. Das Feuer war vorüber, und sie war sehr nüchtern. Nach dem Frühstück bat sie Onesimus offen, sein Versprechen vom Tag zuvor zu erfüllen.

„Du meinst das Geld für den Raum", sagte Onesimus

verlegen. Er griff in seinen Geldbeutel und drückte ihr eine viel größere Goldmünze in die Hand, als sie erwartet hatte.

Als sie das Geldstück sah, fingen ihre Augen wieder an zu leuchten. Ohne ein Wort zu sagen nahm sie die Münze und steckte sie ein. „Wir müssen uns beeilen, damit wir zum Kolosseum kommen", drängte sie, „sonst haben die Armen Roms schon alle guten Plätze besetzt."

Nicia war zwar noch müde und brummig. Doch auch er meinte, es sei gut, bald zu gehen. „Du hast keine Ahnung, wieviel schmutziges und übelriechendes Volk dort zusammenkommt", sagte er zu Onesimus. Über die vergangene Nacht wurde kein Wort gesagt, und Onesimus war dankbar dafür. *Sie gehen so selbstverständlich damit um wie mit ihrem Beruf,* dachte Onesimus. *Aber das ist nichts für mich.*

Onesimus' Interesse konzentrierte sich auf die Gladiatorenkämpfe. Er hatte schon sehr viel über dieses großartige Schauspiel gehört. „Begeben wir uns nicht in die Gefahr, gefangen zu werden, wenn wir an einen so öffentlichen Platz gehen?" fragte er.

„Mache dir darüber keine Sorgen", beruhigte Nicia ihn. „Ein Gladiatoren-Kampftag ist eines der größten Ereignisse der römischen Gesellschaft. Vom Ärmsten bis zum Kaiser kommen alle. Natürlich auch die Beamten, deren Aufgabe es ist, nach entflohenen Sklaven zu suchen. Aber die sind an solchen Tagen auch mehr mit den Schauspielen und Kämpfen beschäftigt. In der großen Menschenmenge können wir einfach untertauchen und werden kaum entdeckt."

Es wurde ein besonderer Tag. Sie trafen sich an der Taverne mit Nicias Freunden und gingen gemeinsam zum Kolosseum. Der Weg führte sie über das Forum, wo all die Tempel für Jupiter, Mars, Dionysius, Diana und andere Götter standen, bis sie endlich vor den weiten Eingängen des gewaltigen Kolosseums standen und mit den vielen anderen Menschen hineindrängten. Onesimus war beeindruckt von den prachtvollen Bauten, von denen er bisher nur viel gehört hatte.

Die Plätze im riesigen Kolosseum füllten sich schnell. Nur die reservierten Plätze, die von reichen Leuten gemietet waren, und natürlich in der Mitte die Abteilung für den Kaiser, seine Familie und Berater und die römischen Senatoren waren noch frei. Nicia und seine Gruppe fanden noch gute Sitze, nicht allzu weit von den reservierten Teilen entfernt. Als sie saßen, wiesen Nicia und Marcia auf die interessantesten Dinge in dem riesigen Bau hin, während Onesimus alles eifrig betrachtete.

„Ich glaube, Nero ist noch grausamer und blutdürstiger als Caligula je war", flüserte Marcia. „Er wird von den meisten Römern gehaßt und verachtet, weil er seine schöne Frau Oktavia, die Schwester von Britannicus, so schlecht behandelt. Du wirst sehen, daß sie heute nicht hier ist. Nero hat sich derzeit völlig in Poppea verliebt; sie ist die Frau von Otho, einem seiner Höflinge; und Nero steht völlig unter ihrem Einfluß. Noch vor vier Jahren war Nero ein schüchterner und anständiger junger Mann, der sich mehr für Kunst und andere harmlose Vergnügungen interessierte und von dem berühmten Philosophen Seneca unterrichtet wurde. Und nun hat sich unter dem Einfluß niederträchtiger Höflinge sein Wesen so sehr verändert."

„Aber was ist mit Seneca?" fragte Onesimus erstaunt. „Hat er keinen Einfluß mehr auf seinen wichtigsten Schüler? Man sagt doch, Seneca sei unter den Stoikern einer der besten Lehrer über Moral."

„Seneca ist nur noch ein Versager", meinte Nicia verächtlich. „Er macht zwar große Worte über Tugend und Moral, hat aber Angst, Nero zu verärgern, deshalb ermahnt er ihn nicht. Er hat sogar einige Reden für Nero geschrieben, als dieser sich im Senat für die Ermordung seiner Mutter und anderer, die ihm im Weg standen, verteidigte. Nero behauptet natürlich, es seien seine eigenen Reden. Aber an der ganzen Art, wie sie aufgebaut sind, erkennt man Senecas Fähigkeiten. Unter den besten Stoikern, so zum Beispiel bei Lucan und Cortunus, hat Seneca alles Vertrauen verloren."

„Woher weißt du das alles?" fragte Onesimus fasziniert.

„Einer unserer Kunden ist ein Freund von Lucan, von ihm erfahre ich alles. Lucans Freund sagt, Seneca meint es zwar gut, hat aber Angst, seinen Kopf zu verlieren. Als Nero noch ein Kind war, hat ihm Seneca in der Erziehung zu viele Freiheiten gelassen, das hat seinen Charakter verdorben. Und nun, da Nero sich selbst für einen Gott hält, kennt er keine moralischen Grenzen mehr. Nichts ist ihm zu niedrig und zu böse, wenn es ihm nur Vergnügen verschafft. Er verbringt seine Zeit damit, daß er mit den gewalttätigsten Männer und gemeinsten Frauen Roms ungeheure Orgien feiert. Man sagt, er sei ein Sadist und habe Freude an den Qualen und dem Blut derer, die er martern läßt."

„Ich bin überrascht, daß ihr so von dem Kaiser redet", begann Onesimus, wurde aber durch lautes Beifallsgeschrei des Volkes unterbrochen. Sie jubelten, weil einer ihrer größten und reichsten Gönner, der stets reichlich *Sportula* unter den Armen verteilte, jetzt seine gemietete Loge betrat.

Nun trafen hintereinander die vornehmen Leute ein, jeweils vom Jubelgeschrei oder auch Buhrufen begrüßt. Der Lärm machte eine Unterhaltung fast unmöglich, so daß Onesimus seinen Gedanken nachhing. Wie konnten Nicia und Marcia den Kaiser so verdammen, wenn sie doch bei ihrem Gewerbe, dem sie nachgingen, auch keinerlei moralische Grenzen akzeptierten? Wodurch wird eine Sache moralisch oder verwerflich, richtig oder falsch, überlegte er. Sollte er Nicias Einladung annehmen und auch diesem unmoralischen Gewerbe nachgehen? Er würde dadurch ein relativ leichtes Leben haben. Aber alles in ihm wehrte sich dagegen.

Wo paßt dann Gott — oder die Götter — in das Bild? überlegte er. Wenn Epikur recht hat, gibt es keinen Gott, der höher ist als ich selbst. Dann kann ich mir auch meine eigenen moralischen Gesetze machen. Genau das tun ja Nicia und Marcia. Und Nero auch! Wenn etwas mir hilft und mir Vergnügen verschafft, dann ist es gut. Bekomme ich dadurch Schwierigkeiten und Probleme, ist es schlecht. Kann man so urteilen? Ist das der rechte Maßstab?

Sein Inneres lehnte sich gegen die Sinnlosigkeit und Torheit dieser Argumentation auf. Er mußte an das Wort des Apostels Paulus denken: *Wenn ich all meinen Besitz den Armen gäbe oder sogar meinen Leib verbrennen ließe, aber keine Liebe hätte, dann wäre ich nichts!* Er schüttelte den Kopf. Was ist Liebe? Was ist wahre Tugend? Er wußte die Antwort nicht.

Trompetengeschmetter, das die Ankunft des Kaisers und seines Gefolges ankündigte, riß ihn aus seinen Gedanken.

„Da kommt der grausame Diabolus", bemerkte Marcia.

Nero wurde in einer goldenen Sänfte hereingetragen, umgeben von Soldaten seiner Prätorianergarde. Hinter ihm folgten die Angehörigen seines Hofs. Als er die Sänfte verließ, wunderte sich Onesimus über die Hängebacken seines feisten Gesichts, auf dem ein Ausdruck von Langweile lag. Der Kaiser blieb vor seinem thronartigen Sitz stehen und nahm den Beifall und die Begrüßung des Volkes entgegen. Obwohl man ihn haßte, bedankte das Volk sich doch für die großartigen Gladiatorenkämpfe, die ihm geboten wurden.

Nicia sagte ironisch: „Nero weiß ganz genau, daß dieser schreiende Mob gleichzeitig sein Herr und sein Sklave ist. Er hält, um es mit Tiberius zu sagen, einen Wolf bei den Ohren."

Als Nero Platz genommen hatte und das Volk sich beruhigte, erhob sich Pedanius, der Zeremonienmeister, und warf das scharlachrote Tuch, das er in der Hand hatte, zu Boden, als Zeichen, daß die Spiele nun begannen.

Die ersten dreißig Minuten ähnelten Zirkusvorstellungen, die Onesimus auch im Amphitheater von Ephesus gesehen hatte. Ein dressierter Bär tanzte nach der Melodie einer Flöte, ein Tiger sprang durch einen großen Kranz aus Blumen, Affen und ihr Dompteur machten vergnügliche Spiele auf dem Rücken eines Elefanten.

Dann wurden wilde Tiere in die Arena getrieben, die sich gegenseitig bekämpften, bis der Sand rot vom Blut war. Bären, Löwen, Tiger und Leoparden wurden von ihren Wärtern aufgestachelt und fielen übereinander her und zerfleischten sich.

Onesimus ekelte sich vor diesen Szenen. Besonders abstoßend fand er es, als eine Gruppe von etwa 20 Kriminellen in die Arena getrieben wurde. Darunter waren auch politische Gefangene, erklärte Nicia, deren einziges Verbrechen es vielleicht war, daß sie am falschen Platz einige unschöne Worte über Nero gesagt hatten. Weitere wilde Tiere wurden in die Arena getrieben, die in den letzten Tagen nichts zu fressen bekommen hatten und die nun über die wehrlosen menschlichen Opfer herfielen.

Die meisten der Gefangenen ließen sich wehrlos von den wilden Bestien töten, die sofort begannen, ihre Opfer zu fressen. Einige der Opfer versuchten, sich mit bloßen Händen zu wehren und kämpften einen hoffnungslosen Kampf. Doch ihr Mut wurde vom wilden Beifall des Volkes begleitet.

Onesimus blickte erst zu Marcia, dann zu Nicia und seinen Freunden. Alle schienen ihre Freude an der grausamen Schlächterei zu haben, ganz besonders, wenn eines der Opfer sich tapfer wehrte, bis das Gebiß eines Löwen oder die Pranke eines Tigers sie tötete. Sie schrien voller Begeisterung mit dem Mob.

Wie kann jemand, dem das menschliche Leben etwas bedeutet, Vergnügen haben am Tod dieser Menschen? fragte sich Onesimus. Hier zeigten sich die schlimmsten Seiten der menschlichen Natur. Und Onesimus würde an diesem Tag noch mehr davon zu sehen bekommen. Marcia und Nicia waren nahezu in Ekstase. Wie war das möglich? Sie haßten Nero wegen seiner bösen Wege, und gleichzeitig machte ihnen dieses brutale Schauspiel Freude. Dieser Widerspruch ergab keinen Sinn.

Die Sonne schien heiß, und duftendes, mit Parfüm durchsetztes Wasser wurde über die Menge verspritzt. Dann wurden riesige Körbe mit Früchten, Brot und Getränken herumgereicht, so daß alle sich eine reichliche Mahlzeit davon nehmen konnten. Das riß die Menge zu neuen Beifallsstürmen für den Kaiser hin.

Während alle aßen und tranken, wurde die Arena für das Hauptereignis des Tages neu vorbereitet — den Gladiatorenkampf. Blutige Fleisch- und Knochenstücke von Menschen und Tieren wurden auf Karren geladen und in den Tiber geworfen oder vor der Stadt vergraben. Der Sand wurde neu geharkt — der Höhepunkt des Tages war gekommen.

Pedanius hob wieder das scharlachrote Tuch empor und warf es dann zu Boden. Die Tore öffneten sich, und unter den Klängen der Musik zogen die Gladiatoren ein. Es waren 24 Kämpfer in glitzernden Rüstungen, vier von ihnen auf weißen Pferden. Sie marschierten einmal um die Arena und blieben dann vor der Kaiserloge stehen. Grüßend erhoben sie den Arm und riefen wie aus einem Mund: „Heil Caesar! Wir, die zum Tode gehen, grüßen dich!"

Dabei wiesen Marcia und Nicia auf einige ihrer Favoriten hin, die durch besondere Geschicklichkeit und Kraft schon viele Kämpfe siegreich bestanden hatten. Das waren die Helden, die Lieblinge des Volkes. Wenn sie lange genug am Leben blieben, bekamen sie als Belohnung ihre Freiheit, viel Geld und wertvolle Geschenke und manchmal sogar ein kleines Landgut oder ähnlichen Besitz.

Nach einem weiteren Zeichen von Pedanius begannen die Kämpfe. Zuerst kämpften die vier Reiter gegeneinander. Sie wußten, daß es für drei von ihnen ihr letzter Kampf war. Unter lautem Geschrei ritten sie gegeneinander. Schwerter und Speere klirrten gegen Schilde und Helme, bis endlich einer, von einem Speer durchbohrt, blutend zu Boden sank.

Peractum est! (Zu Ende mit ihm!) schrie das Volk, und alle hielten sie ihren Daumen nach unten. Zu Onesimus' Entsetzen machten auch Marcia, Nicia und ihre Gefährten das grausame Ritual begeistert mit.

Nach heißem Kampf fiel ein zweiter Reiter blutend vom Pferd, und nach einer Weile traf es auch den dritten. Der Sieger brachte sein schwitzendes und zitterndes Pferd vor dem Kaiser zum Stehen und grüßte. Nero erhob sich und machte das Zeichen des Sieges.

„Er wird ein Landhaus erhalten und hunderttausend Denare!“ rief Nicia bewundernd. „Welch ein Mann!“

Onesimus fühlte sich wie erschlagen bei dieser Szene. Es stimmte nur zu gut: Dem Sieger gehörte die Beute. Diese Welt gehörte dem, der Unrecht tat, weil er der Stärkere war, nicht dem, der Unrecht leiden mußte, ganz gleich, wie gut er auch sein mochte. Er fühlte einen bitteren Geschmack im Mund, während in der Arena Sklaven mit eisernen Keulen die Schädel der gefallenen Gladiatoren einschlugen, um ihre Leiden zu beenden.

Nun kam der Hauptkampf. Zwölf Sammiter und Murmillos kämpften gegen die gleiche Anzahl Neztwerfer und Jäger. Der Unterschied zwischen beiden Gruppen bestand darin, daß die Netzwerfer ohne Rüstung waren, so daß schon jeder leichte Treffer ihnen blutende Wunden beibrachte. Die Sammiter und Murmillos trugen gallische Rüstungen und Helme. Doch diese Rüstungen waren manchmal auch ihr Schaden, da die Netzwerfer ohne schwere Rüstungen viel beweglicher waren. Wenn es ihnen gelang, ihr Netz über einen ihrer Gegner zu werfen, war dieser für eine Zeit kaum bewegungsfähig, so daß der Netzwerfer ihn leicht mit seinem Schwert oder Dreizack durchbohren konnte.

Etwa 45 Minuten dauerte der Kampf. Einer nach dem anderen von den Sammitern und Murmillos wurde im Netz des Jägers gefangen. Doch die Verluste auf der Seite der Netzwerfer waren noch höher. Immer wieder stand ein Sieger über seinem wehrlos gewordenen Opfer und wartete auf das Zeichen des Volkes oder des Kaisers, um dem Besiegten den endgültigen Todesstoß zu versetzen. Zum Schluß waren noch drei Sammiter und zwei Murmillos am Leben. Die anderen neunzehn Gladiatoren hatten ihr Leben verloren.

Die fünf Sieger stellten sich vor der Kaiserloge auf und grüßten. Nero erhob sich, grüßte zurück und ehrte damit die Sieger. Dann betraten sie die Plattform, wo ihnen Pedanius kostbare Geschenke und Medaillen überreichte. Dabei raste das Volk vor Begeisterung.

Für Onesimus war es ein Schreckenstag geworden. Während seine Gefährten schrien, Beifall klatschten und begeistert mit ihren Tüchern winkten, stand er fast unter einem Schock. Wenn dies der Hauptsport des mächtigen Roms war, der Stadt, die er von Kindheit an bewundert hatte, die Stadt von Cäsar und Augustus, von Cicero, Virgil und Seneca, dann war es ein schrecklicher Ort. Und seine Gefährten? Waren sie etwa aus anderem Stoff gemacht als er?

Als sie das Kolosseum verließen, schien Marcia erst zu bemerken, was Onesimus empfand. „Was ist los mit dir?" fragte sie lachend, als sie seinen ernsten Gesichtsausdruck sah. „Bist du ein Weichling, der es nicht vertragen kann, wenn er ein bißchen Blut sieht?"

Sie wandte sich den anderen zu und rief: „Schaut einmal, unser phrygischer Freund hat die Nerven verloren!"

Die anderen schauten ihn spöttisch an, aber keiner sagte ein Wort, ehe sie nicht inmitten der Menschenmassen das Kolosseum verlassen hatten. Als sie dann gemeinsam der *Subura* zustrebten, ließ Onesimus seiner Empörung freien Lauf.

„Ich habe mich noch nie so für meine Mitmenschen geschämt wie heute", sagte er zornig. „Wie könnt ihr euch mit diesem blutdürstigen Mob am Leiden und Sterben anderer Menschen erfreuen, die euch nichts getan haben und die vielleicht besser sind als wir? Wir haben doch auch um unsere Freiheit und Gerechtigkeit gekämpft. Wie kann uns dann ein solches Schauspiel angenehm sein?"

Für einen Augenblick waren die anderen sprachlos, als er sie so beschuldigte. Dann meinte Nicia spöttisch: „Wer ist denn dieser tugendsame Mann, der glaubt, uns tadeln zu können? Hat er nicht selbst seinen Herrn bestohlen und ist bereit, weiteres Unrecht zu begehen, um am Leben und in Freiheit zu bleiben? Wer ist er denn, daß er den größten Sport des Reiches so verdammen kann?"

Er klopfte Onesimus gönnerhaft auf die Schulter. „Komm wieder herunter von deinem Berg Olymp, mein junger Freund. Wir haben Freude an diesem Schauspiel, weil wir nicht selbst beteiligt sein müssen. Es hilft uns, unsere Freiheit besser zu genießen, denn vielleicht haben wir sie morgen schon nicht mehr, wenn man uns fängt. Die armen Kerle, die in der Arena getötet wurden, hätten in jedem Fall sterben müssen. So hatten sie wenigstens noch die Gelegenheit, um ihr Leben zu kämpfen. Du weißt doch: Dem Starken und Sieger gehört die Beute! Denk auch einmal an die fünf Sieger, welche Ehren und Belohnungen sie empfangen haben."

Onesimus schwieg, weil er sich seiner eigenen Schuld bewußt war. Wer war er denn, daß er anderen Moralpredigten halten konnte? Auch er hatte nicht nach Recht und Unrecht gefragt.

„Ich sehe ein, daß meine Taten nicht viel besser waren", gab er zu. „Also kann man auch einen Feiertag daraus machen, zuzusehen, wie andere leiden müssen, und uns zu freuen, daß wir noch sicher sind und es uns gut geht."

„Gesprochen wie ein richtiger Mann!" rief Venturus. „Jetzt wirst du wieder vernünftig. Mitleid und Barmherzigkeit sind ein Luxus, den sich nur die Reichen leisten können, wir in der *Subura* nicht. Es gilt, aus jedem Tag soviel Vergnügen herauszuholen wie möglich. Das ist die einzige vernünftige Art zu leben."

Die anderen stimmten in das Lob ein und nahmen an, Onesimus sei nun völlig einer der ihren geworden. Nur Marcia bemerkte, während sie weitergingen, daß Onesimus durchaus nicht überzeugt war, sondern daß er noch immer mit den Idealen kämpfte, die bisher sein Leben bestimmt hatten, und das ärgerte sie. Sie verachtete die Skrupel, die Onesimus offensichtlich hatte.

Onesimus bemerkte bald, wie Marcia über ihn dachte, als sie die Taverne in der *Subura* erreichten, wo die Gruppe noch zu feiern gedachte. Onesimus hatte jetzt eigentlich nur den einen Wunsch, allein zu sein, um alles, was er an diesem Tag gesehen hatte, zu überdenken. Doch die anderen ließen ihm keine Zeit dazu.

Nachdem sie ein großes Stück geröstetes Schweinefleisch verzehrt hatten, das Nicia schon am Morgen bestellt hatte, tranken sie viel Wein und besprachen noch ihre Arbeit für diesen Abend und die Nacht. Onesimus wurde völlig unvorbereitet von der Frage überrascht, als Nicia sich jetzt an ihn wandte und fragte: „Also, großer Adonis, wann wirst du beginnen, dein gutes Aussehen in bare Münze umzusetzen? Ich bin bereit, dir für den Anfang deine ersten Kunden zu besorgen, bis du dir selbst eine Stammkundschaft aufgebaut hast. Von allen, die ich dir vermittle, gibst du mir vorläufig ein Viertel deiner Einnahmen ab."

Onesimus suchte nach Worten, denn ihm war klar geworden, daß er sich nie an dem Gelderwerb beteiligen konnte, von dem Nicia, Marcia, Venturus und die anderen fünf ihrer Freunde lebten. Doch irgendwie mußte er ihnen antworten, und er war überzeugt, daß damit die Verbindung zu seinen neuen Gefährten zu Ende sein würde.

Als er endlich begann, bemerkte er, wie Nicia und Marcia sich einen spöttischen Blick zuwarfen. Onesimus sagte: „Ob es nur Recht und Unrecht, Gut und Böse in der menschlichen Natur gibt oder nicht und ob dies vielleicht nur mit unserer Erziehung zusammenhängt, so weiß ich doch, daß ich nie in der Lage sein werde, meinen Körper für Geld zu verkaufen. Warum soll ich meinen Körper dem Vergnügen eines anderen unterwerfen und dafür Geld nehmen. Ich bin nicht aus einer Sklaverei entflohen, um eine andere dafür einzutauschen. Vielen Dank für dein Angebot, Nicia, doch mit mir kannst du dabei nicht rechnen. Ich werde mir etwas anderes suchen, womit ich meinen Lebensunterhalt verdiene."

Einen Augenblick herrschte Schweigen, dann antwortete er voller Verachtung: „Also gut, wenn das deine Entscheidung ist, können wir daran nichts ändern."

Nicia erhob sich und ging nach draußen, als müsse er einem menschlichen Bedürfnis nachkommen. Dabei gab er seinen Gefährten einen Wink, den auch Onesimus bemerkte.

Drei von ihnen folgten ihm, während die anderen beiden und Marcia bei Onesimus zurückblieben. Marcia sagte ärgerlich: „Du magst hübsch sein, Onesimus, und auch sehr klug. Aber gleichzeitig bist du auch verbohrt und dumm. Oder bist du dir zu gut für das Leben in dieser harten Welt? Ich bin enttäuscht von dir."

Als sie bemerkte, wie hart ihre Worte ihn trafen, fügte sie etwas ruhiger hinzu: „Überlege noch einmal, Onesimus. Wie willst du denn allein zurechtkommen?"

Ehe Onesimus antworten konnte, kehrte Nicia mit den drei anderen zurück. Sie setzten sich wieder an den Tisch und Venturus rief: „Kommt, Freunde, laßt uns trinken. Wir wollen darauf trinken, daß unser Freund Onesimus einen guten und leichten Job findet, der sein Gewissen nicht belastet und seine Moral nicht beschädigt." Der Wirt hatte auf Nicias Wink einen neuen Krug Wein gebracht und alle tranken.

Verlegen hob auch Onesimus seinen Becher mit den anderen und antwortete: „Vielen Dank, Venturus, daß wir wenigstens Freunde bleiben können. Ich hoffe, euch ab und zu zu sehen."

Alle tranken ihre Becher mit einem Zug leer. Doch kurze Zeit später bemerkte Onesimus, was wirklich geschehen war, doch da war es auch schon zu spät. Nicia oder einer der anderen hatte unbemerkt etwas in seinen Becher getan, während Venturus ihn mit seinen Worten abgelenkt hatte. Seine Zunge wurde plötzlich ganz dick und pelzig und gehorchte ihm nicht mehr, und er spürte, wie die Müdigkeit ihn mit aller Gewalt übermannte. Das Letzte, was er wahrnahm, war Marcias spöttisches Gesicht und ihre Worte: „Es ist besser, anderen Unrecht zu tun, als Unrecht zu erleiden."

14. KAPITEL

Onesimus erwachte einige Stunden später, weil der Tavernenwirt ihn heftig schüttelte. „He, Bursche, du hast lange genug geschlafen, ich will jetzt schließen!“ rief er. Der Wirt hatte natürlich mitbekommen, was geschah, und war für sein Schweigen von Nicia und den anderen belohnt worden. Nun nahm er einen mit kaltem Wasser getränkten nassen Lappen, wischte damit Onesimus Gesicht ab, half ihm auf die Füße und führte ihn vor die Tür.

Onesimus war noch ganz wacklig auf den Füßen und lehnte sich draußen an die Hauswand. Er brauchte einige Zeit, bis die frische Luft ihm half, wieder klar zu denken. Was war geschehen? Er erinnerte sich an die Unterhaltung mit Nicia und seinen Freunden und an den letzten Becher Wein. Böses ahnend griff er nach seinem Geldbeutel. Sein Herz wollte fast aufhören zu schlagen, als er bemerkte, daß der Beutel weg war. Nun tastete er nach dem Geldgürtel, den er unter der Oberkleidung um die Hüften trug. Dort bewahrte er das meiste Geld auf. Doch so sehr er auch rundherum tastete, der Gürtel war leer. Alles, was er in Ephesus gestohlen hatte, mehr als 5000 Denare waren ihm nach Bezahlung der Überfahrt und anderen Ausgaben noch geblieben, war ihm nun wieder gestohlen worden. Die Schmuckstücke ebenfalls, die er mitgenommen hatte. Völlig mittellos stand er nun da.

Er stampfte zornig und verzweifelt mit den Füßen, schlug sich mit den Fäusten an den Kopf und verfluchte Nicia und dessen Gefährten sowie sein eigenes Schicksal und alle Götter, die ihm einfielen. Sollte er zur Polizei gehen? Doch da fiel ihm ein, daß er nichts war als ein weggelaufener Sklave und bei der Polizei alles für ihn noch schlimmer wurde. Wütend dachte er an Marcia und Nicia. Sie sollten ihm dafür bezahlen. Eilig machte er sich auf den Weg zu ihrer Wohnung. Doch wie sollte das ausgehen? In seiner blinden Wut dachte er nicht darüber nach, und es war ihm gleichgültig.

Als er vor der Wohnung der beiden Geschwister stand, war sie verschlossen. Er trommelte mit den Fäusten an die Tür und warf sich dann mit aller Wucht dagegen. Die Tür sprang auf und er stand vor Nicia, der ihn voller Verachtung anblickte.

„Gebt mir mein Geld zurück, ihr Diebe und Verräter! Ihr Teufel, ihr!“ schrie Onesimus zornig. „Ihr habt kein Recht, so ...“

„Wozu haben wir kein Recht, du weichherziger Narr?“ fragte Nicia kühl. „Du hast nicht mehr Recht auf das Geld als ich. Erinnere dich daran, woher du es hast. Es gehört eigentlich auch dir nicht, denn du hast es gestohlen. Und nun verschwinde und komme nicht zurück, sonst werde ich dich töten!“

Onesimus stürzte sich auf ihn. Doch in seiner Aufregung hatte er die Keule nicht gesehen, die Nicia in der Hand hielt. Nicia wich zwei Schritte zurück und schlug Onesimus die Keule mit aller Wucht auf den Kopf, so daß dieser halb betäubt zurücktaumelte. Nicia stieß ihn hinaus in das Treppenhaus. Dort schlug er nochmals zu. Als Onesimus zu Boden fiel, warf ihn Nicia die Treppe hinunter. Dort blieb er blutend und einer völligen Ohnmacht nahe einige Zeit liegen.

Einige Zeit später raffte er sich auf, riß einen Streifen Stoff aus seinem Untergewand und verband sich die Kopfwunde. In jener Nacht schlief er unter Bettlern im Schutz einer Mauer. Da er nichts mehr besaß, konnte ihm kaum etwas passieren. Immer wieder schreckte er aus dem unruhigen Schlaf auf und fühlte dann, wie sein Kopf und alle andern Glieder schmerzten.

Als es hell wurde, betrachtete er die armseligen Gestalten um sich herum. Die meisten schliefen noch und waren nur in

Lumpen gehüllt. Sie waren schmutzig und verwahrlost. Man sah ihnen an, daß sie nur von der *Sportula* lebten, die ihnen von Nero und anderen reichen Männer täglich gegeben wurde.

Onesimus ging zu einem Brunnen und erfrischte sein brennendes Gesicht und den schmerzenden Kopf ein wenig. Dann machte er sich auf zum Tiber. Er wollte sich an das Flußufer setzen und nachdenken. In Kolossea hatte ihm das immer geholfen. Was sollte er tun? Er hatte kein Geld, nichts zu essen und keine Freunde. Er fühlte sich nicht nur von Menschen, sondern auch von Gott verlassen. Wenn es einen Gott oder Götter gab, dann machten diese sich wohl über ihn lustig.

Endlich erreichte er den Fluß, fand eine grasbewachsene Stelle und setzte sich dort nieder. *Das also ist die Freiheit,* überlegte er. *Meine Freiheit besteht nun darin, daß ich einsam, ungeliebt, unerwünscht, hungrig und völlig am Ende bin. Aber vielleicht bin ich auch ein Narr? Wäre ich auf Nicias Wunsch eingegangen und hätte meinen Körper zur Prostitution verkauft, ginge es mir jetzt gut. Ich hätte Freunde, gutes Essen, ein Zuhause und Geld. Ich habe gestohlen, um der Sklaverei zu entfliehen, warum kann ich nun nicht auch den nächsten Schritt abwärts tun, um mich am Leben zu erhalten?*

Doch während er sich noch selbst so fragte, wußte er in seinem Inneren schon die Antwort. Er würde nicht werden wie Nicia, er konnte es einfach nicht, ganz gleich, ob er betteln oder gar sterben mußte. Irgend etwas hielt ihn zurück.

Plötzlich wurde ihm bewußt, daß er immer noch eine der schönen Tuniken trug, die ihm Archippus geschenkt hatte. Er hatte gestern die schönste, die er noch besaß, angezogen, als sie zum Kolosseum gingen. In einer solchen Tunika würde er nur unnötig auffallen.

Er machte sich wieder auf den Weg zu dem Händler, bei dem er bei seiner Ankunft in Rom das schöne Gewand, das er damals trug, für ein altes umgetauscht hatte. Als er den

Laden betrat, benahm sich der alte Händler so, als habe er ihn noch nie gesehen. Er tauschte ihm seine schöne Tunika gegen eine alte, abgetragene um und gab ihm noch zwei Sesterzen dazu. Das war nicht viel, aber für zwei karge Mahlzeiten würde es ausreichen, überlegte Onesimus.

Er kaufte sich ein Stück Brot und einige Früchte und ging zurück zum Fluß. Dort setzte er sich nieder, aß die karge Mahlzeit und überlegte. *Nein, er würde nicht aufgeben. Irgendeine Arbeit würde sich finden lassen, und auch eine sichere Ecke, wo er leben konnte.*

Zuerst versuchte er es bei dem alten Geschäftsmann, bei dem er seine Kleidung umgetauscht hatte. Er war einigermaßen freundlich zu ihm gewesen, da hatte er vielleicht eine Chance.

Doch der alte Händler lehnte rundheraus ab. „Glaubst du denn, junger Bursche, ich bin ein Esel, der sich mit den Problemen anderer belastet?" erklärte er. „Viele davogelaufene Sklaven haben mich schon nach Arbeit gefragt, nur weil ich ihre Kleidung oder anderes, das sie gestohlen hatten, umgetauscht habe. Ich kann niemanden wie dich hier gebrauchen. Wenn die Polizei nach entlaufenen Sklaven Ausschau hält, wirst du gefangen, und mir geht es schlecht. Auch deine angeblichen Papiere werden dir dann nicht helfen. Wenn ein Experte sie betrachtet, werden sie schnell als Fälschung entlarvt. Versuche dein Glück an anderer Stelle und verschwinde."

Schon ein wenig entmutigt versuchte es Onesimus in einer Taverne. Der hartgesottene Wirt wies ihm die Tür und erklärte: „Wer einen geflohenen Sklaven bei sich aufnimmt, wird in das Gefängnis gesperrt. Meinst du, ich will das riskieren? Verlasse sofort mein Haus und komme nie wieder!"

Als er nach vielen vergeblichen Versuchen am Abend wieder unter den Bettlern saß, sagte ein alter Bettler zu ihm: „Mein Junge, dies ist kein Platz für stolze Leute. Ich bin nicht stolz, sondern einfach faul. Aber wenn du deinen Stolz ablegst, kannst du dich wenigstens notdürftig von der *Sportula* ernähren, die uns die Reichen zukommen lassen."

Mehrere Tage versuchte Onesimus eine Arbeit zu finden. Er hatte sich schon so weit erniedrigt, daß er sich täglich von der *Sportula* holte, die verteilt wurde, um sein Leben zu fristen.

Wieder hatte er sich mit der täglichen Bettler-Nahrung an seinem Lieblingsplatz am Tiber niedergelassen. Er wußte, er war am Ende. Wenn er nicht jemand fand, dem er trauen konnte und der ihn aufnahme, blieb ihm vielleicht nur übrig, sich in den Tiber zu werfen und Selbstmord zu begehen.

Und plötzlich kam ihm ein Gedanke! — Da gab es einen Mann in Rom, den er kannte und dem er vertrauen konnte! Es war Paulus, der Mann, der sich selbst den *Größten aller Sünder* und einen *Sklaven Jesu Christi* nannte. Das war die Antwort. Und Paulus war in Rom, das hatte ihm Archippus erzählt. Dieser wiederum hatte es von Tyrannus und den Christen in Ephesus erfahren. Irgendwo in dieser riesigen Stadt war der kleine Mann mit dem wetterzerfurchten Gesicht und dem weiten Herzen und der großen Seele.

Er sprang auf, reckte die Fäuste empor und erklärte den Vögeln und den Bäumen: „Das ist es! Ich werde Paulus finden und brauche dann wenigstens nicht mehr zu hungen. Und vielleicht hat er auch genug von seiner *Agape-Liebe,* von der er immer spricht, um mir eine Arbeit zu geben." Doch dann überlegte er: *Er könnte mich auch wieder nach Kolossea schicken. Doch das Risiko muß ich eingehen. Es ist meine letzte Chance.*

Onesimus fühlte, wie tiefe Erleichterung ihn ergriff. Er legte sich wieder ins Gras und dachte nach über seine Begegnungen mit Paulus. Wenn er irgend jemand vertrauen konnte, dann ihm. Nun fiel Onesimus ein, daß Paulus einmal erzählt hatte, dieser Jesus Christus habe sich mit einem guten Hirten verglichen, der das eine verlorene Schaf suchen ging und dafür die neunundneunzig anderen in der Hürde zurückließ.

Ich bin wie so ein verlorenes Schaf, aber vielleicht ist auch für mich noch Hoffnung, überlegte er.

TEIL IV

VERSKLAVT — DOCH FREI

15. KAPITEL

Archippus hatte Onesimus von dem Zeichen erzählt, an dem die Christen sich gegenseitig erkannten. Er begann zuerst in der Nachbarschaft der *Subura* zu suchen. Überall betrachtete er genau die Seiten- und Oberschwellen der Hautüren, ob dort das Zeichen eines Fisches eingeschnitzt oder eingeritzt war. Eine ganze Reihe der ersten Jünger Jesu waren Fischer gewesen, und deshalb bevorzugten die Christen dieses Symbol offensichtlich. Außerdem ergab das Wort *Fisch* in der griechischen Sprache die Anfangsbuchstaben für *Jesus Christus, Gottes Sohn, Erlöser.*

Es war ein sonniger und warmer Tag, und Onesimus war mit neuer Hoffnung unterwegs. Längere Zeit war er schon unterwegs und war durch eine ganze Reihe von Straßen gegangen; und dann — da war es! Er sah das Fischzeichen eingeschnitzt in die hölzerne Oberschwelle eines unauffälligen Hauses.

Zögernd blieb er stehen und überlegte eine Zeitlang. Doch dann überwand er sich und klopfte an die Haustür. Als sich die Tür öffnete, stand eine freundlich aussehende Frau vor ihm, die ihn grüßte und fragend anblickte. Als sie seine schäbige Kleidung und sein verwahrlostes Aussehen wahrnahm, glitt ein Anflug von Furcht über ihr Gesicht, und sie wollte die Tür wieder schließen. Doch Onesimus erhob die Hand, machte das Zeichen des Kreuzes und sagte leise die Worte, die für alle Christen wie ein Losungswort waren: „Jesus Christus ist Herr!"

Ein frohes Lächeln erschien auf dem Gesicht der Frau.

Sie öffnete das Tor und lud ihn ein, in dem kleinen Patio Platz zu nehmen, wo einige Blumen wuchsen.

„Vielen Dank für dein Vertrauen“, sagte Onesimus. „Ich kann verstehen, daß mein Äußeres dich erschreckt hat. Doch ich habe eine Zeit des Leidens und Hungers hinter mir. Mein Name ist Gaius Julius. Ich komme von Korinth und bin dort gerade noch mit dem Leben davongekommen, weil in der Stadt eine neue Christenverfolgung ausgebrochen ist, nachdem Bruder Paulus, der Apostel des Herrn, sie verlassen hatte. Meine Familie und ich gehörten zu den Christen, die sich in der gemieteten Halle versammelten. Der aufgehetzte Mob hat uns aus der Halle gejagt und verfolgt. Etliche von uns Christen wurden getötet, darunter auch mein Vater und meine Mutter. Ich konnte es nicht wagen, noch länger in Korinth zu bleiben. Was meinen Eltern gehörte, habe ich verkauft. Ich bekam dafür soviel Geld, daß ich die Überfahrt nach Rom bezahlen konnte, doch für Kleidung und Nahrung hat es nicht mehr ausgereicht.“

„Der Herr segne dich“, murmelte die Frau. „Vergib mir meine Zweifel. Ich werde dir etwas zu essen holen. Mein Name ist Junia, und mein Mann heißt Nereus. Sicher wird auch er wünschen, daß du Gast in unserem geringen Heim bist. Ich werde Wasser warm machen und deine beschmutzte Tunika waschen. Du kannst einstweilen eine von meinem Mann anziehen. Bleibe bei uns, bis du dich erfrischt hast. Wenn Nereus heimkommt, wird er dir sicher weiterhelfen.“

Die Frau ließ Onesimus allein im Patio zurück. Er wunderte sich darüber, wie ihm die wenigen Worte so schnell die Tür geöffnet hatten und ihm einen so freundlichen Empfang bereiteten. Dabei fühlte er sich auch schuldig der Lügen wegen, die er erzählt hatte, vor allem aber, weil er vorgab, an Jesus Christus zu glauben. Er hoffte, nicht noch weitere Lügen erzählen zu müssen. Doch er mußte unbedingt Paulus finden und einen Weg in die Freiheit, für die er nun schon so teuer bezahlt hatte.

Bald kehrte die Frau mit Brot, Käse und Früchten zurück.

Während Onesimus ausgehungert aß, erzählte sie eifrig von der ständig wachsenden Gemeinde in Rom, die vor allem seit der Ankunft des Apostels Paulus sehr viel Ermutigung durch seinen Dienst erfahren hatte. Zuerst hatten einige reisende Kaufleute aus Galatien den guten Samen des Evangeliums in Rom ausgestreut. Dann waren andere Christen aus verschiedenen Gebieten des östlichen Mittelmeeres gekommen, wohin die gute Botschaft von Jesus Christus schon gedrungen war.

„Wie geht es unserem Bruder Paulus?" fragte Onesimus, als die Frau einmal eine kleine Pause einlegte.

„Es hat uns große Freude bereitet, als er zu uns kam!" rief sie. Nach einem Augenblick der Besinnung fügte sie bekümmert hinzu: „Doch er ist noch immer ein Gefangener des Caesars und ist mit seinem jeweiligen Bewacher, einem Angehörigen der Prätorianer-Garde, zusammengekettet. Doch man hat ihm eine für solche Gefangene ungewöhnliche Vergünstigung eingeräumt. Er darf in einem eigenen Haus wohnen, daß die christliche Gemeinde Roms für ihn gemietet hat. Vor allem die adlige Dame Pompania hat da ihren Einfluß beim Kaiser geltend gemacht."

„Ein solches Vorrecht ist wirklich erstaunlich", warf Onesimus verwundert ein.

Junia fuhr fort: „Wir wissen nicht, wann seine Sache zur Verhandlung kommt. Paulus hofft, dann seine Freiheit wieder zu erlangen. Aber wenn man die Unberechenbarkeit Neros kennt, muß man auch mit dem Schlimmsten rechnen."

„Ist das Haus, in dem Paulus als Gefangener wohnt, weit entfernt?" wollte Onesimus wissen.

„Es liegt in derselben Straße wie unser Haus, nur knapp 15 Minuten von hier", antwortete Junia. „Doch ich sehe es dir an, daß du dringend ausruhen mußt. Lege dich ein wenig hin, bis Nereus kommt, er wird dir weiterhelfen. Ich hoffe, du hast genug gegessen?" fügte sie besorgt hinzu, als sie ihn in einen Nebenraum führte.

„Ja, es war sehr reichlich, vielen Dank", nickte Onesimus.

Junia brachte ihm noch Wasser und eine Tunika ihres Mannes. Nachdem er die Kleidung gewechselt und seine eigene Tunika zu Junia zum Waschen hinausgereicht hatte, konnte er sich zum ersten Mal seit einer ganzen Reihe von Tagen wieder ordentlich waschen und rasieren.

Anschließend legte er sich auf das einfache Lager, das in dem Raum vorhanden war. Zum ersten Mal seit langer Zeit fühlte er sich wirklich rundum wohl und geborgen. *Diese Christen haben etwas Wunderbares an sich,* überlegte er. *Sie mögen töricht sein, an Dinge wie Totenauferstehung und Erlösung durch einen Gekreuzigten zu glauben, doch ich bewundere ihren Mut und vor allem ihre Freundlichkeit und Hilfsbereitschaft.* Mit diesen Gedanken schlief er ein.

Als er erwachte, hörte er die Stimmen von Junia und Nereus, die sich im Patio unterhielten. Er erhob sich, zog die geliehene Tunika an, ordnete sein Haar und ging zu den beiden hinaus.

„Sei gegrüßt, Bruder Gaius!" wurde er von der tiefen Stimme Nereus' willkommen geheißen und von ihm umarmt. „Wir freuen uns, daß du uns besuchst und uns von dem Mut unserer Brüder und Schwestern in Korinth berichtest. Es ist uns ein Vorrecht, dich in unserem Haus zu haben. Junia hat mir schon berichtet, wie traurig es der christlichen Gemeinde in Korinth ergangen ist, und auch vom Tod deiner Eltern. Wir können unsere Brüder und Schwestern nur beglückwünschen, daß sie nun die Siegeskrone der Überwinder erworben haben und bei unserem Herrn sein dürfen. Doch wir teilen mit dir deinen Kummer um den Verlust. Wie können wir dir helfen?"

Nereus war Kunsthandwerker von Beruf und einer der führenden Männer der Christengemeinde Roms. Er war äußerst geschickt in der Herstellung von bronzenen, silbernen und goldenen Kelchen, Schalen, Tellern und anderen Gefäßen, die von den Reichen Roms gekauft wurden, um ihre

Paläste und Villen damit zu schmücken. Sein Haar wurde schon grau, doch er war noch kräftig und vital. Warm und freundlich blickte er Onesimus an, als er ihm seine Hilfe anbot.

„Lieber Nereus, du und deine liebe Frau, ihr seid wirklich sehr freundlich zu mir, dafür danke ich euch von Herzen", antwortete Onesimus. „Gern nehme ich das Angebot deiner Hilfe an. Zwei Dinge sind es, die mir sehr am Herzen liegen. Als erstes möchte ich den Apostel Paulus treffen, den ich in Korinth kennengelernt habe. Zweitens habe ich den Wunsch, in eure christliche Gemeinschaft aufgenommen zu werden und eine Möglichkeit zu finden, mir meinen Lebensunterhalt zu verdienen."

„Dein erster Wunsch kann leicht erfüllt werden", nickte Nereus mit breitem Lächeln. „Auch der Apostel Paulus wird sich freuen, Neuigkeiten von den Gemeinden aus Griechenland zu hören." Er zögerte einen Augenblick, ehe er fortfuhr: „Es kann allerdings einige Zeit dauern, für dich einen Arbeitsplatz und eine Wohnung zu finden. Doch bis dahin bist du willkommen, bei uns in unserem bescheidenen Haus zu wohnen. Die führenden Persönlichkeiten Roms haben in der letzten Zeit begonnen, den Christen gegenüber eine ablehnende Haltung einzunehmen, so daß es für die Gemeinde immer schwerer wird. Doch jetzt wollen wir erst unser Abendessen einnehmen. Anschließend bringe ich dich zu Paulus."

„Vielen Dank für deine Güte", antwortete Onesimus von Herzen, als sie am reich gedeckten Tisch Platz nahmen. Nachdem Nereus ein Dankgebet gesprochen hatte, erzählte er seinem Gast während des Essens von dem schnellen Wachstum und dem Leben der römischen Christengemeinde.

„Es gibt sogar Gläubige im Haushalt des Kaisers", berichtete Nereus. „Auch einige Soldaten der Prätorianer-Garde sind dabei. Sie tun bei Paulus Wachdienst. Bedenke, was es für einen Menschen bedeuten muß, bei Tag und bei Nacht mit einem hartgesottenen römischen Soldaten zusammengekettet zu sein. Und du kannst mir glauben, die Angehörigen der Prätorianer sind die Härtesten im ganzen Römischen Reich. Doch Paulus ist ein erstaunlicher Mann. Er sagt, auch die Ketten bewirkten noch Gutes, denn dadurch sei das Evangelium bis in den Palast des Kaisers gelangt. Es war schon ein besonderes Erlebnis, zu sehen, wie eine Anzahl dieser harten Prätorianer sich bekehrten und getauft wurden.

Durch Paulus' Evangeliumsverkündigung hat sich auch die adlige Dame Pompania bekehrt. Sie ist sehr angesehen unter den führenden Leuten Roms, und ihr Einfluß reicht bis hinein in Neros Familie. Sie ist die Witwe eines früheren römischen Senators, der wegen seines Charakters und seiner Tüchtigkeit sehr beliebt war. Der Kaiser Claudius ließ ihn enthaupten, weil er auf seine Beliebtheit unter dem Volk eifersüchtig war. Und Pompania ist ebenso beliebt und einflußreich. Schon ehe sie Christin wurde, war sie die vertraute Freundin von Agrippina, der Mutter Neros; und man sagt, daß sie auch auf Nero noch großen Einfluß habe.

Sie ist eine der reichsten Witwen Roms. Seit ihrer Bekehrung zu Christus gebraucht sie ihren Reichtum hauptsächlich zur Unterstützung der Gemeinde und armer Christen. Ihrem Einfluß ist es auch zu verdanken, daß Paulus als Gefangener in einem gemieteten Haus wohnen darf. Ich sage dir, Gaius, der auferstandene und lebendige Christus ist mit uns, und nichts kann Ihn und Seine Gemeinde besiegen."

Onesimus lauschte staunend den eifrigen Worten seines neuen Freundes. *Er glaubt wirklich an dieses Evangelium,* dachte er. Nereus' Überzeugung gab Onesimus neue Hoffnung — und beunruhigte ihn gleichzeitig.

Nach Beendigung des Abendessens bedankte sich Onesimus nochmals. Dann machte er sich mit Nereus auf den Weg zu dem Haus, in dem Paulus als Gefangener lebte. Unterwegs spürte er, wie sein Herz immer heftiger schlug. Viele Gedanken gingen ihm durch den Kopf. Würde Paulus ihn wiedererkennen? Er hoffte, nicht. Doch wenn, würde er ihn dann verurteilen wegen der Lügen, die er Nereus und Junia erzählt hatte, und wegen des Diebstahls und des Verrats an Philemon und Archippus? Oder würde Paulus die *Agape* beweisen, von der er soviel redete? Würde er sein Verlangen nach Freiheit verstehen und deshalb auch sein Handeln?

Das Haus, in dem Paulus wohnte, unterschied sich in keiner Weise von den anderen in der Straße. Nachdem sie es durchquert hatten, betraten sie den Hof, der noch erfüllt war von dem warmen Abendlicht der Sonne und dem Duft von Blumen. Paulus saß auf einer Steinbank und blickte in den sich golden färbenden Abendhimmel. Neben ihm saß ein Prätorianer, und Onesimus konnte die Kette sehen, die Paulus und der Soldat um ihr Handgelenk trugen und die sie miteinander verband.

Als er sich Paulus näherte, konnte Onesimus erkennen, daß der Apostel seit er ihn vor Jahren in Ephesus gesehen hatte, sehr gealtert war. Sein Haar und Bart waren grau geworden, und das Gesicht noch viel faltiger. Doch seine Augen strahlten noch das gleiche Feuer und die Freundlichkeit aus wie damals.

Der Apostel erhob sich, blickte Onesimus fest in die Augen und ergriff dann mit beiden Händen Onesimus' rechte Hand, ohne ein Wort zu sagen. Nereus wollte gerade beginnen zu berichten, wie er und Junia diesen jungen Mann kennengelernt hatten. Doch er spürte, daß etwas Ungewöhnliches geschah und schwieg. Onesimus spürte, wie er zitterte, während er auf Paulus' Worte wartete.

Dann sagte Paulus mit warmer und freundlicher Stimme: „Sieh da, mein Freund Onesimus, der Sklave von Philemon aus Kolossea!"

In diesem Augenblick war es Onesimus, als würde ein Damm in ihm brechen und alle aufgestaute Bitterkeit über ihn hinwegfluten. „Ja", rief er, „ich bin Onesimus, aber ich bin nicht mehr Philemons Sklave! Ich bin keines Menschen Sklave, ich bin frei!"

Er konnte und wollte seinen Betrug nicht länger verbergen. Doch auf Paulus' Reaktion war er nicht vorbereitet. Er sah, wie dem Apostel Tränen in die Augen traten, als er seine Hände jetzt auf Onesimus Schultern legte.

„Mein Sohn, du bist niemandes Sklave, außer dein eigener. Du bist immer noch ein Sklave der verkehrten menschlichen Betrachtungsweise aller Dinge. Du bist dem freundlichsten Herrn weggelaufen, den ein Sklave haben konnte. Ganz sicher hast du dafür Gründe gehabt, und darüber werden wir später reden. Aber du verstehst die Freiheit immer noch nicht, die Christus uns gebracht hat, und zu der Er uns alle befreien will."

Man konnte die Liebe in Paulus' Stimme verspüren, als er fortfuhr: „Auch ich war einst ein Sklave meines alten selbstsüchtigen Wesens und seiner Verderbtheit. Saulus von Tarsus war voller Stolz und forderte überall sein eigenes Recht. Und ich wollte mich, wie du, niemandem unterordnen. Ich ärgerte mich über die scheinbar demütigende Gesinnung, anderen durch Jesus Christus zu dienen. Das war das Letzte, das ich tun wollte. Statt dessen wollte ich Gott meinen Willen aufzwingen.

Doch alles, was ich tat, geriet zum Gegenteil meiner Absichten. Ich tat nicht, was ich tun wollte, sondern oft tat ich das, was ich eigentlich nicht wollte. In meinem fanatischen und falschen Eifer half ich, einen jungen Christen zu Tode zu steinigen — Stephanus. Doch ich hatte noch nie einen Menschen so sterben sehen wie ihn; mit so viel Mut und so viel Liebe. Er war ein freier Mann auch dann noch, als er unter dem Hagel der Steine zusammenbrach. Und im Sterben bat er unseren Herrn, uns diese Sünde nicht zuzurechnen. Von diesem Augenblick an wußte ich, daß ich es eigentlich war, der versklavt war. Einige Zeit später nahm Christus mich gefangen, machte mich frei, damit ich Sein Sklave sein konnte."

Onesimus, der Prätorianer Janus und Nereus hatten schweigend zugehört, als dieser ungewöhnliche Mann seine innerste Seele vor ihnen enthüllte. Paulus ergriff nochmals seine Hand und rief: „Sohn Onesimus, laß mich dir helfen, damit du Christus, das wahre Licht, findest!"

Als ob die Schleusen geöffnet worden wären, so strömten nun die Tränen über das Gesicht des jungen Mannes. Er verbarg das Gesicht in beide Hände und weinte wie ein Kind. Auch Nereus weinte, und selbst in den Augen des harten Prätorianers standen Tränen.

Paulus erhob segnend die Hände. „Der Herr Jesus Christus gebe dir die Gnade, zur wahren Buße zu finden und zu allem anderen, was du sonst noch brauchst, Onesimus. Er möge dich erfüllen mit aller Freude und Hoffnung im Heiligen Geist."

Langsam beruhigte sich Onesimus wieder unter dem Eindruck der Liebe und Überzeugungskraft, die von dem Apostel ausging. Doch er wußte, daß noch nichts geklärt war. Sicher, Paulus verstand ihn und würde ihn annehmen. Aber was würde der Prätorianer tun, dessen Pflicht es war, entflohene Sklaven zu verhaften und dem Richter vorzuführen?

„Herr, deine Liebe und deine Worte haben mich zu den Tränen bewegt. Ich habe seit jenem Abend, als Philemon mir auf der Reise nach Ephesus vierzig Schläge mit der Peitsche versetzte, nicht wieder so geweint wie jetzt. Ich will dir meine ganze Geschichte erzählen. Ich kann den Widerspruch nicht akzeptieren zwischen dem, was ich von dir und anderen Christen gehört und auch in ihrem Leben gesehen habe, und der Tatsache, daß mir der Christ Philemon meine Freiheit verweigert, von der du doch immer redest. Ich gebe zu, daß dein Glaube und deine Überzeugung aufrichtig sind und mich tief bewegen. Doch ich muß auch noch sehen, daß danach gehandelt wird. — Gewiß, Philemon wurde viel freundlicher, nachdem er ein Christ geworden war. Er nannte uns zwar noch seine Sklaven, aber auch seine Brüder und Schwestern. Aber die Trennung zwischen dem Herrn und den Sklaven blieb. Vier Jahre habe ich gewartet und gehofft, er würde etwas tun und nach den Worten handeln, die du damals in Ephesus sagtest und die ich nie vergessen habe."

„Ich weiß", nickte Paulus mit leisem Lächeln. Es begann mittlerweile zu dämmern, und Nereus bat einen jungen Christen, der an diesem Tag den Dienst im Haus versah, eine Lampe zu bringen. „Ich weiß, an welche Worte du denkst", fuhr Paulus fort, „und ich glaube fest daran. Ich sagte damals: *In Christus ist weder Sklave noch Freier, weder Grieche noch Jude, weder Mann noch Frau.* Diese Worte meinst du doch?"

Onesimus nickte und begann: „Philemon . . ." Doch dann zögerte er.

„Komm, Onesimus, sage offen, was dich bewegt", ermunterte Paulus ihn.

Onesimus begann, seine ganze Lebensgeschichte zu erzählen. Er begann mit seinem Leben als Sohn des Aristarchus, dem Finanzverwalter der römischen Provinz Asia, dem Verrat an seinem Vater, dessen Gefangennahme und Tod, und wie er und seine Mutter und die Schwestern in die Sklaverei verkauft wurden. Er berichtete von seinem Dienst als Lehrer von Helen, und wie seine Liebe zu ihr langsam wuchs. Von seiner Demütigung durch Philemon auf der Reise nach Ephesus und von allem, was nachher kam, bis zu seinem Diebstahl und Verrat an Archippus und seiner Flucht nach Rom.

„Ich bekenne, lieber Freund Paulus", sagte er zum Schluß, „daß ich gern alles glauben würde, was du gesagt und geschrieben hast. Vor allem aber die Worte in deinem Brief an die Korinther, in denen du von der Liebe sprichst, die nie versagt."

„Ja, und ich glaube es — ich weiß, daß es wahr ist!" rief Paulus. „Die wahre *Agape* versagt nie!"

„Aber die Liebe der Christen in Kolossea hat mir gegenüber versagt", antwortete Onesimus bitter. „Und ich muß bekennen, daß ich auf dieses Versagen ganz gemein reagierte, indem ich meinen besten Freund, der mich wirklich verstand, nämlich Archippus, bestohlen und betrogen habe. Doch wenn dein Herr und Christus wirklich der König und Herrscher über alles ist und die Herzen kennt, wie du sagst, dann versteht Er auch, warum ich so rebellisch bin. Er versteht dann den Widerspruch zwischen der Lehre der Liebe und der Freiheit auf der einen Seite und dem Festhalten an der Sklaverei auf der anderen Seite genauso wie ich es tue."

Paulus antwortete voller Eifer: „Ja, Er versteht uns! Denn Er, der keine Sünde und kein Unrecht kannte, trug für uns alle Sünden und alles Unrecht und litt dafür mehr, als wir je erahnen können. Und das alles tat Er aus Liebe zu uns."

„Beweist das dann nicht noch viel mehr, welche Heuchler ihr Christen seid?" brach es aus Onesimus heraus. Erschrocken über seine eigenen Worte schwieg er und brauchte einige Zeit, bis er sagen konnte: „Vergib mir, Paulus, was ich jetzt gesagt habe. Doch die Bitterkeit der Sklaverei hat mich so sehr innerlich verwundet, daß ich manchmal die Beherrschung verliere."

„Ich verstehe dich schon, Sohn", nickte Paulus. „Fahre nur fort und sage alles, was du auf dem Herzen hast. Ich sehe schon, es wird einige Zeit dauern, bis wir dann über das alles in Ruhe gesprochen haben."

„Gut", sagte Onesimus, „ich will es tun. Sage mir: Wenn dein Herr mich und die vielen Millionen Sklaven, die ungerecht behandelt werden, versteht und mit uns leidet, warum tut Er dann nichts dagegen? Kann Er es etwa nicht? Hat Er keine Macht dazu? Obwohl ihr doch immer behauptet: *Jesus Christus ist der Herr!"*

Da hatte er es gesagt — und es war ohne Zweifel Lästerung, einem Mann gegenüber, der jeden Tag sein ganzes Leben für Jesus Christus einsetzte, solche Worte zu gebrauchen, das wußte er. Aber Paulus hatte ihn aufgefordert, offen zu reden. Der Apostel saß vor ihm mit gebeugtem Kopf und geschlossenen Augen. Onesimus bedauerte es schon, daß er diesen Mann verletzt hatte, der sich selbst einen „Gefangenen um Christi willen" nannte.

Endlich begann Paulus: „Sohn Onesimus, du bist auf dem Weg zu deinem Damaskus. Ich verstehe dich sehr gut, denn auch ich bin einmal diesen Weg gegangen. Ich habe genauso geredet wie du jetzt. Als meine Brüder, die Juden, Stephanus steinigten, stand ich dabei, hielt ihre Kleidung und ermunterte sie zu ihrer üblen Tat. Auch für mich war das Kreuz ein Stein des Anstoßes und ein Ärgernis. Was hätte denn der ewige Gott selbst, als Er in Gestalt des Sohnes, unseres Herrn Jesus Christus, auf die Erde kam und am Kreuz für unsere Sünden starb, noch mehr tun können? Du fragst, warum Er nichts tut gegen die Ungerechtigkeit auf der Erde. Ich antworte dir darauf: Er hat etwas getan! Er wurde wie ein Sklave, für dich, Onesimus, und für uns alle, und Er trug alle Ungerechtigkeit ans Kreuz. Unser Christus und Sein Kreuz sind beides, die Weisheit Gottes und die Kraft Gottes. Und die göttliche *Agape,* von der du sprichst, versagt nie."

„Aber ... aber ... Herr", stotterte Onesimus, „meine eigentliche Frage hast du immer noch nicht beantwortet. Warum läßt du es zu, daß die vielen Sklaven weiter leiden müssen? Warum läßt du es zu, daß Philemon und viele andere Christen, wie auch die Dame Pompania sicherlich, von der mir Nereus erzählt hat, ihre Sklaven weiter unter ihrer Herrschaft halten und nicht freilassen? Das ist doch nicht gut!" Er begann bitterlich zu weinen.

Paulus nickte. „Ich verstehe, Onesimus, was du meinst. Doch Christus ist trotzdem Sieger. Seine *Agape-Liebe* überwindet alles. Doch Gottes Siege sind anderer Art als die der Menschen. An diesem Punkt hat auch Judas den Herrn mißverstanden und Ihn deshalb verraten. Er war enttäuscht, weil Jesus nicht durch Seine Allmacht, die Er vom Vater hatte, die Juden mit Gewalt von der Unterdrückung befreite und das Böse aus der Welt schaffte."

Onesimus fragte zweifelnd: „Warum befiehlt unser Herr nicht, daß Seine Nachfolger die Sklaven sofort freilassen? Worauf wartet Er?"

Paulus antwortete mit Worten, die Onesimus nie vergessen würde, obwohl er sie in diesem Augenblick in ihrer vollen Tragweite noch nicht verstand: „Täte Christus so, würde Er uns unsere Freiheit nehmen. Er würde uns dazu zwingen, das Gute zu tun, uns zu lieben und untereinander brüderlich zu sein. Aber erzwungene Liebe ist keine Liebe; und wenn jemand zum Guten gezwungen wird, ist das nicht der Wille Gottes. Er will, daß jeder freiwillig und aus wahrer Liebe das Gute erkennt und tut. *Es gibt keine wahre Gerechtigkeit, außer in der Agape-Liebe; und echte Agape-Liebe gibt es nur in wahrer Gerechtigkeit.*

Im Königreich Gottes besteht ein neues Verhältnis zwischen Sklaven und ihren Herren; sie sind Partner in Christus, obwohl sie äußerlich immer noch Sklaven und Herren sind. Eines ist sicher, Onesimus: Niemandem ist geholfen, wenn er von einem Herrn befreit wird und doch noch der Sklave etlicher anderer, noch grausamerer Herren ist. Die einzige wahre Freiheit ist in Christus; und die einzige wahre Gerechtigkeit liegt in der Freiheit, so zu lieben wie Christus liebt. Sonst wird unsere Gerechtigkeit zum Unrecht."

Janus hatte genauso aufmerksam zugehört wie Nereus. Der Prätorianer war einer von denen, die sich zu Christus bekehrt hatten und kürzlich getauft worden waren. Jetzt sagte er:

„Ich verstehe dich, Bruder Paulus. Ich muß dich bewachen, und du bist mein Gefangener, und doch sind wir beide Partner und Brüder im Königreich Gottes. Es liegt nicht in meiner Macht, dir die Freiheit zu geben oder ganz Rom christlich zu machen, so gerne ich das auch tun möchte. Doch du, Bruder Paulus, bist der freieste Mann, dem ich je begegnet bin, obwohl du immer an diese Kette gebunden bist. Mag der Herr mich auch noch mehr in diese Freiheit hineinführen."

Janus wandte sich Onesimus zu und sagte: „Ich breche jetzt das Gesetz des Kaisers, weil es ein höheres Gesetz gibt, dem ich mich unterordne. Christus ist nun zuerst mein König. Deshalb nehme ich dich nicht gefangen, obwohl du ein weggelaufener Sklave bist. Da Paulus dich akzeptiert, tue ich es auch. Ich hoffe, daß auch du die Freiheit in Christus findest."

Onesimus lauschte erstaunt diesen Worten. Dies war das Gegenteil von allem, was er bisher kannte. Ein stolzer Prätorianer bekannte seine Zugehörigkeit zu Jesus Christus und gehorchte diesem kleinen jüdischen Mann, mit dem er zusammengekettet war und den er bewachen mußte.

Es war mittlerweile schon spät geworden. Paulus erhob sich, legte Onesimus wieder die Hand auf die Schulter und sagte: „Willst du für einige Zeit in meinem Haus und bei mir bleiben, Onesimus? Ich bin sicher, daß Nereus und Julia dich gern bei sich behalten würden, aber du könntest mir sehr nützlich sein, und ich hoffe, ich kann auch dir helfen. Du kannst ausgezeichnet mit Worten und verschiedenen Sprachen umgehen und auch sehr gut schreiben. Ich würde dringend jemand brauchen, der Briefe für mich schreibt an verschiedene Gemeinden, die meinen Rat und Ermutigung sehr nötig haben."

Onesimus wurde rot bei diesem Lob. Er antwortete: „Es gäbe nichts, Herr, was ich lieber täte, als zu wissen, daß ich dir ein klein wenig behilflich sein könnte. Ich wäre glücklich, dein Sekretär zu sein oder alles andere für dich zu tun, was irgend nötig ist."

Nereus stand auch noch in der Nähe. Er war tief bewegt von dem, was er miterlebt hatte. Onesimus wandte sich jetzt ihm zu. „Lieber Nereus, wirst du mir die Lügen, die ich dir und deiner lieben Frau erzählte, jemals vergeben können, als ich sagte ich käme von Korinth? Ich weiß keine Entschuldigung, als mein verzweifeltes Verlangen, Paulus zu finden."

„Mein Freund Onesimus", begann Nereus, „es ist genug, kein weiteres Wort ist nötig. Ich habe dir schon in dem Augenblick vergeben, als ich erkannte, in welch verzweifelter Lage du warst. Junia und ich, wir werden uns freuen, wenn du uns ab und zu besuchen wirst. Und wenn du Paulus eine Hilfe sein kannst, macht auch uns das glücklich." Er verabschiedete sich von Paulus, Onesimus und dem Prätorianer und verließ das Haus.

„Morgen wirst du vier sehr wertvolle Mitarbeiter von mir kennenlernen", sagte Paulus. „Da ist zuerst Doktor Lukas, der mehrere Jahre mit mir gereist ist. Er ist ein sehr guter

Arzt. Dann ist da Timotheus, mein Sohn im Evangelium, dessen Mutter Eunice und Großmutter Lois unter den ersten Bekehrten in Philippi waren. Auch Tychicus ist hier, der ein Nachfolger Christi wurde, als ich das erste Mal nach Kreta kam; und auch Epaphras, ein treuer Christ, der wie du von Kolossea kommt."

Bei der Erwähnung von Kolossea zuckte Onesimus leicht zusammen. Paulus versicherte ihm: „Du hast von Epaphras nichts zu befürchten. Er ist einer, der mit uns in der Freiheit unseres Herrn Jesus Christus lebt."

Doch Onesimus konnte die jahrelange Furcht doch nicht so schnell abschütteln. „Herr", begann er mit zitternder Stimme, „du hast noch nichts darüber gesagt, ob du mich wieder nach Kolossea zurückschicken wirst. Ich bin ja immer noch Philemons Sklave, und die Macht über mein Leben oder meinen Tod liegt in seinen Händen."

Kopfschüttelnd antwortete Paulus: „Hast du vergessen, Sohn, was ich dir vor wenigen Minuten sagte? Wahre *Agape* zwingt andere nicht, etwas zu tun. Ich hoffe, die Zeit wird kommen, wenn du freiwillig nach Kolossea und zu Philemon zurückgehst. Doch jetzt geht es mir mehr darum, dir zu helfen, deine innere Freiheit zu finden. Wenn du die gefunden hast, bist du frei zu tun, was unser Herr will. Gehe also jetzt schlafen. Oben im Haus findest du ein kleines Zimmer für dich. Ruhe aus in der Gewißheit der Liebe Jesu Christi, die niemals versagt."

Onesimus war von diesen Worten so überwältigt, daß er wieder in Tränen ausbrach und Paulus umarmte. Wortlos ergriff er die ausgestreckte Hand von Janus und ging dann schlafen.

16. KAPITEL

Es gab für Onesimus viel, worüber er nachdenken mußte — und auch viel, wofür er dankbar war. Er wußte, daß er in Paulus' Haus sicher war. Zwar vertraute er dem Prätorianer Janus, war aber doch sehr erstaunt. Es schien alles zu gut zu gehen, um wahr zu sein. Eines nahm er sich fest vor: Er würde nie wieder betrügen — oder? Was war, wenn sich die Verhältnisse ändern sollten oder sein Leben in Gefahr war? Er wußte es nicht. Eine Welle von Scham und Schuld zog durch seine Seele, als er auf dem Bett lag. Er mußte über Paulus' Worte nachdenken. Darüber schlief er ein, bis das Sonnenlicht des neuen Tages, das breit durch das Fenster fiel, ihn weckte.

„Sei gegrüßt, mein Sohn Onesimus! Ich möchte dir Doktor Lukas vorstellen, einen lieben Freund und Arzt", sagte Paulus, als sie sich zum Frühstück versammelten.

Onesimus schüttelte die Hand des Arztes, der einen vornehmen Eindruck machte. Er trug eine blaue römische Toga, und seine Augen blickten warm und freundlich. Onesimus fühlte sofort, daß er einem offenherzigen Mann gegenüberstand, der Kranken viel Mitleid und Sympathie entgegenbrachte.

„Paulus hat mir von deiner Reise erzählt", sagte Lukas. „Es ist gut, dich bei uns zu haben. Ich bin sicher, daß dein philosophisches Wissen und deine Fähigkeiten als wortgewandter Schreiber und Denker für uns von großem Wert sein werden. Sei Willkommen!"

Anschließend wurde Onesimus noch mit Timotheus bekanntgemacht. Einem jungen Mann, der ihn mit breitem Lächeln und freundschaftlich begrüßte. „Ich freue mich, daß du hier bist", sagte er. „Wir müssen uns viel unterhalten und die Lehren der Philosophen mit den Weisheiten Gottes vergleichen, der durch die Propheten und nun auch durch das fleischgewordene Wort, Jesus Christus, zu uns gesprochen hat", erklärte Timotheus.

Damit setzten sich die vier mit dem neuen Prätorianer, der Janus abgelöst hatte, an den Frühstückstisch. Paulus stellte ihn als Plutonius vor. „Auch er hat sich zu Christus bekehrt und ist einer der Unseren", fügte er hinzu. Da Paulus linker Arm an den rechten von Plutonius gekettet war, mußte dieser seinen linken Arm ganz still auf dem Tisch liegen lassen, damit Paulus mit beiden Händen essen konnte.

Das Frühstück war gut und reichlich. Es gab Eier, Brot, Milch und Käse. „Wir werden von den Angehörigen der christlichen Gemeinde versorgt", erklärte Timotheus. „Einige von ihnen haben außerhalb Roms kleine Bauernhöfe und bringen uns reichlich zu essen."

„Findest du es seltsam, daß manche Menschen ihren Besitz mit uns teilen und sogar manchmal auf Familienbande verzichten, um unserem Herrn Jesus nachzufolgen?" fragte Paulus, als hätte er Onesimus' Gedanken gelesen. „Unser Herr hat uns frei gemacht von den falschen Herren, von denen das Verlangen nach Reichtum und Besitz einer der größten ist. Es macht die Reichen gierig und die Armen bitter."

„So ist es", stimmte Lukas mit sonorer Stimme zu. „Jesus hat gesagt: *Niemand kann zwei Herren dienen. Er wird den einen lieben und den anderen hassen.* Wir können nicht gleichzeitig Gott und den materiellen Dingen dienen. Das bedeutet nicht, daß die materiellen Dinge in sich schlecht oder falsch sind, doch sie dürfen uns nicht beherrschen. Nur Jesus Christus darf unser Herr und Meister sein."

„Aber können wir damit zufrieden sein, wenn die Armen arm und hungrig bleiben?" forderte Onesimus ihn heraus.

„Natürlich nicht", antwortete der Arzt. „Jesus hat uns aufgefordert, den Armen und Bedürftigen zu helfen. Er hat dazu eine Geschichte von Menschen erzählt, die sich einmal beim großen Endgericht vor Seinem Thron versammeln werden. Einige von ihnen schickt Er weg in die äußerste Finsternis und sagt zu ihnen: *Ich war hungrig, und ihr habt Mich nicht gespeist; Ich war krank und im Gefängnis, und ihr habt Mich nicht besucht; Ich war nackt, und ihr habt Mich nicht gekleidet.*

Wann warst Du denn hungrig, und wir haben dir nichts zu essen gegeben? Wann warst Du im Gefängnis, und wir haben dich nicht besucht? Wann warst Du nackt, und wir haben dich nicht gekleidet? fragten ihn diese Menschen.

Der König antwortete ihnen daraufhin: *Alles, was ihr den Geringsten meiner Brüder nicht getan habt, das habt ihr auch Mir nicht getan.*"

„Welch großartige Illustration des Mitleids unseres ewigen Vaters!" rief Paulus. „Er sandte Seinen Sohn, um uns Licht und Wahrheit zu bringen. Preis sei unserem Herrn!"

„Amen!" antworteten alle wie aus einem Mund. Onesimus hatte sich noch in keiner Gruppe von Menschen so angenommen gefühlt wie hier, obwohl sie alle so verschieden waren. Der römische Prätorianer Plutonius, der eifrige junge Christ Timotheus, der tüchtige Arzt Lukas, der Jude und Apostel Paulus und er, der entlaufene Sklave. *Es ist ein Wunder,* dachte er. *Nie hätte ich das für möglich gehalten.*

Nach dem Frühstück forderte Paulus ihn auf, mit in den Hof zu kommen. Er erzählte dabei, daß dieses Haus einem römischen Christen gehörte, der es ihnen für die Hälfte des üblichen Mietpreises überlassen hatte. Lukas folgte ihnen und brachte Papyrus-Rollen, Feder und Tinte mit.

Als sie einige Zeit auf den Steinbänken gesessen und die frische Morgenluft genossen hatten, sagte Paulus: „Wir könnten auch mit der Arbeit beginnen, Onesimus. Lukas hat Berichte von neuen Verfolgungen in Lystra von seiner Reise mitgebracht. Die kleine Gemeinde dort muß sehr kämpfen, um zu überleben. Ich möchte ihnen einen Brief schreiben und sie ermutigen und trösten."

Paulus schwieg einige Augenblicke und fügte dann nachdenklich hinzu: „Es war in Lystra, wo ich zum ersten Mal gesteinigt wurde. Was ich Stephanus angetan hatte, geschah dort mir. Nur habe ich durch die Gnade Gottes überlebt. Einige treue Gläubige aus der Gemeinde pflegten mich gesund, sonst wäre ich jetzt nicht hier. Und nun haben sie wieder Schwierigkeiten."

Onesimus legte sich das Papyrus und die Federn zurecht und blickte Paulus erwartungsvoll an. Der Apostel begann zu diktieren. Während er schrieb, mußte sich Onesimus immer wieder wundern, mit welcher Meisterschaft Paulus die Sprache beherrschte. Paulus schloß den kurzen Brief mit dem Gruß, der sehr oft gebraucht wurde: *„Die Gnade unseres Herrn Jesu Christi und die Liebe Gottes und die Gemeinschaft des Heiligen Geistes sei mit euch allen!"*

Während Onesimus diese letzten Worte schrieb, stiegen wieder Zweifel in ihm auf. Beruhte das, was Paulus mit diesem Satz ausdrücken wollte, nicht alles nur auf bloßer Annahme? Er legte die Feder beiseite und sagte: „Freund Paulus, verzeih mir, wenn ich frage. Ich habe alles genau so geschrieben wie du gesagt hast. Aber was meinst du mit der lebendigen Kraft Gottes, und wie kannst du Jesus Christus unseren *Herrn* nennen, wo Er doch so elend am Kreuz gestorben ist?"

„Ich meine nichts weniger, als daß dieser Jesus nach Seinem Tod am Kreuz und Seiner Beerdigung wieder von den Toten auferstanden ist", erklärte Paulus fest. „Er wurde nach Seiner Auferstehung von vielen Menschen gesehen, und manche haben mit Ihm gesprochen. Einmal waren mehr als 500 Menschen beisammen, die Ihn alle sahen. Deshalb lebt Jesus auch heute noch und ist der Herr Seiner Gemeinde und damit der Herr eines jeden Christen."

Onesimus schüttelte zweifelnd den Kopf. „Es ist schwer genug zu glauben, daß dieser Jesus tatsächlich von den Toten auferstand. Meine Intelligenz wehrt sich gegen diesen Gedanken. Aber noch schwieriger wird es, wenn du von der *Gemeinschaft des Heiligen Geistes* redest. Was meinst du damit?"

„Die Gemeinschaft des Heiligen Geistes ist die Gegenwart des großen Schöpfergottes und unseres Herrn Jesu Christi in unserem Leben durch den Heiligen Geist. Wenn ein Mensch sich von seinem alten Leben zu Jesus Christus bekehrt, zieht der Heilige Geist bei ihm ein und bringt ihm durch die Gnade Christi neues Leben, göttliches Leben. Dieses neue Leben bringt uns in die Gemeinschaft des Heiligen Geistes."

„Aber wieso kann ich wissen, daß dies so ist und ich es mir vielleicht nicht nur einbilde? Wieso kann ich sicher sein?" forschte Onesimus weiter.

„Das, mein Freund, ist die Schlüsselfrage, mit der ich mich auch herumgeschlagen habe. Dieses Wissen wird dir allein durch den Glauben zuteil, der ganz auf die Gnade Jesu Christi baut. Nur wenn du deinen Willen Gott auslieferst, dich zu Jesus Christus bekehrst und Ihn als Herrn annimmst, wird der Heilige Geist in dein Leben kommen und dir Sicherheit schenken. Denn die Gewißheit, nach der du fragst, kommt nicht von außen durch unsere Intelligenz zu uns, sondern wird uns aus unserem Inneren durch den Heiligen Geist geschenkt, wenn Er erst in unser Leben eingezogen ist."

Als Onesimus in sein Zimmer ging, dachte er noch über die soeben gehörten Worte nach. Am Fenster blieb er stehen und blickte lange nachdenklich auf die Straße. Ihm war, als würde sich der Schleier, der für ihn über Paulus' Worten lag, ein wenig heben. Es war also nicht möglich, durch den Intellekt zu dieser Gewißheit zu gelangen, sondern nur durch den Glauben. Das würde also bedeuten, daß er seinen intellektuellen Stolz beiseite legen mußte. War es vielleicht das, was Paulus meinte, wenn er vom *Sterben des alten Menschen* sprach? Er lächelte, als ihm klar wurde, daß Paulus recht hatte mit der Bemerkung, daß er sich auf seiner eigenen „Straße nach Damaskus" befand.

17. KAPITEL

Tychikus und Epaphras, zwei weitere „Gefährten am Evangelium", wie Paulus sie nannte, betraten den Hof. Tychikus war ein kleiner ziemlich dunkelhäutiger Kreter, während Epaphras größer war und eine hellere Haut hatte.

Timotheus erhob sich, um den beiden Onesimus vorzustellen. Offensichtlich hatte Paulus den beiden schon von Onesimus erzählt. Epaphras, der auch aus Kolossea stammte, trat voller Freude auf ihn zu und umarmte ihn.

„Onesimus, ich freue mich, dich zu sehen. Ich kann dir von deiner Mutter und von Philemons Haushalt berichten. Sie machen sich alle Sorgen um dich und beten für deine sichere Rückkehr. Philemon selbst war sehr zornig, als Archippus ohne das Geld, das du gestohlen hast, von Ephesus zurückkehrte. Ich hörte, er habe deine Flucht bei den Behörden angezeigt, obwohl Archippus ihn bat, es nicht zu tun. Du stehst jetzt also wohl auf der Liste der gesuchten Sklaven. Ich kann nicht sagen, was Philemon tun wird, solltest du zurückkehren. Doch ich bin zuversichtlich, daß auch er sich von dem Geist der Liebe leiten läßt, der in Jesus Christus ist."

„Vielen Dank für dein Verständnis", antwortete Onesimus zögernd. Er spürte, daß etwas von der alten Furcht wieder in ihm aufkommen wollte. Er war dankbar für das, was Epaphras ihm von Archippus und seiner Mutter erzählte, und er wußte, daß er mit strenger Bestrafung, vielleicht sogar mit dem Tod, rechnen mußte, sollte er ein Christ werden und je nach Kolossea zurückkehren.

In den nächsten Wochen hatte er reichlich Gelegenheit, das Wirken des Heiligen Geistes im Leben der Gläubigen der römischen Christengemeinde zu beobachten, denn Paulus' Haus war wie ein Magnet, der sie alle, manchmal einzeln, manchmal auch in Gruppen, immer wieder anzog. Vor allem am ersten Tag der Woche versammelten sich so viele im Haus, daß der Hof und das Atrium zum Gottesdienst voller Menschen waren.

Die Gottesdienste waren ähnlich jenen, die Onesimus in Philemons Haus erlebt hatte, nur das in Paulus' Gebeten und Predigten eine Tiefe der Erkenntnis von dieser Guten Botschaft von Jesus Christus lag, die Onesimus vorher unbekannt gewesen war. Als dann die Zeit für das Abendmahl kam und die Katechumenen und Besucher verabschiedet wurden, tat es Onesimus zum ersten Mal leid, daß er jetzt gehen mußte. Vielleicht hätte die Teilnahme am Abendmahl ihm geholfen, den Glauben zu ergreifen, von dem Paulus sprach. Aber diese Teilnahme wurde ihm verweigert.

Als er dann allein in seinem Raum war, hörte er von unten die Gesänge der Gläubigen und ab und zu auch einige Worte und freudige Gebete. Er wußte, daß man sich bei der Feier, die da ablief, besonders an den Kreuzestod Jesu Christi erinnerte und wäre gern dabei gewesen.

Unter allen Christen, die Paulus besuchten, beeindruckte ihn besonders die adlige Dame Pompania. Ihre Art des Auftretens war beeindruckend und voller Würde, und doch hatte sie dabei ein so freundliches und gewinnendes Wesen.

Eines Morgens nach dem Gottesdienst blieb sie zurück, um sich mit Paulus zu unterhalten. Onesimus wurde von ihm aufgefordert, ebenfalls dabei zu sein. Die Unterhaltung dauerte mehrere Stunden, und Onesimus lauschte aufmerksam, während Pompania es verstand, mit geschickten Fragen Paulus immer wieder zum Erzählen zu bringen. Sie fragte besonders nach dem mit ihr befreundeten jüdischen Ehepaar Aquila und Priscilla. Paulus hatte sie in Korinth kennengelernt, wo sie Christen geworden waren, nachdem sie Rom verlassen mußten, weil der Kaiser Claudius ein Edikt erließ, daß alle Juden aus Rom vertrieb.

„Ich hatte in Korinth Gelegenheit, in ihrem Haus zu wohnen, da Aquila und ich denselben Beruf haben. Wir sind beide Zeltmacher", berichtete Paulus. Sie nahmen Christus an. Wir waren so enge Freunde, daß sie sich entschlossen, mit mir Korinth zu verlassen, als ich nach Kenchräa ging."

„Gab es dort auch Schwierigkeiten?" fragte Onesimus.

„In Kenchräa waren es besonders die Sadduzäer aus der jüdischen Gemeinde, die gegen mich hetzten. Sie erzählten überall, ich sei ein Zauberer der Schwarzen Magie und beschuldigten uns Christen, wir würden Babys töten, um ihr Blut für Geheimrituale in unseren Gottesdiensten zu benutzen. Das waren schreckliche Lügen, die aber mittlerweile auch hier in Rom schon verbreitet werden. Jedenfalls hatten sie das Volk so aufgehetzt, daß die Menge über mich herfallen wollte. Ich wäre vielleicht getötet worden, wenn nicht Priscilla und Aquila für mich eingetreten wären. Beide stellten sich neben mich und erklärten den Leuten, ich sei ein Zeltmacher und sei bei ihnen beschäftigt und wäre erst kürzlich aus Korinth gekommen. Dadurch wurden die Leute so sehr beruhigt, daß wir ohne Schaden den Marktplatz verlassen konnten. Wir verließen Kenchräa und gingen nach Ephesus, wo ich nur kurze Zeit bei ihnen blieb und dann weiterreiste. In Ephesus hörten sie davon, daß Nero das Edikt von Claudius aufgehoben hatte und daß die Juden wieder nach Rom zurückkehren durften."

„Wo sind die beiden jetzt?" fragte Onesimus.

„Sie sind wieder in Korinth", antwortete Pompania. „Sie gingen wieder nach dort, um in der Gemeinde zu helfen, weil es dort viele Schwierigkeiten gab."

Paulus erzählte weiter von seinen vielen Reisen und manchen Städten, in die er gekommen war, um das Evangelium zu verkündigen. Pompania schien von den Berichten genauso fasziniert zu sein wie Onesimus. Ehe sie sich verabschiedete, wandte sie sich Onesimus zu und fragte ihn nach seinem Leben und wie er nach Rom gekommen war.

Ehe Onesimus erzählen konnte, erhob sich Paulus, verabschiedete sich und sagte noch: „Es ist ein Glück für die Gemeinde in Rom, daß du zu uns zählst, Pompania. Du bist für uns alle ein große Hilfe. Durch deinen Einfluß bei den Obersten des Reiches hat man die Gemeinde hier bisher ziemlich in Ruhe gelassen. Dein Einfluß reicht ja sogar bis zu Nero, den die meisten Menschen als hoffnungslos verkommenes Tier ansehen, der aber in den Augen unseres Herrn auch eine arme verlorene Seele ist."

Als Onesimus mit Pompania allein war, forderte sie ihn nochmals auf, ihr von sich selbst zu berichten. Onesimus berichtete von seiner Kindheit an, wie er in die Sklaverei geraten war, von seinem Leben bei Philemon, seinem Verrat und Diebstahl an Archippus und seiner Flucht sowie von seinen üblen Erfahrungen in der *Subura* Roms.

Onesimus war überrascht, zu hören, daß Pompania seinen Vater gekannt hatte und sich auch noch an sein Gerichtsverfahren vor dem Kaiser Claudius erinnern konnte, wo er fälschlich beschuldigt und dann zum Tode verurteilt wurde, gemeinsam mit dem früheren Statthalter der Provinz Asia. „Gott hat es gut mit dir gemeint, Onesimus", sagte sie, „daß Er dich nach hier zu Paulus und Lukas und zu den anderen Christen gebracht hat, die wie du zur Familie unseres großen liebenden Gottes gehören."

Onesimus war verlegen, weil Pompania ihn mit diesen Worten einfach in die Gemeinde einschloß. Doch er antwortete offen: „Ja, ich bin dankbar für alle Liebe und Freundlichkeit, die ich hier erfahren darf. Doch ich muß ganz offen sagen, daß ich Schwierigkeiten mit dem Glauben habe, zu dem du, Paulus und die anderen Christen sich bekennen, wenn mein Verstand mir sagt, daß die Auferstehung Christi etwas Unbewiesenes ist. Woher wissen wir, daß Jesus Christus lebt und daß Gott das Universum beherrscht? Paulus sagt, wir wissen es durch den Glauben. Aber welche Art Glaube ist das, durch den man wissen kann?"

„Mein Sohn, du hast einen erstklassigen Verstand", lobte

Pompania. „Aber manchmal ist unser Verstand total töricht, verglichen mit dem, was Paulus die *Torheit Gottes* nennt, und was die einzige absolute Weisheit ist. Das scheint paradox zu sein. Doch Paulus sagte, daß in der Gegenwart Gottes kein Platz für menschlichen Stolz ist, auch nicht für den intellektuellen Stolz. Doktor Lukas erzählte uns, daß Jesus selbst gesagt hat: *Wenn ihr nicht werdet wie die Kinder, dann werdet ihr das Himmelreich nicht sehen.* Gott hat uns Seine Liebe durch Seine große Tat in Jesus Christus gezeigt, in dem, wie Paulus sagt, alle Fülle der Gottheit wohnt."

„Du willst sagen, daß wir dieses Handeln Gottes in Christus im Glauben annehmen müssen? Doch die meisten von uns, noch nicht einmal Paulus, haben Jesus gekannt als Er ein Mensch war."

„So ist es. Ich habe dieses Handeln Gottes im Glauben erfaßt, und alle anderen Christen mit mir ebenfalls", nickte Pompania.

„Das heißt also, daß ich Christus nicht durch vernünftige Argumente oder Gefühle kennenlernen kann, sondern indem ich alle *sogenannten stolzen menschlichen Beweisführungen* aufgebe. Ist es das, was du und Paulus meinen, wenn ihr von *Glauben* redet?" fragte Onesimus verblüfft. „Das heißt doch, ich muß meinen Verstand aufgeben. Wie kann ich das tun, und dabei doch meine eigene Persönlichkeit erhalten?"

„Nein, nein, so ist es nicht", unterbrach Pompania ihn. „Glaube bedeutet, daß ich meinen Verstand unter den Willen Gottes stelle, der ja unendlich viel mehr weiß als ich und auch alles viel besser weiß. Das dies so ist, wird dir sogar dein Verstand sagen, wenn du in Gott den großen Schöpfer und Erhalter des Universums siehst. Du wirst deine Intelligenz noch brauchen, Freund Onesimus, denn wir sollen Gott lieben mit all unserem Verstand, von ganzem Herzen und mit ganzer Kraft. Glaube heißt, ja sagen zu Gott und zu Seinem Willen und zu dem Zeugnis von Jesus Christus. Und nur darin erfahren wir rechte Erlösung und wahre Freiheit. Freiheit von Furcht und Haß und Selbstsucht, ja sogar Freiheit von Todesfurcht. Das ist die gute Botschaft, die uns in Christus verkündigt wird, Onesimus."

Damit verabschiedete sie sich und ließ Onesimus in einem Durcheinander von Fragen, Hoffnung und Erwartung zurück. Pompania war eine erstaunliche Frau, das mußte er zugeben. Er überlegte: *Aber sie sagt, ich soll mich einfach aufgeben und ja sagen zu dem ewigen Vater, zu dem Sohn und dem Heiligen Geist. Aber wie macht man das?"*

18. KAPITEL

Am nächsten Morgen sagte Paulus beim Frühstück, er müsse einen sehr wichtigen Brief an die Gemeinde in Philippi schreiben. Das würde wahrscheinlich den ganzen Tag in Anspruch nehmen. Sie gingen also in den Garten, und Onesimus legte seine Schreibutensilien zurecht.

Timotheus setzte sich auch zu ihnen. Der junge Christ war nur wenige Tage vor dem Zeitpunkt, als Onesimus zu Paulus gekommen war, nach Rom zurückgekehrt und hatte Nachrichten mitgebracht von dem schnellen Wachstum der Gemeinden — nicht nur an Zahl, sondern auch im Geist — in Philippi, Athen und auch in Korinth, obwohl Paulus dort Schwierigkeiten wegen der Parteiungen in der Gemeinde hatte. Nun sollte Timotheus bald wieder als Paulus' Bote nach Griechenland zurückkehren und dabei auch den Brief an die Philipper mitnehmen.

„Timotheus", sagte Paulus, „die Gemeinde in Philippi hat mir mehr Freude bereitet als jede andere Gemeinde, die ich gegründet habe. Sie haben nie nachgelassen, an mich zu denken und für mich zu sorgen. Nun haben sie mit Epaphroditus wieder so reichlich für meine Versorgung gesandt, wie ich nie erwartet hätte. Doch sie geben nicht aus einem Pflichtgefühl heraus, sondern weil ihr Herz so sehr mit der Liebe Gottes erfüllt ist."

Er lehnte sich zurück, blickte Onesimus an und begann zu diktieren:

Paulus und Timotheus, Knechte Christi Jesu, an alle Heiligen in Christus Jesus, die in Philippi sind, mit ihren Bischö-

fen und Diakonen. Gnade sei mit euch und Friede von Gott, unserem Vater, und dem Herrn Jesus Christus.

Ich danke meinem Gott jedesmal, wenn ich an euch denke; immer, wenn ich für euch alle bete, tue ich es mit Freude und danke meinem Gott dafür, daß ihr euch gemeinsam für das Evangelium eingesetzt habt vom ersten Tag an bis jetzt. Ich vertraue darauf, daß Er, der bei euch das gute Werk begonnen hat, es auch vollenden wird bis zum Tag Christi Jesu . . .“

Welch großartige Gewißheit Paulus doch hat, dachte Onesimus, als er schrieb. Dies muß mehr sein als nur Einbildung. Ich wünschte mir, meine Zweifel würden verschwinden und ich könnte auch zu solcher Gewißheit finden. Er schrieb weiter:

„Aber ich werde mich auch in Zukunft freuen. Denn ich weiß: Das wird zu meiner Rettung führen durch euer Gebet und durch die Hilfe des Geistes Jesu Christi. Darauf warte ich und hoffe, daß ich in keiner Hinsicht beschämt werde, daß vielmehr Christus in aller Öffentlichkeit — wie auch immer, so auch jetzt — durch meinen Leib verherrlicht wird, ob ich lebe oder sterbe. Denn für mich ist Christus das Leben und Sterben Gewinn . . .“

Onesimus war tief bewegt von diesen Worten und kämpfte die Tränen nieder, die aufsteigen wollten. Wahrhaftig, in Paulus konnte er den Beweis des Wirkens der Liebe Christi und des Heiligen Geistes sehen, so wie Paulus selbst es einst in Stephanus gesehen hatte. Wie konnte ein Mensch so zuversichtlich sein, ganz gleich, ob er leben oder sterben würde, wenn er nicht selbst erfüllt war mit mehr als menschlichen Überzeugungen?

Paulus bemerkte, daß in seinem jungen Freund etwas vorging und unterbrach das Diktieren. Er warf Timotheus einen Blick zu, und dieser nickte verständnisvoll. Beide schwiegen und hoben ihre Herzen zu Gott empor, um für den jungen Mann zu beten, der mit der Wahrheit des Evangeliums und sich selbst kämpfte.

Onesimus war sich ihrer Gegenwart nicht mehr bewußt, sondern sah jetzt ganz deutlich wie nie zuvor seinen bisherigen Irrweg. Er dachte: *Paulus hat das Leben und wahre Freiheit in Christus gefunden. Ich habe alles darangesetzt, um der Sklaverei zu entkommen und bin dadurch zum Verräter und Dieb geworden. Doch wahre Freiheit fand ich nicht. Je mehr ich versuchte, selbst die Freiheit zu finden, um so mehr versank ich in Gebundenheit und innere Unfreiheit. Ich sehe jetzt: In Christus allein ist wahre Freiheit. Ich nehme Ihn und Sein Wort im Glauben an. Auch für mich soll Er nun das Leben sein, wie Er es für Paulus geworden ist.*

Er blickte Paulus an und sagte: „Ich will nun im Glauben an den Herrn Jesus Christus leben, denn Er ist jetzt mein Herr. Ich weiß zum ersten Mal, daß der einzige Weg zu wahrer Freiheit Sein Weg ist."

Dann blickte er zum Himmel empor und betete zum ersten Mal in der Gegenwart anderer Christen: „Ich danke Dir, göttlicher Vater, daß Du mir die Gnade geschenkt hast, glauben zu können. Vergib mir meine eigenen Versuche, wahre Freiheit zu erlangen. Vergib mir alles Unrecht, was ich getan habe, und vergib mir auch meinen intellektuellen Stolz, mit dem ich so lange gezweifelt habe. Herr, den ich nicht sehen noch beweisen kann, und den auch mein Verstand nicht fassen kann, Du bist der Herr des Lebens, des Todes und des ewigen Lebens, das ich nun im Glauben annehme. Ich bitte Dich, nimm mich als Dein Kind an. Ich will von nun an für immer Dein Sklave sein. Amen!"

Onesimus erhob sich. Paulus und Timotheus traten zu ihm und umarmten ihn. Auch Janus schüttelte freudig seine Hand. Paulus sagt: „Nun ist der große Kampf vorbei, Sohn Onesimus, obwohl das Leben weiterhin voller Kämpfe und Schwierigkeiten sein wird. Doch du hast nun den Glauben ergriffen und das Vertrauen in die Gnade Gottes, und wir freuen uns mit dir. Was immer nun in Zukunft kommen mag, Prüfungen, Versuchungen und Not, du wirst sie überwinden durch die Liebe Gottes und die Kraft des Heiligen Geistes.

Denke daran, Onesimus, die Regel unseres Herrn ist: *Mein Joch ist sanft, und Meine Last ist leicht.*"

Sie arbeiteten weiter bis zur Mittagszeit. Nach dem Essen ging es weiter. Paulus erzählte den Philippern von seinen eigenen Erfahrungen und schrieb dann: „*Doch was mir damals ein Gewinn war, das habe ich um Christi willen als Verlust erkannt. Ja noch mehr: ich sehe alles als Verlust an, weil die Erkenntnis Christi Jesu, meines Herrn, alles übertrifft. Seinetwegen habe ich alles aufgegeben und achte es noch für Unrat, um Christus zu gewinnen und in Ihm zu sein. Nicht meine eigene Gerechtigkeit suche ich, die aus dem Gesetz hervorgeht, sondern jene, die durch den Glauben an Christus kommt; die Gerechtigkeit, die Gott aufgrund des Glaubens schenkt.*

Christus will ich erkennen und die Macht Seiner Auferstehung und die Gemeinschaft mit Seinen Leiden, Sein Tod soll mich prägen. So vertraue ich, auch zur Auferstehung von den Toten zu gelangen. Nicht das ich es schon erreicht hätte oder schon vollendet wäre. Aber ich strebe danach, es zu ergreifen, weil auch ich von Christus Jesus ergriffen worden bin.

Brüder, ich bilde mir nicht ein, daß ich es schon ergriffen hätte. Eines aber tue ich: Ich vergesse, was hinter mir liegt, und strecke mich nach dem aus, was vor mir ist. Das Ziel vor Augen jage ich nach dem Siegespreis: der himmlischen Berufung, die Gott uns in Christus Jesus schenkt."

„Das ist wunderbar!" rief Onesimus laut und blickte Timotheus an. Dieser nickte bestätigend. Dann kamen Worte von der Freude in Christus und dem Segen des Opferns, und endlich schloß Paulus mit den Worten: „*Mein Gott aber wird euch durch Christus Jesus alles, was ihr nötig habt, aus dem Reichtum Seiner Herrlichkeit schenken. Unserem Gott und Vater sei die Ehre in alle Ewigkeit. Amen!*"

Dem schlossen sich noch einige Grüße an, und die Arbeit war getan. Da die Zeit zum Abendessen noch nicht gekommen war, ging Onesimus in seinen Raum, kniete am Bett nieder und begann, Gott zu danken. „Nun bin ich frei, und dafür danke ich Dir", betete er. „Die Last der Schuld ist von mir genommen. Ich bin frei, nicht zu tun, was ich gerade möchte, sondern frei, um Deinen Willen zu tun, o Herr, frei um zu lieben wie nie zuvor." Er dachte an Marcia und Nicia und war erstaunt, daß die alte Bitterkeit aus seinem Herzen geschwunden war, statt dessen betete er für sie.

Dann mußte er plötzlich an Helen denken und seine fast vergessene Liebe, die nun wieder lebendig wurde. Er stand auf, setzte sich auf das Bett und sprach zu sich selbst: „Also gut, Onesimus, das ist deine erste Probe. Bist du bereit, dich dieser Prüfung zu stellen? Bist du bereit, nach Kolossea zurückzukehren, um Philemon, Archippus und Helen um Vergebung zu bitten, obwohl du damit dein Leben riskierst?"

Er wußte die Antwort sofort und staunte nur darüber, daß es kein Problem mehr für ihn war. Natürlich würde er nach Kolossea gehen, sobald Paulus zustimmte. Er würde Paulus' Angebot annehmen, einen Brief an Philemon zu schreiben, doch sonst würde er außer der Waffenrüstung des Geistes nichts weiter mitnehmen, um sich zu verteidigen.

Beim Abendessen dankte Onesimus den Brüdern für die große Geduld, die sie mit ihm gehabt hatten. Dann fuhr er fort: „Bruder Paulus, ich würde gern nach Kolossea zurückkehren, Philemon um Vergebung bitten und alles tun, was ich kann, um den angerichteten Schaden wieder gutzumachen, und mich der Gnade Philemons ausliefern. Wenn du den Brief schreiben würdest, den du versprochen hast, wäre ich dir dankbar. Mit deinem Segen will ich dann nach Kolossea reisen." Seine Stimme hatte einen freudigen und entschlossenen Ton, als er das sagte.

Paulus wußte, daß er die erste Probe seiner Freiheit in Christus bestanden hatte und sagte ruhig: „Herr, wir danken Dir."

Ehe sie vom Tisch aufstanden, wurde noch besprochen, daß für übermorgen früh die Gemeinde eingeladen werden sollte zu Onesimus' Taufe. Sobald dann Paulus noch den Brief an die Kolosser und den für Philemon geschrieben hatte, würden Tychicus und Onesimus das nächste Schiff nach Ephesus nehmen und die Briefe überbringen.

Der nächste Tag war ausgefüllt mit dem Schreiben des Briefes an die Kolosser. Und am darauffolgenden Tag versammelte sich die Gemeinde frühmorgens zur Taufe im Atrium von Paulus' Haus, um dadurch gleichzeitig den Eintritt von Onesimus in die Gemeinde des Herrn, die der Leib Christi ist, zu feiern.

Onesimus trug eine einfache weiße Tunika, die Junia für ihn genäht hatte. Paulus begrüßte ihn mit den Worten: „Gnade und Friede sei mit dir, Onesimus, von Gott, unserem Vater, und von dem Herrn Jesus Christus." Dann stimmte die Gemeinde ein freudiges Lied an.

„Bruder Onesimus", begann Paulus anschließend, „die Taufe, die du nun empfängst, ist das äußere Zeichen für deinen Eintritt in das neue Leben mit Christus. Dadurch erklärt Gott, daß Er dich nunmehr adoptiert und zu Seinem Kind gemacht hat und dadurch zum Miterben all Seiner Reichtümer in Christus. Du bist nun nicht länger mehr ein Fremder für das Reich Gottes, sondern ein Mitbürger Seines Hauses. Bist du bereit, die Taufe und damit diese Gnaden in Empfang zu nehmen?"

Onesimus blickte den Apostel fest an. Er sagte: „Ich bin zwar unwürdig, aber ich akzeptiere das Geschenk der Gnade Gottes in Christus, der mir meine Sünden vergibt und mir durch den Heiligen Geist Kraft schenken wird, Ihm treu zu sein bis an mein Ende."

„Nimmst du, Bruder Onesimus, Jesus Christus nicht nur als Herrn des Universums, sondern auch deines eigenen Lebens an?" „Ich tue es von ganzem Herzen!"

Der Apostel nahm Onesimus beim Arm und führte ihn aus dem Atrium zu dem Wasserbassin im Garten. Die Gemeinde folgte ihnen. Als sie beide in das Wasser stiegen, nahm Onesimus zum ersten Mal bewußt wahr, daß Janus, der ebenfalls voller Freude dabeistand, Paulus für diese Gelegenheit die Kette abgenommen hatte.

Nun erhob Paulus seine Stimme und rief: „Onesimus, ich taufe dich im Namen des Vaters und des Sohnes und des Heiligen Geistes!“ Laut schallte das Amen der Gemeinde durch das Haus, während Paulus den neuen Gläubigen untertauchte. Alle stimmten nun nochmals einen Lobgesang an, ehe sie sich auf den Weg an ihre tägliche Arbeit machten.

Auch der Brief an Philemon wurde noch geschrieben. Am Ende des Briefes sagte Paulus: „Onesimus, den Schluß des Briefes schreibe ich mit meiner eigenen Hand, damit es keinerlei Zweifel und Mißverständnisse geben kann. Ich vertraue darauf, daß dein Herr Philemon dir vergeben wird.“

Er griff zur Feder. „Ich, Paulus, schreibe diesen Gruß mit eigener Hand“, setzte er auf dem Papyrus-Bogen hinzu. „Nun füge noch die Schlußworte hinzu“, forderte er Onesimus auf und diktierte sie.

TEIL V

FREI —
NACH INNEN UND AUSSEN

19. KAPITEL

Das Schiff nach Ephesus legte vom Pier in Ostia ab. Ein guter Wind füllte seine Segel. Onesimus und Tychicus standen an Deck und winkten der kleinen Schar von Christen, die sie bis nach hier begleitet hatten, ein letztes Lebewohl zu. Ehe sie das Schiff bestiegen, hatten sie noch einmal alle gemeinsam für eine sichere Reise und eine gute Rückkehr nach Rom gebetet. Dort am Ufer standen Junia und Nereus, der Arzt Lukas, Epaphras und einige andere Führer der römischen Gemeinde, die Onesimus kennen und lieben gelernt hatte. Da waren Aplitus, Linus, Urban, Persis, Rufus und Olympas. Und sogar die Dame Pompania war mit einigen Angehörigen ihres Haushalts gekommen.

Doktor Lukas zitierte oft aus seinem neuen Manuskript, in dem er die Berichte von Jesu Lehre und Leben sammelte. Als er sich von Onesimus verabschiedete und ihn dabei umarmte, zitierte er ein Wort Jesu: „*Dem Glauben sind alle Dinge möglich. Wenn dein Glaube so klein ist wie ein Senfkorn, so kann er doch Berge versetzen.* Ich bete für dich, Onesimus, daß dein Glaube wie ein mächtiger Baum wachsen möge. Ich bin sicher, daß der Herr dich zu großen Aufgaben gebrauchen will."

Als die Hafenstadt langsam in der Entfernung entschwand, überkam Tychikus und Onesimus ein etwas wehmütiges, gleichzeitig aber auch freudiges Gefühl. „Nichts kann enger sein als unsere Gemeinschaft", bemerkte Tychicus. „Es ist, als wären wir alle miteinander Glieder einer ganz eng verbundenen Familie. Wir lieben uns alle und vertrauen einander."

Onesimus stimmte von Herzen zu. Auch ihm war die Gemeinschaft mit den Christen in Rom in den vergangenen Monaten zu etwas Großartigem geworden.

Das Wetter war perfekt und die See ruhig. Sie setzten sich auf einige einfache Stühle, die auf Deck herumstanden, und Tychicus schlief ein. Doch durch Onesimus' Kopf gingen viele Gedanken. Mit dankbarem Herzen zog er den Brief von Paulus an Philemon wieder aus seinem Gewand und begann zu lesen, wie er es schon einige Male getan hatte. Niemand anders als Paulus hätte so schreiben können, dachte er, und begann zu lesen:

„Paulus, Gefangener Christi Jesu, und der Bruder Timotheus an unseren geliebten Mitarbeiter Philemon, an die Schwester Apphia, an Archippus, unseren Mitstreiter und an die Gemeinde in deinem Haus: Gnade sei mit euch und Friede von Gott, unserem Vater, und dem Herrn Jesus Christus.

Ich danke meinem Gott jedesmal, wenn ich in meinen Gebeten an dich denke. Denn ich höre von deinem Glauben an Jesus, den Herrn, und von deiner Liebe zu allen Heiligen. Ich wünsche, daß unser gemeinsamer Glaube in dir wirkt und du all das Gute in uns erkennst, das auf Christus gerichtet ist. Es hat mir viel Freude und Trost bereitet, daß durch dich, Bruder, und durch deine Liebe die Heiligen ermutigt worden sind."

Wie gut verstand Paulus doch, mit Menschen umzugehen. Das Lob, das er hier Philemon zuteil werden ließ, würde diesen milder stimmen und offener machen für die folgenden Worte.

„Obwohl ich durch Christus volle Freiheit habe, dir zu befehlen, was du tun sollst, ziehe ich es um der Liebe willen vor, dich zu bitten. Ich, Paulus, ein alter Mann, der jetzt für Christus Jesus im Kerker liegt, ich bitte dich für mein Kind Onesimus, dem ich im Gefängnis zum Vater geworden bin.

Früher konntest du ihn zu nichts gebrauchen, doch jetzt ist er dir und mir recht nützlich. Ich schicke ihn dir zurück, ihn, das bedeutet mein eigenes Herz. Ich würde ihn gern bei mir behalten, damit er mir an deiner Stelle dient, solange ich im Gefängnis bin. Aber ohne deine Zustimmung wollte ich nichts tun. Deine gute Tat soll nicht erzwungen, sondern freiwillig sein. Denn vielleicht wurde er nur deshalb eine Weile von dir getrennt, damit du ihn für ewig zurückerhältst; nicht mehr als Sklave, sondern als weit mehr: als geliebten Bruder. Das ist er jedenfalls für mich, um wieviel mehr dann für dich, als Mensch und auch vor dem Herrn.“

Das war typisch für Paulus. Er glaubte von ganzem Herzen an die Kraft der Liebe Christi. Deshalb befahl er nicht, sondern ermutigte zur freiwilligen Tat, die aus der Liebe heraus geschieht. Die Liebe Gottes versagt nie, das war sein Motto. Onesimus las weiter:

„Wenn du dich mir verbunden fühlst, dann nimm ihn also auf wie mich selbst! Wenn er dich aber geschädigt hat oder dir etwas schuldet, setze das auf meine Rechnung.

Ich, Paulus, schreibe dies mit eigener Hand: Ich werde es bezahlen — um nicht davon zu reden, daß du dich selbst mir schuldest.

Ja, Bruder, um des Herrn willen möchte ich von dir einen Nutzen haben. Erfreue mein Herz; wir gehören beide zu Christus.

Ich schreibe dir im Vertrauen auf deinen Gehorsam und weiß, daß du noch mehr tun wirst, als ich gesagt habe. Bereite zugleich eine Unterkunft für mich vor. Denn ich hoffe, daß ich euch durch eure Gebete wiedergeschenkt werde.

Es grüßen dich Epaphras, der mit mir um Christi willen im Gefängnis ist, sowie Markus, Aristarch, Demas und Lukas, meine Mitarbeiter. Die Gnade Jesu Christi, des Herrn, sei mit eurem Geist!“

Onesimus lehnte sich zurück und schloß die Augen. Philemon mußte ein sehr hartherziger Mann sein, wenn dieser Brief ihn nicht bewegte. Onesimus Herz war mit Dank erfüllt, und er begann leise zu beten: „Hab Dank, Vater im Himmel, daß Du mich frei gemacht hast. Ich will lieber Philemons Sklave sein und ein Freier in Jesus Christus, als umgekehrt. Hilf mir, daß ich mich nie wieder von den Ketten der Sünde und meines alten Wesens fangen lasse."

Nach etwa zwei Monaten lief das Schiff in den Hafen von Ephesus ein. Unter den lauten Kommandos des Kapitäns und des Steuermanns legten sie am Pier an. Mit den etwa dreißig anderen Passagieren verließen Onesimus und Tychicus das Schiff. Als die beiden auf der mit Pflastersteinen belegten Straße in die Stadt gingen, dachte Onesimus dankbar daran, welch ein großer Unterschied doch zwischen jetzt und der Zeit vor rund einem Jahr bestand, als er das letzte Mal auf dieser Straße gegangen war, nur in die andere Richtung, um das Schiff nach Rom zu besteigen.

Onesimus kannte Ephesus besser als Tychicus und fand den Weg zum Haus des Tyrannus leicht. Hier wurden sie mit großer Freude empfangen. Jeder Christ von Rom, besonders aber direkte Boten von Paulus, wurden stets begeistert willkommen geheißen. Während sie in dem schönen Garten zu Mittag aßen, lauschten Tyrannus und Joanna eifrig auf jedes Wort, das Tychicus und Onesimus von Paulus, seiner guten Gesundheit und seinem nie nachlassenden Eifer für Jesus Christus sowie von dem erstaunlichen Wachstum der jungen Gemeinde in Rom erzählten.

„Ihr werdet sicher noch einen Tag bei uns bleiben", redete Tyrannus den beiden zu, als er von ihren Plänen erfuhr. „Morgen ist der erste Tag der Woche, da versammelt sich unsere Gemeinde. Ihr könnt uns allen keine größere Freude machen, als auch in unserer Mitte zu sein. Die Gemeinde wird sicher auch hören wollen, wie es Paulus geht. Denn er ist unser Vater im Evangelium. Vielleicht seid ihr so lieb und lest uns den Brief vor, den Paulus an die Gemeinde in Kolossea geschrieben hat. Ich bin sicher, daß er auch uns viel sagen wird."

Die beiden aus Rom willigten ein. Tyrannus hatte Onesimus erst erkannt, nachdem dieser ihn an ihr gemeinsames

Erlebnis mit Paulus und der Familie von Philemon erinnert hatte. Onesimus erzählte nun einiges von seiner neu gefundenen Freiheit in Christus.

„Der Herr sei gepriesen!“ rief Tyrannus. „Welche Wunder der Herr doch tut, wenn wir Ihm gehorsam sind. Deine Geschichte wird für uns alle sehr wertvoll sein, ganz besonders aber für die unter uns, die immer noch Sklaven sind. Du wirst dich sicher freuen, wenn ich dir sage, daß manche unter uns Christen ihren Sklaven im Geheimen Freiheitsbriefe ausgestellt haben. Die meisten von ihnen sind nun als Freie geblieben, wo sie bisher waren. Nur einige, die noch eine Familie hatten, sind zu ihren Angehörigen gegangen. Doch dein Zeugnis von der wahren Freiheit in Christus ist es, was wir alle hören müssen. Noch ein Sklave unserer alten egoistischen und sündigen Natur zu sein ist die schlimmste Gebundenheit.“

„Tyrannus“, sagte Onesimus erfreut, „deine Worte geben mir mehr Mut für den Augenblick, wenn ich meinem alten Herrn Philemon gegenübertreten muß. Ich weiß nicht, wie er reagieren wird, doch ich muß das Risiko auf mich nehmen, denn ich habe ihn bestohlen und meinen besten Freund und Bruder, seinen Sohn Archippus, betrogen. Ich muß alles tun, was ich kann, um diese üblen Taten wieder gutzumachen.“

Es wurde ein sehr bewegter Gottesdienst der Christengemeinde am nächsten Morgen in der Halle des Tyrannus. Zuerst erzählte Tychicus von Paulus und der römischen Gemeinde, von den Prätorianern und der Dame Pompania und den vielen anderen, die Christen geworden waren. Anschließend verlas er einige der besten Abschnitte aus dem Paulusbrief an die Kolosser, den er bei sich trug. Die Gemeinde wurde davon tief ergriffen, und überall unter den Versammelten hörte man Ausrufe des Lobens und Dankens.

Anschließend stellte Tyrannus der Gemeinde Onesimus vor als einen „Angehörigen des Haushalts von Philemon aus Kolossea“ und bat ihn, von seinen wunderbaren Erfahrungen zu berichten, die er während seiner Zeit in Rom gemacht hatte.

Onesimus erhob sich, berichtete von seiner Flucht, seiner Reise und allen Erlebnissen, die er mittlerweile gemacht hatte. Er schloß mit den Worten: „Ich stehe nun vor euch als Sklave Jesu Christi, als euer Bruder und Teilhaber am Evangelium. Ich bin bereit, nach Kolossea zu gehen und alles zu tun, was ich kann, um meine Schuld abzutragen und alles auf mich zu nehmen, was mein Herr Philemon bestimmen wird, denn ich habe in Jesus Christus ein neues und besseres Leben gefunden. Er allein ist unsere Hoffnung und unsere Freude, Er ist unser Friede und unsere Freiheit! Amen!"

Tief ergriffen hatte die Gemeinde zugehört. Die Sklaven unter ihnen konnte besonders verstehen, was Onesimus gesagt hatte. Laut riefen sie alle Halleluja und Amen!

Dann feierte die Gemeinde noch das Abendmahl miteinander. Onesimus mußte, als sie an das Leiden und Sterben Jesu dachten, ganz besonders an den schweren Weg denken, der vor ihm lag, wenn er Philemon gegenübertreten mußte. Doch er spürte keine Angst mehr davor, sondern vertraute Jesus Christus. Er mußte an ein Wort denken, daß der Apostel Johannes einmal sagte, so hatte es Lukas erzählt, nämlich: *„Vollkommene Liebe treibt alle Furcht aus!"*

20. KAPITEL

Am nächsten Morgen verstauten sie den Reiseproviant in den Packtaschen ihrer Pferde, die ihnen Tyrannus großzügig zur Verfügung stellte. Nach einem bewegten Abschied schwangen sie sich in die Sättel und begannen das letzte Stück ihrer Reise nach Kolossea.

Unterwegs unterhielten sie sich über viele Dinge, besonders aber über die erstaunliche Einheit im Geist, die in den Gemeinden von Rom und Ephesus zu spüren war. Onesimus erkannte auch bald, welch guter Leiter Tychicus war. Onesimus war dankbar, daß Paulus gerade ihn beauftrag hatte, den Brief an die Kolosser zu bringen und mit ihm selbst vor Philemon zu treten. Und trotz ihrer angeregten Unterhaltung genoß Onesimus nebenbei auch noch die großartige Landschaft entlang des Meanders.

In der zweiten Nacht schlugen sie ihr Lager an dem Ort auf, an dem Philemon ihn vor fünf Jahren so gedemütigt hatte. Als er Tychicus diese Geschichte erzählte, war er selbst überrascht, daß er dabei keine Bitterkeit mehr in seinem Herzen verspürte.

Etwa um die Mittagszeit des nächsten Tages verließen sie den Meander und folgten weiter dem Lycus. Es war schon später Nachmittag, als sie durch das Stadttor von Kolossea ritten. Dabei überquerten sie die Brücke, an die sich Onesimus so gut erinnerte. Und dann ritten sie durch das Tor in den Hof von Philemons großartigem Anwesen, hielten ihre Pferde an und stiegen ab.

„Warte hier ein wenig, Tychicus", bat Onesimus. „Ich

möchte zuerst zu Archippus gehen und ihm ganz kurz meine Geschichte erzählen. Er soll uns zu Philemon führen."

Tychicus stimmte zu. Doch mittlerweile hatten einige Sklaven Onesimus erkannt und kamen gelaufen, um ihn zu begrüßen. Viele Fragen auf einmal wurden ihm gestellt, und man konnte sehen, wie neugierig sie waren, etwas von ihm zu erfahren. „Ich werde euch bald die ganze Geschichte erzählen", vertröstete Onesimus sie. „Für jetzt bitte ich euch, sorgt einstweilen für unsere Pferde und für meinen Freund Tychicus, der mich von Rom nach hier begleitet hat. Und sagt noch nichts zu allen anderen."

Die Sklaven wußten, welch enormes Risiko er einging und nickten schweigend. Onesimus ging nun mit festen Schritten auf jenen Teil des Hauses zu, in dem er Archippus wahrscheinlich finden würde. Er öffnete die Tür zu dem Flur, der zum Büro seines Freundes führte, und sah, daß der Gang leer war. Ohne zu zögern ging er zur Bürotür, klopfte an und wartete mit pochendem Herzen. Die Tür öffnete sich, und für einen Augenblick blickte Archippus überrascht in des Gesicht des Sklaven seines Vaters, den er Freund und Bruder genannt hatte, des Mannes, der ihm ein Schlafmittel in den Wein geschüttet und ihn dann bestohlen hatte. Dann nahm er seinen Freund in die Arme und zog ihn an sich.

Onesimus sagte leise: „Vergib mir, Archippus, mein treuer Freund und Bruder! Es war eine üble Tat und ein gemeiner Verrat, als ich dein Vertrauen und deine Freundschaft so übel mißbrauchte. Vergib mir!"

„Ich habe dir schon lange vergeben, Onesimus. Als ich an jenem Morgen erwachte und sah, was geschehen war, habe ich mich zuerst geärgert und war zornig. Doch dann kniete ich nieder und bat den Herrn Jesus, mir die rechte Liebe zu schenken, damit ich dir vergeben konnte, so wie Jesus mir meine Sünden vergeben hat. Und noch an jenem Morgen vergab ich dir. Seither habe ich jeden Tag für dich und deine Rückkehr gebetet. Und hier bist du nun!"

Sie betraten den Raum, und Archippus schloß die Tür. Mit übervollem Herzen gab Onesimus einen kurzen Bericht von seiner Reise, seinen üblen Erfahrungen in Rom und seiner Einsamkeit. Dann erzählte er, wie er in Rom die Christen und Paulus gefunden hatte und unter ihnen neues Leben in Christus. Auch den Brief erwähnte er, den er bei sich trug, den Paulus schrieb, nachdem er sich entschlossen hatte, nach Kolossea zurückzukehren und gutzumachen, was er verschuldet hatte.

„Unserem Herrn sei Dank!" rief Archippus. „Ich bewundere dich, Onesimus. Ich bin nicht sicher, ob ich den Mut gehabt hätte, diesen Schritt zu wagen. Diese erste Zeit in Rom muß für dich schrecklich gewesen sein. Du mußt mir bald mehr darüber erzählen, wie du Christus gefunden hast und über die Gemeinde in Rom."

„Doch jetzt, lieber Archippus", sagte Onesimus ruhig, aber fest, „kommt die eigentliche Prüfung, soweit es mich und Philemon betrifft. Was meinst du, wie dein Vater reagieren wird?"

„Das kann ich nicht sagen, Onesimus. Ich weiß allerdings, daß sich Vater seither sehr geändert hat. Er wird, glaube ich, heute viel eher bereit sein zu vergeben als noch vor einem Jahr. Als er von deinem Diebstahl und dem Mißbrauch unseres Vertrauens hörte, war er so zornig, daß wir Sorge hatten, er würde darüber krank werden. Seither haben wir nie wieder von dir gesprochen, deshalb weiß ich nicht, was er tun wird. Ich weiß, daß er eine große Achtung vor Paulus hat; und sein Brief und die Gegenwart von Tychikus werden eine große Hilfe sein. Ich weiß als Christ, daß wir Unrecht gutmachen müssen und daß du keine andere Wahl hast. Doch ich bewundere deinen Mut trotzdem. Also laß uns zu meinem Vater gehen. Der Herr wird mit uns sein."

Für einen Augenblick ergriffen sie sich bei den Händen und beteten still. Dann gingen sie zu den Wohnräumen der Sklaven, wo Tychicus auf sie wartete. Onesimus stellte die beiden einander vor. Archippus begrüßte ihn achtungsvoll und dankte ihm, daß er Onesimus auf der weiten Reise begleitet hatte.

„Es war mir ein Vergnügen, Onesimus auf dieser Reise zu begleiten", antwortete Tychicus. „Wir sind in der Gemeinde in Rom alle gesegnet worden durch die Aufrichtigkeit deines jungen Freundes und durch die Klarheit seiner Gedanken. Ich glaube, er wird für die ganze Gemeinde Jesu ein großer Gewinn sein."

„Laßt uns gehen", drängte Archippus. „Und euch anderen", damit wandte er sich an die Sklaven, die dabeistanden, „hoffe ich, in Kürze eine gute Nachricht über unseren Bruder Onesimus bringen zu können. Doch jetzt müssen wir zu meinem Vater gehen. Wir werden euch rufen, sobald wir können, und wir hoffen, daß wir dann Grund zum Feiern haben. Doch für jetzt schweigt noch über die Sache und betet für uns. Euer Herr ist ein freundlicher und gütiger Mann, der seinen christlichen Glauben sehr ernst nimmt. Laßt uns das beste erwarten und gemeinsam auf unseren Herrn Christus hoffen."

Die drei machten sich auf den Weg zum Mittelteil des Hauses. Onesimus Herz klopfte, als wolle es die Brust sprengen. Doch äußerlich blieb er ruhig und gelassen. Sie klopften an die Tür des Raumes, in dem Philemon und Apphia wohl schon darauf warteten, daß ihnen bald das Abendessen gebracht wurde. Eine junge Sklavin, die Onesimus noch nicht kannte, öffnete und ließ sie eintreten. In dem Innenhof war es gerade noch hell genug, um ohne eine Lampe sehen zu können.

Philemon saß an einem Tisch und las laut aus einer Rolle vor. Apphia saß in der Nähe und hörte zu. Als Philemon aufblickte und Onesimus auf sich zukommen sah, erhob er sich schnell. Sein Gesicht wurde ganz weiß. Ehe er ein Wort sagen konnte, kniete Onesimus vor ihm.

„Vergib mir, Herr, daß ich dein Vertrauen so schändlich mißbraucht habe", sagte er. „Im Namen unseres Herrn Jesu Christi, den wir beide lieben und dem wir dienen, bitte ich dich, vergib mir. Ich möchte mich nicht rechtfertigen für meinen Diebstahl und Betrug, denn ich weiß, daß ich schuldig bin. Ich bitte nur: Vergib mir!"

Er schwieg einen Herzschlag lang und fuhr dann fort: „Herr, ehe du entscheidest, was du mit mir tun willst, bitte ich nur um eines: Unser Bruder Paulus, bei dem ich sechs Monate lang gelebt habe, hat einen Brief an dich geschrieben. Außerdem hat er auch noch einen seiner vertrautesten Mitarbeiter zu dir gesandt, Tychikus, den ich dir hier vorstellen möchte. Paulus und die anderen Christen der Gemeinde in Rom haben unsere Reise nach hier finanziert. Sie waren so freundlich und barmherzig zu mir, daß ich durch ihre Liebe Gottes Vergebung für meine Sünden gefunden habe und durch Seine Gnade eine innere Freiheit, von der ich vorher nie glaubte, daß es sie geben könnte."

Während Onesimus sprach, veränderte sich Philemons Gesichtsausdruck langsam. Die Anwesenden beobachteten, wie sich die zusammengebissenen Kinnbacken langsam lösten und das tiefe Stirnrunzeln, das erschienen war, sich glättete. Er trat nahe an Onesimus heran, legte ihm die Hände auf die Schultern und zog ihn hoch. „Sohn", sagte er, „zuerst laß mich Paulus Brief lesen, dann wollen wir miteinander reden."

Warm begrüßte er nun Tychicus: „Ich habe durch Johannes Markus und anderen von dir gehört, die dich von Cypern und Rom her kennen. Sei herzlich willkommen. Diese Sache ist eine der größten Prüfungen für mich gewesen, seit ich Christ geworden bin. Ich war tief enttäuscht und verletzt durch Onesimus, weil ich ihn liebgewonnen hatte."

„Philemon", antwortete Tychicus, „von Bruder zu Bruder kann ich dir sagen, daß ich dich sehr gut verstehe. Auch ich mußte einmal erleben, daß man mir großes Unrecht und damit tiefen Schmerz zufügte. Es war für mich nicht leicht, zu vergeben."

Onesimus zog den Brief von Paulus aus seinem Gewand und übergab ihn Philemon. Dabei sagte er mit belegter

Stimme: „Herr, es war mir nicht bewußt, daß meine üble Tat dir so weh getan hat. Es schmerzt mich tief, daß ich dir soviel innere Not bereitete. Ich werde dich in Zukunft lieben und achten, ganz gleich, welche Entscheidung du über mich triffst."

Philemons Gesicht war ernst, als er jetzt nach einer Lampe rief. Es begann nun schnell zu dämmern, und er wollte ganz genau lesen, was sein geliebter und verehrter Bruder Paulus ihm schrieb. Dieser Mann hatte ihm den Weg zur Erlösung in Christus gewiesen und seinem Leben dadurch neue Freude und Hoffnung gebracht. Nachdem die brennende Lampe auf dem Tisch stand, öffnete er die dünne Papyrus-Rolle und begann zu lesen. Alle im Raum blickten ihn aufmerksam an.

Philemons Gesicht wurde immer sanfter, während er las. Leise Laute der Freude und Befriedigung kamen über seine Lippen. Onesimus beobachtete ihn mit einer Mischung von Zuneigung und Dankbarkeit. Als Philemon einmal aufblickte und Onesimus Gesichtsausdruck sah, wäre er fast aufgestanden. Doch mit einem schnellen *Preis sei Dir, o Herr!* las er den Brief doch erst zu Ende.

Gerade in diesem Augenblick wurde Onesimus bewußt, daß Helen den Raum betreten hatte und atemlos beobachtete, was hier geschah. Onesimus wandte sich zu ihr um, und als ihre Augen sich trafen, fühlte er, wie sein Gesicht zu brennen begann.

Philemon hatte den Brief gelesen und legte ihn auf den Tisch. Er erhob sich und trat wieder zu Onesimus, dem er die Hände auf die Schultern legte und sagte: „Sohn Onesimus, auch ich bin dein Vater. Du bist nun nicht länger mehr mein Sklave, sondern, genau wie ich, ein Sklave Jesu Christi. Aber zu mir bist du viel mehr als ein Sklave, du bist mein lieber Bruder, ja — sogar mein Sohn!" Als er das sagte, umarmte er den, der ihn betrogen hatte.

„Komm her, Apphia", fuhr Philemon fort, „und begrüße unseren Sohn und Bruder. Archippus, hier ist dein Bruder, den du schon so lange liebst. Und Helen, komm und nimm die Hand von unserem Sohn, der verloren war und wiedergefunden wurde."

Tychicus war überwältig vor Freude, als er die Szene beobachtete, die folgte. Sie kamen alle und gaben Onesimus die Hand. Apphia zurückhaltend, doch mit aufrichtiger Freude; Archippus voller Begeisterung, wie er sie noch nie empfunden hatte; und endlich auch Helen. Leise, aber voll Zuneigung, sagte sie: „Onesimus, ich habe nie aufgehört, für dich zu beten und an dich zu glauben. Ich bin so froh, daß die Liebe Christi dich gefunden hat und daß du zu uns zurückgekommen bist."

Ihre wenigen Worte versetzten Onesimus in einen Zustand der Glückseligkeit, während sie jetzt alle im Kreis standen und sich an den Händen hielten. Philemon hatte auch Tychicus eingeladen, mit in ihren Kreis zu treten. So standen sie und beteten gemeinsam zu dem Vater im Himmel vor dem sie alle Söhne und Töchter, Brüder und Schwestern waren.

„Tychicus, als Gesandter unseres Herrn von Paulus, willst du nun mit uns beten und in Worten ausdrücken, was uns alle bewegt", bat Philemon.

Es waren einfache Worte, doch aus tiefstem Herzen gesprochen, mit denen Tychicus ihr gemeinsames Gebet beendete: „O mächtiger Herr, Herrscher des Himmels und der Erde, unser Freund und Erlöser, Du hast am Kreuz unser aller Sünde getragen und uns Vergebung erworben. Wir preisen Dich! Wir danken Dir und erheben Deinen Namen! Wir danken Dir, daß Du durch Deine große Liebe auch in diesem Haus Versöhnung bewirkt hast. Wir weihen Dir unser Leben neu und bitten Dich, laß uns nie vergessen, daß wir Deine Sklaven und Diener sind und laß uns alles stets in Deinem Namen tun und durch unseren Dienst unserem Vater im Himmel stets unseren Dank darbringen."

Alle sagten laut „Amen!" und umarmten sich gegenseitig. Der ganze Haushalt wurde zusammengerufen, und die ganze Geschichte wurde erzählt.

Alcestia nahm ihren Sohn in die Arme und küßte ihn mütterlich. „Ich wußte, du würdest zurückkommen, Onesimus, und ich habe immer dafür gebetet", sagte sie. „Doch manchmal, das bekenne ich, war es schwer, diese Hoffnung noch festzuhalten. Doch Helen war mir eine große Hilfe, und ebenso Apphia und Archippus."

Sie ging zu Philemon und sagte voller Würde: „Philemon, mein Bruder und mein Herr, ich habe dich diese ganze Zeit in dem Herrn geliebt und geachtet. Ich wußte, wie weh dir das alles getan hat, und ich habe für dich gebetet, daß dein Glaube nicht wanken sollte. Meine Gebete sind nun beantwortet worden."

Philemon antwortete freundlich: „Alcestia, meine Schwester und meine Freundin, du hast uns mit deiner tapferen Haltung alle ermutigt. Deine Gegenwart in unserem Haus ist immer ein Segen gewesen. Es ist kein Wunder, daß dein Sohn bei einer solchen Mutter alle Prüfungen überstanden und seine Freiheit in Christus gefunden hat. Doch jetzt", rief er und klatschte in die Hände, „wollen wir fröhlich sein! Wir können die Rückkehr des verlorenen Sohnes nicht besser feiern, als daß wir aus unserem Abendessen ein Fest der Freude machen."

Er lud Alcestia ein, bei ihnen zu bleiben und mit Onesimus und Tychicus am Abendessen der Familie teilzunehmen. Als sie alle um den reichgedeckten Tisch saßen, eröffnete Philemon die Unterhaltung und das Essen mit einem Dankgebet.

„Onesimus", sagte er anschließend, „du bist zu nützlich in dem Herrn, als daß du mein Sklave bleiben könntest. Da du der Sohn unseres ewigen Vaters geworden bist, kann ich nicht weniger tun, als dich auch als meinen Sohn zu adoptieren. Gleich morgen vormittag werde ich deinen Freilassungsbrief schreiben und erklären, daß du nun nicht mehr der Sklave Philemons, sondern ein freier Mann bist. Ich bin froh, zu wissen, daß du dich selbst, wie es auch Paulus tut, nun als Gefangener und Sklave Christi betrachtest. So sollten wir übrigens alle von uns denken. Ich glaube, du solltest in Christus frei sein, um unserem Bruder Paulus weiter zur Verfügung zu stehen. Vielleicht wird einmal die Zeit kommen, wenn du zu uns zurückkehrst und uns und allen Christen in Jonien dienst, denn ich glaube, der Herr hat dich zu einem Werkzeug für Seinen Dienst bestimmt."

Onesimus war so überwältigt, daß er um Worte kämpfen mußte. Endlich sagte er: „Mein Herr Philemon, dies ist so viel mehr, als ich je zu hoffen oder zu erwarten wagte. Ich kann dir versichern, daß mich nichts glücklicher machen könnte, als unserem Herrn Christus zu dienen."

Nach dem Abendessen versammelte sich der ganze Haushalt im großen Hof. Beim Schein der Fackeln forderte Philemon Onesimus auf, ihnen die Geschichte seiner Flucht und seiner Erlebnisse zu erzählen und wie es kam, daß er in Christus Freiheit und Erlösung gefunden hatte, wodurch sein Leben so verändert wurde.

Der Abend endete damit, daß Philemon noch das *Lied der Liebe* aus dem Brief des Apostels Paulus an die Korinther vorlas, das er sich abgeschrieben hatte. Dann schloß Philemon mit einem einfachen Gebet und dankte Gott für den gesegneten Tag.

21. KAPITEL

Als Onesimus am anderen Morgen erwachte, blickte er aus dem Fenster und sah, daß es ein schöner Tag werden würde. Die größer gewordene Familie versammelte sich zum Frühstück, und Philemon bat Onesimus, das Tischgebet zu sprechen. Onesimus tat dies von ganzem Herzen.

Nach dem Frühstück forderte Philemon alle auf, mit in die Bibliothek zu kommen. Dort saßen sie nun an dem Tisch, an dem Onesimus so oft Helen unterrichtet hatte. Philemon saß am Kopfende und forderte Onesimus, Helen und Apphia auf, rechts von ihm Platz zu nehmen, und Tychicus, Archippus und Alcestia an der linken Tischseite.

„Nun, Sekretär des Apostels Paulus, bist du bereit, auch für mich zu schreiben, und zwar deinen eigenen Freilassungsbrief? Archippus, hole doch bitte einen von den besonders guten Papyrus-Bogen und gib ihn Onesimus. Feder und Tinte stehen vor dir, Sohn", fügte er, an Onesimus gewandt, hinzu. „Nun wollen wir beginnen."

Alle lächelten voller Freude, als Onesimus den Bogen glattstrich und zur Feder griff. Dankbar blickte er Philemon an und wartete auf dessen Worte. Philemon begann:

„An alle, die es angeht! Hiermit gebe am heutigen Tag, den 25. August, ich, Philemon von Kolossea, Bürger von Rom und von der Provinz Ephesus, allen bekannt, daß ich heute meinem Sklaven Onesimus die Freiheit gebe. Er ist vier Cubits groß *(etwa 1,80)*, hat braune Augen und dunkelbraunes Haar, im Gesicht hat er keinerlei besondere Merkmale, doch auf seinem Rücken befinden sich eine Anzahl Narben."

Philemon unterbrach hier und blickte Onesimus an. „Vergib mir", sagte er. „Archippus erzählte mir, daß er diese Narben gesehen hat. Ich muß bekümmert bekennen, daß ich sie dir beigebracht habe. Doch ich muß sie hier erwähnen, damit man dich daran identifizieren kann, sollte deine Freiheit je in Frage gestellt werden.

Onesimus nickte, und Philemon fuhr fort zu diktieren: „Von dieser Stunde an ist Onesimus ein freier Mann; und was noch mehr ist: Er ist nun mein adoptierter Sohn. Ich bitte jeden, der diesen Freiheitsbrief liest, Onesimus gut aufzunehmen."

Er streckte die Hand aus und sagte: „Nun gib mir den Bogen, damit ich eigenhändig unterschreiben kann." So geschah es. Dann sagte er: „Nun, Archippus, du, Helen und Apphia, ihr unterschreibt nun bitte noch als Zeugen."

Alles Nötige war getan, und Onesimus hatte nun auch seine äußere Freiheit erhalten. Er war froh und dankbar für den Freiheitsbrief, doch bekannte er offen, daß ihm dies nur noch an zweiter Stelle wichtig war. Die Hauptsache blieb seine wahre innere Freiheit in Christus. Alle nickten und stimmten freudigen Herzens zu, als Onesimus dies sagte.

Der Rest der Woche verging mit Planungen und Vorbereitungen für die Rückreise nach Rom; außerdem auch mit vielen frohen Stunden, die er gemeinsam mit Helen verbrachte. Oft saßen sie wieder in der Bibliothek zusammen; und es war alles so ganz natürlich, da es jetzt keine äußeren Schranken mehr zwischen ihnen gab. Sie saßen nebeneinander, hielten sich bei den Händen und sprachen über die Zukunft. Philemon und der ganze Haushalt verstanden sie und ließen sie allein.

Onesimus hatte Helen bald seine Liebe gestanden. Und auch Helen sagte ihm, daß sie ihn schon lange geliebt habe. „Sobald es möglich ist, wollen wir heiraten", sagte er ernst. „Ich hoffe, daß dein Vater zustimmt."

„Ich denke, er wird es tun", nickte sie. „In den vergangenen Monaten hat er zwar einige Male mit mir über die Verlobung mit anderen jungen Männern gesprochen. Doch ich habe mich jedesmal geweigert und ihm endlich erklärt, daß ich dich liebe. Er verbot mir dann zwar, dies je wieder zu erwähnen. Doch ich glaube, nach dem, was in den letzten Tagen geschehen ist, wird er anders darüber denken."

„Ich werde so bald wie möglich mit ihm darüber reden", erklärte Onesimus. „Doch zunächst möchte ich noch etwas mit dir besprechen: So sehr wir beide uns auch wünschen, für immer zusammen zu sein, so sollten wir mit der Hochzeit doch warten, bis ich von meiner Reise zurückkehre. Sollte mir unterwegs irgend etwas zustoßen, so wird es für deine Zukunft besser sein, wenn du noch keine Witwe bist. Ich denke, daß wirst auch du verstehen?"

Lange blieb sie still. Doch endlich sagte sie zögernd: „Ja, Onesimus, ich muß einsehen, daß du recht hast. Doch es ist schwer, so lange zu warten."

Nach dem Abendessen bat Onesimus um eine persönliche Unterredung mit Philemon. Als sie allein waren, sagte er mit belegter Stimme: „Ich bitte dich, mir deine Tochter zur Frau zu geben. Wir möchten gern mit deiner Genehmigung heiraten, nachdem ich von der jetzt vor uns liegenden Reise zurückkehre."

„So willst du also nicht nur mein Adoptivsohn sein, sondern auch noch mein Schwiegersohn werden?" meinte Philemon scherzend, doch mit großer Zuneigung. „Ich habe erwartet, daß du mit diesem Anliegen kommst, Onesimus, und ich gebe euch beiden meinen Segen und werde für deine sichere Rückkehr beten. Ich weiß, daß in dem Heim, das ihr euch gemeinsam aufbauen werdet, der Friede unseres Herrn wohnen wird." Sie umarmten sich; und Onesimus spürte, daß er neben seinem himmlischen Vater nun auch wieder einen irdischen Vater gewonnen hatte.

Die Abreise von Onesimus und Tychikus wurde bis nach dem ersten Tag der Woche verschoben. Philemon wünschte, daß Tychikus, als Bote des Apostels Paulus, dessen Brief an die Gemeinde in Kolossea selbst vorlesen sollte. Und außerdem wollte er die Verlobung seiner Tochter mit Onesimus bekanntgeben, wenn dieser noch anwesend war.

An diesem Sonntagmorgen fehlte nicht einer der Gläubigen im Gottesdienst, denn es hatte sich unter ihnen schon herumgesprochen, was in Philemons Haus geschehen war.

Philemon selbst, als Ältester der Gemeinde in Kolossea, eröffnete die Versammlung mit einem Gebet. Danach sagte er: „Zuerst wird uns unsere Schwester Alcestia ein Lied singen, das sie zur Feier der Rückkehr ihres Sohnes Onesimus geschrieben hat, von dem wir glaubten, wir hätten ihn verloren. Doch er hat in Rom durch den Dienst des Apostels Paulus und des Arztes Lukas und der römischen Christengemeinde ebenfalls zu Jesus gefunden und ist nun unser Bruder im Herrn."

Nachdem Alcestia mit ihrer schönen Stimme das Lied vorgetragen hatte, fuhr Philemon fort: „Und nun ist es mir eine ganz besondere Freude, euch einen der engsten Mitarbeiter von Paulus vorstellen zu können, nämlich Tychicus von Cypern. Unser Vater im Evangelium, der Apostel Paulus, hat uns einen Brief geschrieben und durch Tychicus zu uns gesandt. Ich möchte ihn bitten, uns diesen Brief nun vorzulesen."

Tychicus erhob sich, grüßte die Gemeinde mit frohen Worten und begann dann zu lesen. Onesimus lauschte aufmerksam den Worten, die er selbst niedergeschrieben hatte. Als Tychicus die Worte las: *„Jetzt freue ich mich in den Leiden, die ich für euch ertrage; für den ganzen Leib Christi . . ."*, mußte Onesimus denken: *Sich freuen können, für andere zu leiden?* Plötzlich stieg eine leise Ahnung in ihm auf, daß auch er noch um Christi willen manche Leiden würde ertragen müssen, wenn er weiter den Weg eines Jüngers Jesu gehen würde. Doch er konnte sich sein Leben nicht mehr anders vorstellen.

Nach dem Gottesdienst und dem anschließenden Mittagessen verbrachten Onesimus und Helen den Nachmittag mit einem langen Spaziergang am Lycus entlang. An jener Stelle, wo Onesimus in jener Nacht vor zwei Jahren mit sich gekämpft hatte, erzählte er nun Helen von jener Stunde. „Ich hätte es nicht ertragen können, hier zu sein und mit ansehen zu müssen, wie du die Frau eines anderen geworden wärst. In jener Nacht habe ich damals endgültig den Entschluß gefaßt, zu fliehen, sobald sich die Gelegenheit bot. Wie gut ist Gott doch zu uns, daß wir nun doch Mann und Frau werden können."

Eng schmiegte sich Helen an ihn und sagte: „Ich liebe dich sehr, Onesimus. Auch in mir wollten manchmal Zweifel aufsteigen in den vergangenen Monaten. Doch dann habe ich mir immer wieder gesagt, wenn ich für dich betete: *Was bei Menschen unmöglich ist, das ist möglich bei Gott.*"

Nachdem sie in Philemons Haus zurückgekehrt waren, wurden nochmals alle Vorbereitungen und Pläne für die Reise überprüft. Philemon bestand darauf, daß sie gute Partien seiner besten Seiden- und Wollstoffe als Geschenke an die Ältesten der Gemeinden in Laodizea und Hierapolis mitnehmen sollten und auch für Tyrannus und Joanna nach Ephesus. Darüber hinaus vertraute er Onesimus eine beträchtliche Summe zur Unterstützung des Apostels Paulus und seiner Mitarbeiter in Rom an. Außerdem sollte Tychicus auch noch Geschenke für die anderen Gemeinden in Kleinasien mitnehmen, die er noch besuchen würde, nachdem Onesimus in Ephesus wieder ein Schiff nach Rom bestiegen hatte.

Am nächsten Morgen gab es einen bewegenden Abschied des gesamten Haushalts von den beiden Reisenden. Philemon umarmte ihn und sagte: „Sohn, vergiß nie, du kehrst nach hier zurück als einer, der zur Familie gehört. Ich werde für dich beten, damit du in der Freiheit in Christus bestehst, die du gefunden hast."

Als seine Mutter ihn an sich zog, flüsterte sie ihm zu: „Vergiß nie, mein Sohn, das nichts, wirklich nichts uns scheiden kann von der Liebe, die in Christus Jesus ist, unserem Herrn."

Am schwersten fiel ihm der Abschied von Helen. Sie schluchzte laut, als sie sich umarmten, und auch er konnte seine Tränen nicht mehr zurückhalten.

Als sie dann die Pferde bestiegen, die sie in Ephesus an Tyrannus zurückgeben wollten, führte jeder von ihnen noch einen schwerbeladenen Esel an der Leine, so reichhaltig waren Philemons Geschenke für die anderen Gemeinden ausgefallen. Winkend verließen sie Philemons Anwesen, von wo aus ihnen der gesamte Haushalt noch so lange nachwinkte, wie sie zu sehen waren.

Des Herrn Friede und Freude erfüllten die Herzen der beiden Reisenden, als sie entlang des Lycusflusses in eine unbekannte Zukunft ritten.

TEIL VI

IM STERBEN SIEGEND — PAULUS' MÄRTYRERTOD

22. KAPITEL

Im Hafen von Ostia herrschte reges Leben, wie es meist der Fall war. Man hatte für diesen Tag die Ankunft des Schiffes *The Diana* erwartet, die durch Eilboten schon angekündigt war, seit sie die Straße von Messina passiert hatte. Und nun lief das große Segelschiff in den Hafen ein. Es war beladen mit vielerlei Waren aus dem Osten, und auch eine ganze Anzahl Passagiere waren an Bord.

Viele Kaufleute warteten auf die Waren, und eine ganze Anzahl Angehörige oder Bekannte von Reisenden waren gekommen, um zu sehen, ob die von ihnen Erwarteten an Bord dieses Schiffes waren. Darüber hinaus gab es immer eine ganze Anzahl neugierige Zuschauer, die nur das Schauspiel des ankommenden Schiffes interessierte.

Die Reise von Tychicus und Onesimus nach Ephesus war gut verlaufen, ebenso ihr Besuch in der Gemeinde zu Ephesus. Tyrannus und Joanna und auch die anderen Christen freuten sich mit Onesimus über seine Freilassung und seine Verlobung mit Helen. Nun, während Onesimus das Anlegen des Schiffes beobachtete, dachte er über die Nachricht nach, daß der Apostel Petrus plante, sobald wie möglich von Jerusalem nach Rom zu kommen, um die Gläubigen dort zu ermutigen und vor allem Paulus in der Gefangenschaft beizustehen.

Tychicus hatte ihm unterwegs erzählt, daß Paulus und Petrus am Anfang verschiedener Meinung darüber waren, ob auch den anderen Völkern und nicht nur den Juden das Evangelium verkündigt werden sollte. Paulus war es dann gelungen, Petrus zu überzeugen, daß das Evangelium von Jesus Christus allen Völkern gleichermaßen verkündigt werden mußte und daß es hier keinen Unterschied zwischen Juden und Heiden gab. Und nun wollte der frühere Fischer von Galiläa nach Rom kommen, um den dortigen Christen zu dienen, von denen die meisten keine Juden waren.

Onesimus war bewegt von dem Mut dieses einst so wankelmütigen und vorlauten Simon, der Jesus verleugnet hatte. Tychicus beschrieb ihn als einen tüchtigen Leiter voller Autorität unter den Gemeinden in Judäa und den umliegenden Provinzen, der nun den Namen *Petrus der Fels,* den Jesus ihm einst gegeben hatte, zu recht trug. Onesimus dachte voller Freude: *Welch unerwartetes Vorrecht werde ich haben, einen weiteren der Jünger und Apostel unseres Herrn, der sogar noch selbst mit Ihm gewesen ist, als Er noch auf Erden war, kennenzulernen.*

Vom Deck aus beobachtete Onesimus die am Pier Wartenden. Manche hatten unter den Passagieren schon Angehörige oder Bekannte entdeckt und winkten ihnen zu. Onesimus, der sich in der Gruppe der Passagiere etwas im Hintergrund hielt, durchforschte mit seinen Augen ebenso aufmerksam die Schar der Wartenden, ob sich darunter vielleicht der eine oder andere Christ aus Rom finden ließ. Er wußte, daß man ihn um etwa diese Zeit zurückerwartete. Und so konnte es sein, daß man zu jedem Schiff, das von Ephesus kam, jemanden herschickte.

Fast hätte er einen lauten Freudenruf ausgestoßen, als er das wettergegerbte Gesicht von Nereus entdeckte. Nun hatte auch er es eilig, das Schiff zu verlassen, um seinen Freund und Bruder in Christus zu begrüßen. Die beiden umarmten sich unter Dankgebeten, und Nereus rief endlich: „Onesimus, mein Sohn, du bist zurückgekehrt. Ich kann dir ansehen, daß alles gutgegangen ist. Der Herr sei gepriesen!“

„Ja, Nereus, ich habe wunderbare Dinge auf der Reise erlebt. Gott hat mir mehr Freude geschenkt, als ich mir je erträumt hätte. Ich bin ein freier Mann! Philemon und Archippus haben mir restlos vergeben. Die Gemeinden in Kolossea und Ephesus beten für mich; und als Bestes: Helen und ich sind verlobt. Philemon gab seine Einwilligung, daß wir nach meiner Rückkehr nach Kolossea heiraten dürfen."

„Ich freue mich über diese guten Nachrichten und kann dir nur versichern, daß wir alle voller Erwartung nach deiner Rückkehr Ausschau gehalten haben."

„Ich danke dir, daß du nach Ostia gekommen bist, um mich abzuholen", sagte Onesimus bewegt. „Doch sage mir, wie geht es unserem Bruder Paulus?"

Nereus war einige Augenblicke still, und ein Anflug von Kummer zog über sein Gesicht. „Onesimus, in Rom hat es in der letzten Zeit für Paulus und auch für die ganze Gemeinde große Schwierigkeiten gegeben. Bald nach deiner Abreise erhielt Burrhus, der Führer der Prätorianer, von Nero selbst den Befehl, Paulus aus dem gemieteten Haus zu holen und in das schlimmste Gefängnis Roms, den Mamertinischen Kerker, zu bringen. Er darf kaum noch Besuch empfangen und liegt in einer sumpfigen und feuchten Zelle, in der er nichts weiter als eine harte Pritsche hat. Wenn nicht die Prätorianer, die zur Gemeinde gehören, noch ein wenig für ihn sorgen könnten, wäre er wahrscheinlich schon gestorben. Plutonius und Janus sind mit einigen anderen Prätorianern von Burrhus zum Wachdienst bei Paulus eingeteilt worden. Doch auch sie dürfen nicht einfach in seine Zelle gehen, sondern nur, wenn sie ihm seine täglichen Rationen an Essen und Trinken bringen.

Die Schwierigkeit ist, daß die Leitung des Mamertinischen Kerkers nicht direkt Burrhus untersteht. Der dortige leitende Offizier Brutus ist ein brutaler Mann, der seine Gefangenen sehr grausam behandelt. Er mußte mit einer hohen Geldsumme bestochen werden, damit es Janus und Plutonius möglich ist, Paulus mit etwas zusätzlicher Nahrung und Getränken zu versorgen und ihm wenigstens noch zwei Decken in seine Zelle zu bringen."

Onesimus schüttelte betrübt den Kopf und wußte im Augenblick nicht, was er zu dieser schlechten Nachricht sagen sollte. Erst jetzt nahm er bewußt den Jungen wahr, der neben Nereus stand. Es war Hermas, der zwölfjährige Neffe von Nereus. „Hermas", rief er, „sei herzlich gegrüßt! Es ist aber nett, daß du mitgekommen bist. Du machst ein so trauriges Gesicht. Wohl deshalb, weil Paulus nun in diesem schlimmen Gefängnis ist?"

Hermas nickte, und Onesimus fuhr fort: „Du weißt doch, Paulus hat oft gesagt: *Freut euch in dem Herrn allezeit, und sagt Gott Dank für alles.* Er würde uns auch jetzt auffordern, dem Herrn zu vertrauen."

Onesimus wollte nicht nur Hermas, sondern auch sich selbst mit diesen Worten Mut machen und trösten. War sein Vertrauen in Gott wirklich schon so stark, daß ihn solche Schwierigkeiten nicht mehr erschüttern konnten, fragte er sich selbst?

Die drei gingen zu den Pferden, die Pompania Nereus für den Weg nach Ostia zur Verfügung gestellt hatte. Ehe sie die Reise begannen, schlug Nereus vor, in dem kleinen Gasthaus, in dem Onesimus auch das erste Mal eingekehrt war, noch etwas zu essen.

Als sie dann ihre Pferde bestiegen und nach Rom ritten, erzählte Onesimus unterwegs den beiden anderen, wie er das erste Mal hier gegangen war und wie er sich immer in den Büschen versteckt hatte, wenn Soldaten oder größere Gruppen von Menschen ihnen begegneten.

Danach berichtete Nereus Einzelheiten von Paulus Sache. Der Apostel hatte noch mehrere Male an Caesar appelliert, seinen Fall endlich zur Verhandlung zu bringen. Doch Nero war mit seinen beiden verdorbenen Freunden Otho und Tigellinus mehr an Parties, Gelagen und Ausschweifungen interessiert und daran, wie er nachts auf den Straßen in Verkleidung die Bürger erschrecken konnte, als daß er Interesse gehabt hätte an einer Sache, die einen Juden betraf; wenn dieser Jude auch römischer Staatsbürger war.

Hermas und Nereus beschrieben den unglaublichen Zustand, in den der Kaiser immer mehr verfiel. Es gab Mahlzeiten von Nachtigallenzungen und Pfauenhirn und anderen Dingen, für die ungezählte Tiere sterben mußten. Die sexuellen Orgien fanden keine Grenzen mehr, und Nero trat als Schauspieler in aberwitzigen Komödien auf und trug dem Publikum seine selbst verfaßten törichten Gedichte vor.

Und da war außerdem noch Poppea, Othos Frau und Neros Geliebte, eine sehr schöne Jüdin, die Paulus und den neuen Glauben haßte und zu den Juden hielt, die in allen Städten Paulus verfolgten. Poppea, die einen großen Einfluß auf Nero hatte, erzählte ihm schlimme Dinge über Paulus und die anderen Christen, die zwar alle gelogen waren, die er ihr aber doch glaubte. „Das Schlimme ist", meinte Nereus, „daß unser Kaiser eben noch ein Junge ist, er ist nie richtig erwachsen geworden. Aber leider ist er ein sehr böser Junge. Und außerdem hört er nur noch auf so üble Leute wie Otho und Tigellinus, die ihm beständig schmeicheln und ihn zu immer größeren Übeltaten anspornen. Sein alter Lehrer Seneca hat seinen Einfluß auf Nero völlig verloren. Und auch auf Pompania hört er nicht mehr, obwohl er sie immer noch achtet. Doch er weigert sich, ihre Bitten zu erfüllen.

Und nun haben Poppea, Otho und Tigellinus es verstanden, in Neros Seele so viel Verdacht gegen die Christen zu säen, daß er Paulus in den Mammertinischen Kerker werfen ließ und die christliche Gemeinde beständig beobachten läßt."

„Das heißt also", faßte Onesimus alles, was er gehört hatte, bekümmert zusammen, „Paulus und die Christengemeinde in Rom müssen den Preis bezahlen für die Torheit des Kaisers. Welch eine Tragik ist das doch."

Als sie in Rom einritten, nahmen sie den direkten Weg zum Anwesen der Dame Pompania, um die Pferde zurückzubringen. Sie kam ihnen in den Hof entgegen und umarmte Onesimus unter Freudentränen, als wäre er ihr eigener Sohn. „Wir haben dich also wieder! Preis sei unserem großen

Herrn dafür!" rief sie. „Nun mußt du aber auch erzählen, wie deine Reise verlaufen ist."

Lange saßen sie im Atrium beisammen, und Onesimus berichtete, was er unterwegs erlebt hatte. Am Schluß rief Pompania: „Unser Herr hat dich wunderbar geführt und wird dich sicher auch durch die schwierigen Tage bringen, die vor uns liegen und dich sicher wieder nach Kolossea zu deiner Familie bringen. In der Zwischenzeit werden wir deine Familie sein. Du kannst bei mir wohnen oder auch bei Nereus und Junia. Ich weiß, daß dein Kommen für Paulus eine große Hilfe sein wird, denn er möchte noch viele Briefe an Gemeinden und Freunde schreiben. Ich werde mich bemühen, eine Genehmigung für dich von Brutus zu erhalten, damit du Paulus wenigstens eine Stunde pro Tag besuchen kannst. Philemon hat wirklich ein großes Geschenk gemacht, indem er dir nicht nur deine Freiheit gab, sondern dich auch nach hier zurücksandte, um Paulus in seiner schwersten Zeit eine Hilfe zu sein."

„Ich werde tun was ich kann", versicherte Onesimus. „Vielen Dank für dein Angebot, hier zu bleiben. Doch es ist vielleicht besser, wenn ich bei Nereus und Junia wohne, denn von dort ist es nicht weit zum Mammertinischen Kerker. Doch ich werde dich sicher oft besuchen und dir Nachricht von Paulus bringen. Es wird eine große Hilfe sein, wenn es dir gelingt, eine Genehmigung für mich zu erhalten, Paulus oft zu besuchen."

Hermas und Nereus saßen mit ihnen im Atrium. Onesimus hatte amüsiert beobachtet, wie Hermas mit erstaunten Augen das schöne Gebäude, die prächtigen Einrichtungen und die vielen künstlerisch arrangierten Blumen betrachtete. Vor allem hatte es ihm scheinbar der Blumenschmuck angetan, der rund um ein Kreuz arrangiert war, das in einer Ecke stand.

Auch Pompania hatte Hermas Blicke bemerkt. „Sieh, Hermas", erklärte sie, „immer wenn ich hier mit meinem Haushalt zum Gebet zusammenkomme, erinnert uns dieses

Kreuz an den Sieg und auch an die Leiden unseres Herrn. Natürlich wird es beiseite geräumt, wenn wir andere Besucher erwarten, die keine Christen sind", fügte sie, an Onesimus gewandt, hinzu. „Ich fürchte, die Zeit mag bald kommen, wo wir alle den Preis dafür zahlen müssen, daß wir zu Christus halten."

„Und du, Hermas", wandte sie sich wieder an den Jungen, „mußt mich bald einmal besuchen kommen. Ich werde dir dann die Geschichten zu all den Figuren und Bildern erzählen, die du hier sehen kannst."

„Wir sollten uns jetzt aber auf den Weg machen, Onesimus", sagte Nereus und dankte Pompania für die Pferde und all ihre Hilfe. „Junia wird sich fragen, was geschehen sein könnte. Du kannst dich erst ein wenig von der Reise ausruhen, und vielleicht bekommt Pompania morgen oder übermorgen schon die Genehmigung, damit du Paulus besuchen kannst."

Onesimus hatte zwei Reisesäcke bei sich, in dem er seine Kleidung und einige der besten Stücke von Philemons Seidenstoffen aufbewahrte. Das Geld von Philemon für Paulus und die Gemeinde trug er in einem Gürtel um die Hüften bei sich. Er öffnete einen Sack und nahm ein besonders schönes Stück Seidenstoff heraus, das Philemon und Apphia für Pompania ausgesucht hatten. Es war ein ganz besonders fein mit einem Muster gewobener und in Purpur eingefärbter Stoff und groß genug, um mehr als ein Kleid daraus anzufertigen. Pompania war entzückt, als sie den Stoff betrachtete und mit den Händen darüber strich.

Sie beteten noch gemeinsam, dankten Gott für alle Güte und taten besonders Fürbitte für Paulus. Dann verabschiedeten sie sich.

Junia wartete besorgt und begrüßte nun Onesimus freudig. „Unsere Gebete sind erhört", rief sie, „du bist wohlbehalten zurück! Nun kommt, wascht euch, ich habe das Abendessen vorbereitet. Hermas, du kannst gern zum Essen bei uns bleiben."

Doch Hermas war müde, und außerdem brannte er darauf, seiner eigenen Familie und den anderen Christen die Geschichte von Onesimus' Rückkehr zu erzählen. Er verabschiedete sich und machte sich schnell auf den Heimweg.

„Hermas ist ein feiner Junge", meinte Nereus. „Wir haben unseren eigenen Sohn verloren, als er etwa im gleichen Alter war. Hermas hilft uns, daß wir ihn nicht zu sehr vermissen."

Nach der Mahlzeit und langer Unterhaltung fand sich Onesimus im selben Raum wieder, in dem er das erste Mal bei Nereus und Junia geschlafen hatte. Die Erinnerungen an alles, was seither geschehen war, erfüllten sein Herz mit großer Freude und tiefem Frieden. Er fiel auf seine Knie und dankte dem Herrn für seine Treue und bat Ihn um Kraft, Paulus und allen Christen recht dienen zu können.

Am nächsten Tag kam ein Bote von Pompania und teilte mit, sie habe für Onesimus eine Genehmigung bekommen, am folgenden Tag eine Stunde bei Paulus zu sein. Er brachte auch ein Schreiben mit, das Onesimus im Gefängnis Brutus vorweisen sollte. Um 11 Uhr vormittags sollte er dort sein.

Onesimus verbrachte den Tag damit, daß er zu manchen ihm schon bekannten Plätzen in der Stadt ging. Ihm war, als würde er sie jetzt mit ganz neuen Augen sehen. Am nächsten Tag machte er sich einige Zeit nach dem Frühstück auf, um zum Mammertinischen Kerker zu gehen, wo er pünktlich wenige Minuten vor 11 Uhr eintraf. Hier wies er den beiden Wachsoldaten das Schreiben an Brutus vor und sagte ihnen, er habe die Genehmigung erhalten, den Gefangenen Paulus eine Stunde zu besuchen.

Die beiden Soldaten wußten offensichtlich Bescheid. Sie nickten nur, öffneten ihm das große Tor und riefen nach Janus, der am Eingang der Zelle von Paulus saß, wo er nach Burrhus Befehl seinen Platz hatte. Janus kam schnell herbei, nickte mit unbewegtem Gesicht und forderte Onesimus mit einer Handbewegung auf, ihm zu folgen. Die beiden Soldaten schlossen das Tor wieder.

„Onesimus, es ist gut, daß du wieder bei uns bist“, sagte Janus leise, doch voller Freude. „Wir alle, die unseren Bruder Paulus lieben, sind bekümmert, weil er so leiden muß. Wir tun für ihn, was wir können, doch das ist nicht viel. Es scheint klar zu sein, daß der Kaiser befohlen hat, ein Ende mit ihm zu machen. Seine Feinde haben die Oberhand, und wir können nichts dagegen tun. Sei bitte vorsichtig, ich darf nicht sehr freundlich zu dir sein.“

Er bemerkte die Papyrus-Rollen, Federn und Tinte, die Onesimus bei sich trug. „Es ist nicht nur um Paulus' Willen gut, daß du kommst, sondern auch, weil er dadurch Nachrichten und Briefe nach draußen bringen kann, da er sonst keine anderen Möglichkeiten mehr dazu hat.“

Mit einem großen eisernen Schlüssel öffnete Janus die Tür, die in den Fußboden eingebaut war. Onesimus blickte hinab in das dunkle Loch unter ihm. Außer einer kleinen Leiter, die bis zum Fußboden reichte, konnte er nicht sehr viel erkennen. In dem wenigen Licht, das durch das offene Tor und ein ganz schmales Fenster in der Wand in die Zelle fiel, sah Onesimus die Umrisse eines Menschen auf einer schmalen Pritsche sitzen. „Bruder Paulus“, rief Janus leise, „ich habe Onesimus gebracht, wie ich es dir versprochen habe.“

Von unten sagte Paulus mit schwacher Stimme: „Ich danke dir, Janus, und auch Hauptmann Burrhus und allen, die das möglich gemacht haben. Willkommen, Onesimus. Wie wunderbar sind doch die Taten unseres Herrn. Ich freue mich, dich zu sehen. Ich habe sehr oft für dich gebetet.“

„Steige bitte die Leiter hinunter, Onesimus“, mahnte Janus. „Ich muß die Tür wieder schließen, denn wir werden beobachtet. Wenn die Stunde bald zu Ende geht, werde ich klopfen.“

Mit zitternden Händen hielt sich Onesimus an der klapprigen Leiter fest, als er hinabstieg. Unten sanken seine Füße tief in den lehmigen, mit Schmutz bedeckten Boden. Seine Nase wehrte sich gegen den fauligen Geruch in diesem dunklen Loch. Es stank nach Schlamm, brackigem Wasser und menschlichen Exkrementen. Hier nun mußte Paulus Tag und Nacht zubringen. Es war kein Wunder, daß er krank und körperlich schwach geworden war.

Über ihnen schloß sich die Tür. Onesimus trat auf Paulus zu. Dieser erhob sich mühsam, und sie umarmten sich. Dabei bemerkte Onesimus, wie dünn und verfallen Paulus' Körper geworden war. Langsam gewöhnten sich seine Augen an das Halbdunkel in der Zelle. Er betrachtete das eingefallene bärtige Gesicht des Mannes, der ihm den Weg zu neuem Leben und wahrer Freiheit gewiesen hatte. Paulus' Haar war stumpf, sein Rücken gebeugt und seine Wangen eingefallen, nur in seinen Augen brannte noch dasselbe Feuer wie damals auf dem Marktplatz in Ephesus.

„Mein Sohn, ich wußte, daß du mit der vollen Vergebung unseres Bruders Philemon zurückkehren würdest." Paulus' Stimme war lebendig und immer noch voller Freude. „Preis sei unserem Herrn Jesus Christus, der alle Dinge, auch die, die uns weh tun, zu Möglichkeiten benutzt, um dadurch Seinen guten Willen in die Tat umzusetzen. Ich bin immer noch ein Gefangener. Ich trage zwar keine Kette mehr, muß dafür aber in diesem finsteren Loch sitzen. Doch hauptsächlich bin ich ein Gefangener Christi, und das werde ich immer bleiben. Ich weiß nicht, an welchem Tag und zu welcher Stunde ich um Christi willen mein Leben lassen muß, doch ich bin bereit dazu. Doch bis dahin tröstet und stärkt mich der Herr täglich. Doch nun berichte mir von deiner Reise, und dann wollen wir schreiben, denn ich möchte dringend Briefe an verschiedene Gemeinden und Freunde senden."

Onesimus berichtete schnell, aber sorgfältig, um keine Einzelheit auszulassen, über die sich Paulus freuen würde. Als er von Philemons Reaktion auf Paulus' persönlichen Brief erzählte und von Philemons Vergebung, rief Paulus: „Gottes

Liebe versagt nie! Der Herr Jesus Christus ist wirklich der Herrscher über alles, denn in Ihm wohnt die Fülle der Gottheit, und Ihm ist nichts unmöglich!“ Paulus freute sich sehr über die Nachrichten und Grüße von den Gemeinden in Kolossea und Ephesus, und Onesimus bemerkte, wie ihn das sichtlich belebte.

Als Onesimus geendet hatte, sagte Paulus. „Wir wollen einen Schluck Wasser zu uns nehmen. Janus und Plutonius sorgen immer dafür, daß ich gutes klares Wasser reichlich habe. Das ist eines der wenigen Dinge, die sie für mich tun können.“ Er berichtete nun davon, wie schnell die Gemeinde in Rom weiter gewachsen war und welcher Mut und welche Freudigkeit unter den Christen herrschte angesichts der Tatsache, daß wohl bald der Zorn Neros über sie hereinbrechen würde.

„Janus und Plutonius sagen mir, daß es bald zu einer allgemeinen Verfolgung aller Christen kommen könnte“, fuhr Paulus fort. „Und was mich angeht, so weiß ich an keinem neuen Morgen, an dem ich aus dem tiefen Schlaf erwache, den der Herr mir schenkt, ob es nicht mein letzter Tag sein wird.“

„Es muß doch schrecklich sein, immer unter der Ungewißheit dieser Drohung zu leben, Bruder Paulus“, sagte Onesimus mitfühlend.

„Vom menschlichen Standpunkt aus schon“, gab Paulus zu. „Ich gestehe, daß mich der Gestank und die Dunkelheit quälen, und am meisten bekümmert mich die Trennung von meinen Brüdern und Schwestern in Christus. Doch der Herr ist mir jetzt noch viel näher und größer geworden als je zuvor, und ich erlebe jeden Tag neu, daß Seine Kraft in meiner Schwachheit mächtig ist. Und es gibt Zeiten ...“, hier zögerte er ein wenig, und seine Stimme wurde noch leiser, „... es gibt Zeiten, da ist mir, als wäre ich aus meinem armen irdischen Körper entrückt in den dritten Himmel; und dann erlebe ich eine unbeschreibbare wunderbare Gemeinschaft mit dem Herrn.“

Onesimus saß wie gebannt und lauschte den Worten dieses wunderbaren Mannes. Wer anders, als der mächtige Gott des Himmels und der Erde konnte einem Menschen in solch einer Lage einen solchen Sieg schenken!

„Unsere Zeit ist bald herum, Onesimus", sagte Paulus ruhig. „Doch da du Schreibmaterial mitgebracht hast, will ich dir einen kurzen Brief an die Gemeinde in Iconium diktieren, wo man mich einst bald umgebracht hätte. Einige treue Christen dort haben mich wieder gesund gepflegt. Einige Monate später ging ich in die Stadt zurück und sah voller Freude, daß die Gemeinde wuchs. Doch nun hörte ich, daß sie wieder unterdrückt werden und leiden müssen. Ich will sie ermutigen und ihnen durch Epaphras diesen kurzen Brief senden. Er war in Spanien, ist aber kürzlich zurückgekehrt und wird einige Gemeinden besuchen, die unter Verfolgung leiden."

Paulus Zeilen an die Gemeinde in Iconium waren ein kurzer Hirtenbrief. Onesimus schrieb in dem Halbdunkel so gut es ging. In seinem Zimmer bei Nereus und Junia würde er den Brief nochmals besser abschreiben und auch für sich eine Kopie machen. Es war eine meisterhafte Beschreibung der Ausrüstung, die Gott für jeden treuen Christen bereithält. Sie waren bald fertig, und Onesimus benötigte dafür nur einen einzigen Papyrusbogen.

Gerade als er die letzten Worte geschrieben hatte, öffnete sich die Falltür über ihnen und Janus rief laut, damit die anderen Wachen es hören konnten: „Schluß jetzt, da unten! Die Zeit ist herum!"

Onesimus verabschiedete sich schnell mit dem Versprechen, zurückzukehren, sobald Burrhus einen neuen Termin ausmachen konnte. Mit seinem Schreibzeug im Beutel kletterte er die Leiter empor und stieg hinaus.

Janus führte Onesimus zu einem Brunnen, wo er sich die Füße und Hände waschen konnte. Flüsternd verabschiedeten sich die beiden, und Janus führte ihn zum Tor, das geöffnet wurde. Onesimus trat hinaus.

Als er zum Haus von Nereus und Junia zurückging, war er dankbar für die frische Luft und die Freiheit. Sein Abscheu vor dieser Gefängniszelle wurde nur noch übertroffen von seiner Bewunderung für Paulus' erstaunlichen Geist des Glaubens und der Freude.

23. KAPITEL

Während des Abendessens informierte Nereus ihn, daß sich alle Christen an diesem Abend in einer neu entdeckten großen Höhle außerhalb der Tore Roms treffen würden.

„Einige unserer jungen Männer haben in der letzten Zeit viele der Höhlen in der Nähe der Stadt durchforscht“, sagte Nereus. „Wir denken, wir sollten uns nicht länger in Pompanias Haus versammeln, weil die Gefahr für sie und uns zu groß wird. Wir haben darüber nachgedacht, ob wir für einige Zeit die unterirdischen Höhlen benutzen sollten, die Begräbnisstätten waren, denn fast alle Römer sind zu abergläubisch, um eine von ihnen zu betreten. Man glaubt, diese Höhlen seien die Wohnplätze böser Geister. Da wir uns aber nicht vor der nur scheinbaren Macht böser Geister fürchten, macht uns das nichts aus. Es wurde eine der größten Höhlen ausgesucht, die auch günstig gelegen ist. In Zukunft wollen wir uns dort versammeln, das Wort Gottes hören und das Abendmahl miteinander feiern. Heute abend treffen wir uns in kleinen Gruppen an verschiedenen Plätzen der Stadt und werden von einigen, die den Weg schon kennen, zu der Höhle geführt. Eines Tages mag es für uns sogar nötig werden, in diesen Höhlen Zuflucht zu suchen.“

Nur jeweils einige Personen zugleich sollten sich am vereinbarten Treffpunkt einfinden. Nereus, Junia und Onesimus trafen sich mit einigen anderen bei einer Statue am kapitolinischen Hügel. Ein junger Mann kam herzu, begrüßte sie leise und forderte sie auf, ihm zu folgen; doch nicht alle auf einmal, sondern immer in Gruppen zu zweit oder zu dritt, soweit auseinander, daß die folgende Gruppe jeweils die vorangehende noch sehen konnte.

Nachdem sie das Stadttor passiert hatten, gingen sie für etwa 15 Minuten durch ein Tal in der Nähe der südlichen Mauer.

Bei einer Baumgruppe fanden sie den Eingang in die Höhle. Der Gang nach unten war von Fakeln erleuchtet. Nach wenigen Minuten kamen sie in einen großen, fast runden Raum, in dem schon viele Christen versammelt waren. Einige von ihnen waren Onesimus bekannt. Seine Freunde begrüßten ihn warm.

Nereus führte Onesimus in die Mitte des Raumes und stellte ihn einem langen dünnen und einfachen Mann vor, den er als *Ältester Linus* anredete. Er hatte ein freundliches Gesicht und trug die einfache Kleidung eines Händlers.

Linus lächelte, nahm Onesimus beide Hände und sagte: „Willkommen daheim, Onesimus. Wir haben von deiner Rückkehr und deinem heutigen Besuch bei Paulus gehört und sind erwartungsvoll, zu hören, was Paulus dir aufgetragen hat und wie es den Gemeinden in Ephesus und Kolossea ergeht. Es tut uns leid, daß wir uns an einem solchen Platz wie diesem versammeln müssen. Doch wir glauben, daß die Zeit der Prüfungen gekommen ist, von der Paulus und auch Jesus selbst gesagt haben, sie würde kommen."

„Ich danke dir für deine freundlichen Worte, Ältester Linus. Gern werde ich weitergeben, was Paulus, den wir alle lieben, mir aufgetragen hat, denn ich habe heute eine gesegnete Zeit mit ihm verbracht, die mich andererseits auch tief bekümmert hat."

„Ehe wir mit dem Abendmahl beginnen", sagte Linus und winkte einen stattlichen jungen Mann herbei, „will ich dich mit Johannes Markus bekanntmachen (siehe das Buch „Der Augenzeuge" — ebenfalls im Leuchter-Verlag erschienen), der kürzlich aus Jerusalem mit der freudigen Nachricht zu uns gekommen ist, daß der Apostel Petrus sehr bald selbst nach Rom kommen wird. Johannes Markus, das ist Onesimus, von dem du schon so viel gehört hast. Ich bin sicher, ihr habt viel Gemeinsames in eurem Leben."

Linus wandte sich wieder an Onesimus und erklärte: „Johannes Markus ist der Sohn jener Frau, in deren Haus Jesus und Seine Jünger das Passahmahl und Abendmahl miteinander gefeiert haben, ehe unser Herr verraten und gefangengenommen wurde. Er ist schon lange der Begleiter des Apostels Petrus. Von ihm und von anderen Jüngern, die unseren Herrn noch aus der Zeit kennen, als Er auf Erden war, hat er viele inspirierende Erlebnisse erfahren. Einige von ihnen wird er uns heute abend erzählen."

Linus begab sich zu dem Platz, von dem aus gesprochen werden sollte, und bat um Ruhe. Onesimus fühlte sich wiederum eingehüllt in die wunderbare Gemeinschaft des Heiligen Geistes und der Gemeinde Jesu.

Linus begann mit einem Gebet, in das viele freudig mit einstimmten, und fuhr dann fort: „Brüder und Schwestern in der Familie unseres himmlischen Vaters, wir kommen heute das erste Mal an diesem ungewöhnlichen Platz zusammen. Doch ich glaube, wir werden uns längere Zeit hier versammeln müssen, um den Herrn anzubeten und Gemeinschaft untereinander zu haben. Laßt uns damit beginnen, daß wir dem Herrn danken für die unbeschreibliche Gnade in unserem Herrn Jesus Christus, der uns aus dieser dunklen Welt erlöst und zu Kindern des Lichts gemacht hat."

Er begann zu beten, und viele andere stimmten freudig mit ein. Auch Onesimus war von ganzem Herzen dabei. Anschließend wurde das Abendmahl gefeiert und dann eines der neuen Lieder gesungen, in dem die Erlösungstat Christi gerühmt und die Dankbarkeit der Erlösten zum Ausdruck gebracht wurde. Onesimus kannte das Lied noch nicht, empfand aber, daß es genau ausdrückte, was auch er empfand.

„Johannes Markus ist bei uns", gab Linus dann bekannt. „Er wird uns jetzt aus seinem kürzlich beendeten Manuskript vorlesen, das er über das Leben und die Taten und

Lehren Jesu geschrieben hat, so wie Petrus und die anderen Jünger, die mit Jesus gewesen sind, es ihm berichtet haben."

Johannes Markus trat vor und begann den Bericht vom Passahmahl und Abendmahl zu lesen, das der Herr Jesus mit Seinen Jüngern im Obersaal des Hauses der Mutter von Johannes Markus in Jerusalem gefeiert hatte. Er schloß mit den Worten: *„Während des Mahls nahm Jesus das Brot und sprach den Lobpreis; dann brach Er das Brot, reichte es ihnen und sagte: Nehmt, das ist Mein Leib. Dann nahm Er den Kelch, sprach das Dankgebet, reichte ihn den Jüngern, und sie tranken alle daraus. Und Er sagte zu ihnen: Das ist Mein Blut, das Blut des Bundes, das für viele vergossen wird."*

Als Johannes Markus geendet hatte, erinnerte er alle, die im Fakelschein zum ersten Gottesdienst in dieser Höhle standen, daß derselbe Herr gerade jetzt auch unter ihnen, wenn auch unsichtbar, anwesend war und voller Freude auf sie schaute, aber auch mit Kummer, weil auch unter ihnen solche seien, die zu Verrätern an Ihm und Seiner Gemeinde werden würde, so wie Judas seinen Herrn und Meister verraten hatte.

„Doch wir wollen uns freuen", schloß er, „daß so viele durch Seine Gnade durch die schweren Zeiten, die vor uns liegen, als Sieger hindurchgehen werden. Manche von uns werden diesen Sieg zwar mit ihrem Leben bezahlen müssen, doch andere wird der Herr bewahren und am Leben erhalten."

Nochmals wurde ein Lied gesungen, in dem Christus als der Sieger über Leben und Tod gerühmt wurde. Dann stellte Linus Onesimus vor als einen jungen Mann, der eine Geschichte zu erzählen hatte, die nicht nur all jene erfreuen würde, die ihn schon von seinem vorherigen Aufenthalt in Rom her kannten, sondern vor allem auch jene in ihrer Mitte, die immer noch Sklaven waren. „Er wird uns von der wirklichen echten Freiheit erzählen", erklärte Linus.

Onesimus erzählte seine Geschichte ganz schlicht, aber voller Dankbarkeit. Alle waren tief bewegt davon. Anschließend sagte er: „Ich hatte heute durch die Hilfe einiger von euch das Vorrecht, den Apostel Paulus im Mammertinischen Kerker zu besuchen. Die Stunde, die ich mit ihm in diesem schlimmsten und gefürchtetsten aller Gefängnisse zusammen sein konnte, war eine der gesegnetsten und inspirierendsten meines ganzen Lebens."

Onesimus beschrieb die schmutzige, finstere und stinkende Zelle und welche Hilfe Janus und Plutonius dort für den Apostel waren. Janus war an diesem Abend auch zur Versammlung gekommen, und Onesimus sprach ihm vor allen Versammelten seinen Dank aus.

„Ich wünschte, ihr hättet sehen können, wie Paulus' Gesicht strahlte", fuhr er fort. „Er sitzt dort in diesem verkommenen Loch und wartet jeden Morgen darauf, daß der Henker kommt und seinem Leben ein Ende macht, und doch ist er voller Glauben und voller Freude in der Kraft unseres Herrn Jesus Christus, der Sieger über alle Fürsten und Gewaltigen dieser Welt ist."

Er beschrieb dann Paulus' kurzen Brief an die Gemeinde in Iconium, wo eine neue Verfolgung ausgebrochen war. „Auf Paulus' Wunsch hin habe ich eine Abschrift davon mitgebracht. Er sagte, es soll seine Botschaft der Hoffnung an euch sein, damit auch ihr auf dem Weg der Prüfungen, die vor euch liegen, stark in dem Herrn seid, indem ihr die ganze Waffenrüstung Gottes anzieht."

Diese Worte waren gerade das, was die versammelten Gläubigen brauchten. Als Onesimus las, schauten sie sich immer wieder gegenseitig an und nickten sich zu. Man konnte an ihren Gesichtern erkennen, wieviel Freude und Zuversicht ihnen die Worte des Apostels gaben. Als Onesimus geendet hatte, leuchtete neue Entschlossenheit aus den Augen aller. Es war ein Abend, an den sie denken würden, wenn für sie die Zeit der Prüfung kam.

24. KAPITEL

Es vergingen mehrere Tage, ehe Onesimus die Genehmigung erhielt, seinen zweiten Besuch im Gefängnis zu machen. Als er bei Paulus in der Zelle stand, erkannte er sofort, daß dessen körperlicher Verfall stark zugenommen hatte und jetzt auch seine Stimme davon schon betroffen war. Doch mit einem Feuereifer, den nur jemand verstehen konnte, der einen ähnlichen starken Glauben hatte, diktierte der Apostel seinem jungen Sekretär Brief um Brief. Zwar mußte er oft einige Augenblicke Pause einlegen, um sich zu erholen. Doch das Feuer, das in ihm brannte, trieb ihn dazu, denen die er liebte und denen er in den verschiedenen Städten rund um das Mittelmeer gedient hatte, noch einige Zeilen zukommen zu lassen. Er wußte, daß es bald seine letzte Gelegenheit sein würde. Deshalb suchte er beim Diktieren auch ganz bewußt den Beistand des Heiligen Geistes, um das, was er sagen wollte, in der bestmöglichen Weise zu formulieren. Ihm war beim Diktieren auch bewußt, daß diese Briefe nicht nur von denen gelesen wurden, an die sie gerichtet waren, sondern auch von vielen anderen Gemeinden, zu denen man jeweils Abschriften sandte.

Den längsten Brief schrieb er an seinen Sohn im Evangelium Timotheus, den er liebte wie einen eigenen Sohn. Onesimus, der nun eine Genehmigung erhalten hatte, Paulus in jeder Woche einmal zu besuchen, hatte oft Tränen in den Augen, wenn er die großartigen Gedanken des Mannes niederschrieb, der bis zuletzt sein Leben einsetzte für die Gemeinden Christi und dabei auch immer wieder seine große Dankbarkeit seinem Herrn gegenüber zum Ausdruck brachte.

Timotheus war immer noch in Griechenland, um in den dortigen Gemeinden den Glauben der Christen zu stärken und anzufachen. Sogar in Korinth herrschte jetzt ein wunderbarer Geist der Einigkeit und der wahren *Agape-Liebe,* obwohl es dort nach der Abreise von Paulus verschiedene Parteien in der Gemeinde gegeben hatte und manche andere Schwierigkeiten, so daß Paulus ihnen einen scharfen Brief schreiben mußte, der viele Tadel enthielt. Das großartige *Lied der Liebe,* das Paulus den Korinthern in seinem ersten Brief an sie geschrieben hatte und das Onesimus so begeisterte, als er es in Kolossea das erste Mal hörte, wurde nun mehr und mehr zum Modell für das Leben der Christen. Zwar konnten es die meisten nicht völlig in ihrem Leben in die Tat umsetzen, das stimmte wohl, doch die „Früchte des Geistes", von denen Paulus besonders den Galatern geschrieben hatte, waren an den Menschen, die sich Christen nannten, mehr und mehr zu sehen.

Doch als die Gemeinden an Zahl und Größe zunahmen, erwuchsen daraus auch neue Gefahren und Probleme. Besonders ermahnte Paulus seinen jungen Mitarbeiter Timotheus, darauf zu achten, daß die Gemeinden die rechten Leiter bekamen. In einem seiner Briefe ging er speziell darauf ein, den Charakter und die Arbeit eines *Bischofs* zu beschreiben. Das Wort *Bischof* verwendete Paulus austauschbar mit den beiden anderen Wörtern *Presbyter* oder *Ältester.* Er meinte damit den Pastor, der als Hirte über die Herde, die Gemeinde, zu wachen hatte. Manchmal sprach er in dem Brief Timotheus persönlich an, gab ihm weise Ratschläge und ermutigte ihn. Dann wieder waren es Anweisungen und Hinweise für ein geordnetes Gemeindeleben.

Einmal schrieb er: *„Deshalb soll der Bischof ein Mann ohne Tadel sein, der Mann einer Frau, nüchtern, besonnen, von würdiger Haltung, gastfreundlich, fähig zu lehren, er sei kein Trinker und kein gewalttätiger Mensch, sondern rück-*

sichtsvoll; er sei nicht streitsüchtig und nicht geldgierig. Er soll ein guter Familienvater sein und seine Kinder zu Gehorsam und allem Anstand erziehen. Wer seinem eigenen Hauswesen nicht vorstehen kann, wie soll der für die Gemeinde Gottes sorgen? Er darf kein Neubekehrter sein, sonst könnte er hochmütig werden und dem Gericht des Teufels verfallen. Er muß auch bei den Außenstehenden einen guten Ruf haben, damit er nicht in üble Nachrede kommt und in die Falle des Teufels gerät."

In seinem ersten Brief an Timotheus erinnerte Paulus ihn an die Zeit, als er nach Griechenland reiste und Timotheus bat, in Ephesus zu bleiben, um *bestimmten Leuten zu verbieten, falsche Lehren zu verbreiten und sich mit Fabeleien und endlosen Geschlechterreihen abzugeben, die nur Streitfragen mit sich bringen, statt dem Heilsplan Gottes zu dienen, der sich im Glauben verwirklicht.*

In dem zweiten Brief an seinen jungen Mitarbeiter warnt er vor denen, die zwar *den Schein der Gottseligkeit wahren, aber deren Kraft verleugnen.* Offensichtlich gab es also auch damals schon solche, die sich zwar zu den überall neu entstehenden christlichen Gemeinden hielten, ohne sich jedoch wirklich bekehrt und ihr Leben an Jesus Christus ausgeliefert zu haben.

Einer der Abschnitte, die Onesimus besonders bewegten, war Paulus' Zeugnis von seiner Berufung und die Ermahnung an Timotheus, allzeit treu zu sein. Paulus diktierte:

„*Jesus Christus hat dem Tod die Macht genommen und uns das Licht des unvergänglichen Lebens gebracht durch das Evangelium, als dessen Verkündiger und Apostel und Lehrer ich eingesetzt bin. Darum muß ich auch dies alles erdulden; aber ich schäme mich nicht, denn ich weiß, wem ich Glauben geschenkt habe, und ich bin überzeugt, daß Er die Macht hat, das mir anvertraute Gut bis zu jenem Tag zu bewahren. Halte dich an die gesunde Lehre, die du von mir gehört hast; nimm sie dir zum Vorbild, und bleibe beim Glauben und bei der Liebe, die uns in Christus geschenkt ist.*

Bewahre das dir anvertraute kostbare Gut durch die Kraft des Heiligen Geistes, der in uns wohnt.“

Das Diktieren hatte Paulus so erschöpft, daß er sich zurücklehnen mußte. Onesimus schwieg, weil er über die letzten geschriebenen Worte nachdachte. Doch ehe Paulus so viel Kraft gesammelt hatte, daß er wieder diktieren konnte, kam Plutonius, um ihn aus der Zelle zu holen. Tief atmete er die frische Luft ein, als er wieder draußen stand und fragte sich, wie der gefangene Apostel diesen Gestank in der Zelle immer noch so gelassen und mit einer inneren Stärke ertrug.

Als Onesimus seinen nächsten Besuch im Gefängnis machte, war es sein letzter, obwohl er das zu diesem Zeitpunkt noch nicht wußte. Paulus war ungewöhnlich freudig und voller Eifer, den Brief an Timotheus zu beenden. Deshalb begrüßte er Onesimus auch nur kurz und bat ihn, sofort mit dem Schreiben zu beginnen.

„Du, mein Sohn, sei stark in der Gnade, die dir in Christus Jesus geschenkt ist“, begann er. *„Was du vor vielen Zeugen von mir gehört hast, das vertraue zuverlässigen Menschen an, die fähig sind, andere zu lehren. Leide mit mir als guter Kämpfer Christi Jesu. Keiner, der in den Krieg zieht, läßt sich in Alltagsgeschäfte verwickeln, denn er will, daß sein Heerführer mit ihm zufrieden ist. Und wer an einem Wettkampf teilnimmt, erhält den Siegeskranz nur, wenn er nach den Regeln kämpft . . .*

Denke daran, daß Jesus Christus, der Nachkomme Davids, von den Toten auferstanden ist; so lautet mein Evangelium, für das ich zu leiden habe und sogar wie ein Verbrecher gefesselt bin; aber das Wort Gottes ist nicht gebunden. Das alles erdulde ich um der Auserwählten willen, damit auch sie das Heil in Christus Jesus und die ewige Herrlichkeit erlangen. Dieses Wort ist gewiß:

Wenn wir mit Christus gestorben sind, werden wir auch mit Ihm leben;

wenn wir standhaft bleiben, werden wir auch mit Ihm herrschen;

wenn wir Ihn verleugnen, wird Er auch uns verleugnen. Wenn wir untreu sind, bleibt Er doch treu, denn Er kann sich selbst nicht verleugnen."

Wenn Onesimus später wieder über diese Sätze nachdachte, wurde ihm die tiefe Bedeutung, die darin lag, erst so recht bewußt. Doch im Augenblick blieb ihm kaum Zeit dazu. Denn Paulus begann nun Timotheus zu ermahnen, sich von den Menschen fernzuhalten, die das Christentum nur zum Deckmantel ihres unwürdigen Lebenswandels benutzten und die in den Gemeinden viele Probleme verursachten; die auch der heilsamen Lehre des Evangeliums nicht gehorsam sein wollten, sondern solchen Lehrern nachliefen, von denen sie das zu hören bekamen, was ihren Ohren schmeichelte.

Nun war Paulus doch wieder am Ende seiner Kräfte angekommen; ja es schien sogar so zu sein, als habe er sich in seinem Eifer übernommen. Er lag reglos auf der harten Pritsche, und Onesimus fürchtete für einige Minuten um sein Leben. Er wußte, daß Paulus nicht in seiner Zelle sterben wollte, sondern, wenn irgend möglich, noch ein letztes Zeugnis vor dem Kaiser selbst und seinem Hof abgeben wollte.

Endlich bewegte sich Paulus wieder und setzte sich mühsam auf. Mit einem Ausdruck in den Augen, der weit in die Ferne zu gehen schien, diktierte er: *„Denn ich werde nunmehr geopfert, und die Zeit meines Aufbruchs ist nahe. Ich habe den guten Kampf gekämpft, ich habe den Lauf vollendet, ich habe die Treue gehalten. Schon jetzt liegt für mich der Kranz der Gerechtigkeit bereit, den mir der Herr, der gerechte Richter, an jenem Tag geben wird, aber nicht nur mir, sondern allen, die sehnsüchtig auf Sein Erscheinen warten."*

Die Sätze kamen nun nur noch stoßweise, und zwischendurch mußte der Apostel immer wieder tief Luft holen. Nach diesen Worten fügte er noch einige persönliche Bemerkungen und Grüße an und schloß den Brief mit dem Satz: *Der Herr Jesus Christus sei mit deinem Geist! Die Gnade sei mit euch!"*

Paulus hatte nun den letzten Rest seiner Kraft verausgabt. Da in diesem Augenblick auch oben an die Falltür geklopft wurde, gelang es ihm nur noch mühsam, Onesimus' Hände in die seinen zu nehmen und ihm Segensworte zuzuflüstern.

Onesimus packte schnell noch Papyrus und Schreibzeug ein und stieg die Leiter hinauf, weil die Tür schon geöffnet war. Als er draußen stand, rief er nochmals einen Gruß zurück in die Zelle, und auch Janus rief dem Apostel noch einige ermunternde Worte zu, ehe er die Falltür wieder schloß.

Während Janus Onesimus wie immer zu dem Brunnen begleitete, wo dieser seine Füße wusch, sagte der Prätorianer leise: „Ich glaube, morgen ist der bewußte Augenblick."

„Ich glaube, es ist nicht zu früh", nickte Onesimus nachdenklich. „Ich denke, daß er in der immer schlimmer werdenden Giftluft der Zelle auch nur noch wenige Tage überlebt hätte. Es ist gut, daß das Ende jetzt so kommt, wie er es sich gewünscht hat, so daß sein letztes Zeugnis noch von seinen Verfolgern angehört werden muß."

Janus erklärte: „Ich habe Befehl, gemeinsam mit Plutonius den Apostel morgen vormittag, elf Uhr, zur Hinrichtung zu führen. Nero hat sich entschlossen, nur so zu seinem Vergnügen, gemeinsam mit Tigellinus und Neros neuer Frau Poppea ebenfalls anwesend zu sein. Man sagt, es sei Poppea gewesen, die Nero am meisten dazu gedrängt hat, dem Leben des Apostels Paulus endlich ein Ende zu setzen.

Wenn du morgen einige Minuten vor elf Uhr hier bist, werde ich zusehen, daß du Gelegenheit bekommst, dich von Paulus zu verabschieden und seinen letzten Segen zu empfangen, auf den Plutonius und ich auch hoffen. Obwohl wir gern unser eigenes Leben geben würden, wenn wir ihn dadurch vor dem Tod bewahren könnten, ist es uns doch eine große Ehre, ihn zu seiner großen letzten Stunde zu führen, zu dem Erlebnis, von dem Poppea und Nero nicht die geringste Ahnung haben, der Stunde des Triumphes, wenn der von uns allen so geliebte Apostel im jenseitigen Leben von unserem Herrn willkommen geheißen wird. Sobald ich kann, werde ich dir dann Mitteilung machen von dem glorreichen Einzug des Apostels Paulus in die jenseitige Welt und von seinem letzten Zeugnis vor Nero und seinem ganzen erbärmlichen Hofgesindel."

Als er den Kummer bemerkte, der sich auf Onesimus' Gesicht ausbreitete, fügte er hinzu: „Denke daran, was Paulus noch vor wenigen Monaten den Philippern schrieb: *Freut euch in dem Herrn allezeit!* Und wie er uns immer gesagt hat: *Seid dankbar in allen Dingen.* Ich bin sicher, er möchte auch jetzt, daß du und all seine Brüder und Schwestern in Christus sich freuen, wenn er zu unserem Herrn geht. Nun geh mit Gott und sei guten Mutes, mein Freund und Bruder Onesimus."

Onesimus war tief bewegt über diese erstaunliche Bezeugung des Glaubens dieses harten Prätorianers. Während er auf dem Weg zu Nereus Haus war, dachte er daran, daß Paulus den Korinthern geschrieben hatte, daß es für ihn schwer sei, zu entscheiden was besser wäre, ob er noch hier in diesem Leben bleiben sollte oder lieber daheim sein sollte bei dem Herrn.

Onesimus merkte kaum, daß ihm die Tränen über die Wangen liefen, während er die Straße entlangging. Es waren Tränen der Trauer und der Freude zugleich, denn er wußte, daß alle Philosophen irrten und Paulus recht hatte, wenn er sagte: *„Denn Christus ist mein Leben, und Sterben ist für mich Gewinn!"* Nein, der Tod ist nicht das Ende allen Lebens, allen Leidens und aller Freude, wie die Philosophen glaubten, sondern ein neuer Anfang für ein ewiges Leben.

Als er dann am Nachmittag Nereus und Junia die traurige Nachricht mitteilte, seufzte Nereus tief: „Welch ein Verlust für uns alle und für die ganze Gemeinde Jesu Christi."

Doch dann wurde er getroster und fuhr fort: „Da Nero mittlerweile eben ganz unter Poppeas Einfluß steht und nicht mehr auf Pompania hört und da Paulus nun schon lange genug in der Hölle des Mammertinischen Kerkers gelitten hat ohne Hoffnung, je wieder frei zu kommen, ist es besser, daß sein Leiden nun zu Ende geht."

Sein praktischer Sinn sagte ihm, was an diesem Abend noch zu geschehen hatte. „Jetzt müssen alle Christen Roms benachrichtigt werden, damit wir uns in der Höhle versammeln und für Paulus beten, damit er, was immer auch geschieht, morgen bereit ist für sein Zeugnis und seinen großen Sieg. Pompania hat mir erzählt, sie habe mit Burrhus abgemacht, er werde dafür sorgen, daß der Körper des Apostels Paulus nach seiner Hinrichtung ihr übergeben wird."

Am Abend waren sie alle beim Schein der Fakeln in dem großen runden unterirdischen Raum beisammen, der ihnen von vielen vorhergehenden Versammlungen schon lieb geworden war. Ihre Gesichter waren ernst, als sie von Onesimus hörten, in welch schlechtem Zustand Paulus sich heute befand und was Janus ihm mitgeteilt hatte. Während der vergangenen Monate hatte Onesimus der Gemeinde immer wieder die Grüße von Paulus überbracht und ihnen berichtet, wie sein Befinden war, und sie hatten gemeinsam die Briefe gelesen, die der Apostel Onesimus diktiert hatte.

Heute abend beendete Onesimus diese Vorlesungen mit dem letzten Teil des Briefes von Paulus an Timotheus, den er heute geschrieben hatte. Allen war klar, daß sie nun nichts mehr von Paulus hören würden, und den meisten Anwesenden standen Tränen in den Augen. Als Onesimus die letzten Worte des Briefes gelesen hatte, forderte Linus die Gemeinde auf, gemeinsam Gott zu danken, weil er dem Apostel bis zum letzten Tag Kraft gegeben hatte, solche gewaltigen Sätze zu schreiben, und auch gemeinsam in Fürbitte für Paulus einzutreten. Onesimus war schon immer ergriffen gewesen von dem Geist der Einmütigkeit, der unter den Christen herrschte, doch so verbunden im Geist der Liebe und der gemeinsamen Zuwendung zu Paulus, wie heute, waren sie noch nie gewesen.

Am Schluß der Versammlung gab Linus noch bekannt, daß man außerhalb der Mauern Roms, nicht weit von der

Straße nach Ostia entfernt, in einem dichten Wäldchen einen Platz gefunden hatte, wo man nach der Hinrichtung den Körper des Apostels in die Erde betten wollte. Anschließend bat er Onesiphorus, Eubulus, Pudens, Epuenatus, Ampliatus, Urban und Aristobolus, die sieben Hauskreisleiter der römischen Gemeinde, gemeinsam mit ihm und Onesimus sowie Pompania und den beiden Prätorianern Janus und Plutonius an der Beerdigung von Paulus teilzunehmen und anschließend Gott zu danken für das Leben und den Dienst des Apostels.

„Eine größere Anzahl wäre zu gefährlich", erklärte Linus. „Mit allem, was wir über Nero wissen, besteht keine Hoffnung mehr, daß Paulus' Hinrichtung noch einmal hinausgeschoben wird. Doch unsere Erinnerung an ihn und was sein Einfluß auf die Gemeinde bewirkt hat, das können sie nicht ausmerzen. Sein großartiges Leben und sein Dienst werden weiter mit uns gehen, und ich glaube, sie werden durch alle Zeitalter gehen, solange diese Welt besteht. Nichts kann das Evangelium, das er gepredigt hat, und den auferstandenen Herrn aufhalten, den er verkündigt hat, vor dem er bald stehen wird und für den er morgen sein Leben hingeben wird."

Dann sangen sie gemeinsam noch voller gläubigem Vertrauen ein Lied von der Auferstehung und brachten damit ihren Glauben und ihre Hoffnung auf ein ewiges Leben mit Christus in der Herrlichkeit zum Ausdruck. Anschließend verließen sie gruppenweise die Höhle und machten sich auf den Heimweg, um zu warten und zu beten.

Als Onesimus am nächsten Morgen erwachte, wurde ihm als erstes bewußt, daß nun die Zeit mit Riesenschritten heranrückte, da Paulus seinen letzten großen Sieg auf dieser Erde erringen würde — den Sieg über den Tod! Onesimus war zutiefst überzeugt, daß das Werk, der Einfluß, die Lehren und die Liebe des Apostels in seinem Leben und im

Leben ungezählter Menschen tiefe Spuren hinterlassen hatten, und dies durch das, was Paulus geschrieben hatte, auch weiterhin tun würden. Paulus hatte wirklich nicht umsonst gelebt, das war ihm klar.

Als er über die freudige und zuversichtliche Haltung des Apostels auch noch in der letzten Zeit seiner größten körperlichen Not im Gefängnis nachdachte, fiel Onesimus ein anderes Wort von Paulus wieder ein, das er den Korinthern geschrieben hatte:

„Diesen Schatz tragen wir in zerbrechlichen Gefäßen; so wird deutlich, daß das Übermaß der Kraft von Gott und nicht von uns kommt. Von allen Seiten werden wir in die Enge getrieben und finden doch noch Raum; wir wissen weder aus noch ein und verzweifeln dennoch nicht; wir werden gehetzt und sind doch nicht verlassen; wir werden niedergestreckt und doch nicht vernichtet. Wohin wir auch kommen, immer tragen wir das Todesleiden Jesu an unserem Leib, damit auch das Leben Jesu an unserem Leib sichtbar wird. Denn immer werden wir, obgleich wir leben, um Jesu willen dem Tod ausgeliefert, damit auch das Leben Jesu an unserem sterblichen Leib offenbar werde ... Darum werden wir nicht müde; wenn auch unser äußerer Mensch aufgerieben wird, so wird doch der innere Tag für Tag erneuert."

Onesimus fühlte, wie diese Worte ihm neuen Mut und tiefen inneren Frieden schenkten. Auch er wollte leben und sterben in dieser Gewißheit, daß Christus in ihm lebte. Nachdem er noch eine Zeit im Gebet verbrachte, machte er sich fertig und ging dann nach unten, wo Nereus und Julia mit dem Frühstück auf ihn warteten.

Nereus war, wie viele andere Christen, an diesem Tag von der Arbeit daheim geblieben, um für Paulus zu beten. Außerdem wollte er dann Onesimus den größten Teil des Weges zum Mammertinischen Kerker begleiten, wenn er auch selbst nicht eingelassen würde. Junia schluchzte, als die beiden Männer sich auf den Weg machten. Onesimus tröstete sie, indem er sie nochmals an das Wort des Apostels erinnerte, das er so oft gesagt hatte, daß sein Leben Christus sei und Sterben für ihn Gewinn.

Die beiden Männer gingen schweigend nebeneinander. Der Tag war wolkenverhangen und kalt und der Wind zerrte an ihren Gewändern. Beide dachten darüber nach, wieviel Unheil menschliche Gemeinheit und Brutalität schon angerichtet hatte.

„Nero kann seine Bosheit an dem kleinen, ausgemergelten Körper des Apostels auslassen", bemerkte Onesimus plötzlich, „doch er hat keine Möglichkeit, den lebendigen Geist, der in ihm ist, zu rauben oder zu zerbrechen, ja er kann ihn noch nicht einmal erreichen und berühren."

„Hab Dank für deine Zuversicht, Onesimus", antwortete Nereus. „An einem Tag wie diesem ist es nicht leicht, im Glauben daran festzuhalten, daß das barmherzige Herz, das an jenem schwarzen Tag brach, als Jesus am Kreuz starb, dennoch die Welt regiert und am Ende über alles Böse triumphieren wird mit der Liebe Gottes."

„Da hast du recht", stimmte Onesimus zu. „Solch ein Glaube kommt nicht aus menschlichen Möglichkeiten, sondern wird uns immer wieder neu durch den Heiligen Geist geschenkt. Ich bin sehr dankbar, weil ich Paulus noch einmal sehen und seinen Segen empfangen kann. Ich wünschte, du könntest mit mir kommen, Nereus. Doch unsere Prätorianer und auch Pompania haben uns ja geraten, daß es für uns alle besser ist, wenn sich sonst keiner von uns Christen direkt vor dem Gefängnis sehen läßt. Burrhus, der stellvertretende Kommandeur der Prätorianer, meint, daß es keinen Verdacht erregen wird, wenn ich einige Minuten vor Paulus' Abtransport dort bin, da ich ja regelmäßig bei ihm zu Besuch war. Doch ich bin dir dankbar, daß du fast den ganzen Weg mit mir gekommen bist, da war ich wenigstens nicht mit meinen Gedanken allein."

Mit einem freundschaftlichen Klaps auf die Schulter verabschiedeten sie sich. Nereus blieb in einer so großen Entfernung vom Kerker stehen, daß er keinen Verdacht erregen konnten, während Onesimus das letzte Stück allein weiterging und dann die Stufen zum Eingang des Mammertinischen Kerkers hinanstieg. Die Wachen am Eingang, die ihn ja kannten, öffneten ohne weiter zu fragen das schwere Tor. Als er in den Hof des Gefängnisses trat, stand er Janus und Plutonius gegenüber.

Die drei Männer nickten sich ernst zu. „Es wird Zeit", sagte Plutonius leise. „Ich gehe jetzt und hole unseren Freund Paulus. Alle sagen, die Gerichtsverhandlung ist nur ein Possenspiel, eine Zeit, da Nero seinen Spaß haben und mit dem Gefangenen seinen Spott treiben kann. Und alle Feinde der Christen an Neros Hof werden mit Genugtuung zuschauen. Alle meinen, Poppea habe nun endgültig die Oberhand gewonnen. Doch am Ende wird Christus der Sieger sein."

Inzwischen waren sie vor Paulus' Zelle angekommen, und die beiden Prätorianer öffneten die schwere Falltür. Janus hatte noch am vergangenen Abend Paulus mitgeteilt, was ihm heute bevorstand. Janus und Onesimus hörten zu, als Paulus nun Plutonius begrüßte, der zu ihm hinabgestiegen war.

„Der Herr sei mit dir, mein Sohn", hörten sie Paulus' Stimme, die wieder fest und klar war, als habe Gott ihm für diesen Tag neue Kraft geschenkt. „Die Zeit ist endlich gekommen, da ich mein letztes Zeugnis von der großen Macht und Liebe unseres Herrn Jesus Christus geben kann. Ich bin bereit!"

Plutonius sagte ruhig: „Ich danke Gott für deinen Glauben, Bruder Paulus. Du bist stärker als ich, der ich gekommen bin, um dich schweren Herzens und nur ungern zu deinem Tod zu tragen." Damit hob er den ganz mager gewordenen und leichten Körper des Apostels auf und sagte: „In Wirklichkeit bist du es, der uns mit deinem Glauben trägt."

Onesimus schämte sich der Tränen nicht, die ihm ungewollt in die Augen traten.

Als Plutonius die Leiter fast hochgestiegen war, reichte

er die leichte Last Janus hinaus, der Paulus mit seinen starken Armen emporhob und zum Brunnen trug, wo ihn Plutonius sorgfältig wusch.

Als Paulus seinen jungen Sekretär neben Janus sah, sagte er voller Zuneigung: „Mein lieber Sohn Onesimus, eines möchte ich dir noch sagen, da Janus mir ja mitgeteilt hat, daß du mich nicht zu meiner Hinrichtung begleiten kannst: Wenn Gott für uns ist, wer kann uns dann widerstehen? Bitte, grüße die ganze Gemeinde in Rom, all meine Brüder und Schwestern in Christus noch einmal mit den Worten, die ich ihnen schon vor langer Zeit in meinem Brief schrieb:

„Wer wird uns scheiden von der Liebe Christi? Drangsal oder Angst oder Verfolgung oder Hungersnot oder Blöße oder Gefahr oder Schwert? Wie geschrieben steht: ‚Um Deinetwillen werden wir getötet den ganzen Tag; wie Schlachtschafe sind wir gerechnet worden.' Aber in diesem allen sind wir mehr als Überwinder durch den, der uns geliebt hat. Denn ich bin überzeugt, daß weder Tod noch Leben, weder Engel noch Fürstentümer, weder Gegenwärtiges noch Zukünftiges, noch Gewalten, weder Höhe noch Tiefe, noch irgendein anderes Geschöpf uns scheiden können von der Liebe Gottes, die in Christus Jesus ist, unserem Herrn."

Onesimus hatte die abgemagerten Hände des Apostels ergriffen, als jener diese Worte leise, doch mit einem Anflug des alten Feuers, sprach. Als sie bemerkten, daß die regulären Gefängniswachen am Tor die Szene beobachteten und unruhig wurden, legte Paulus seine Hände auf das Haupt von Onesimus und sagte fest: „Der Herr führt dich, mein lieber Onesimus, und Er wird dich in den kommenden Jahren sehr brauchbar machen für Seine Gemeinde. Im Namen des Vaters, des Sohnes und des Heiligen Geistes nimm nun meinen Segen und auch meine Liebe. Gott behüte dich, bis wir uns wiedersehen!"

Die kleine Gruppe machte sich auf den Weg, und Janus trug den Apostel zum Gefängnistor hinaus, dabei flüsterte er

Onesimus zu: „Plutonius und ich werden mit euch in der Abenddämmerung an dem vereinbarten Ort zusammentreffen."

Onesimus dankte den beiden Wachen am Tor für ihre Freundlichkeit. Doch deren einzige Reaktion war ein ärgerliches Stirnrunzeln. Sie waren offensichtlich ärgerlich auf die beiden Prätorianer, denen man die Bewachung von Paulus anvertraut hatte und die ihn nun auch vor den Kaiser bringen durften.

Vor dem Tor wartete ein kleiner Wagen, in dem üblicherweise Gefangene transportiert wurden, die nicht gehfähig waren oder besonders geschützt werden sollten. Onesimus blieb stehen und sah zu, wie Paulus sehr sanft und vorsichtig von Janus in den Wagen gesetzt wurde. Als die Pferde anzogen und der Wagen sich in Bewegung setzte, winkte Paulus seinem treuen Sekretär noch einmal zu, und dabei zog ein leises Lächeln über sein Gesicht.

Onesimus' Augen waren tränenvoll. Er stand wie angewurzelt und blickte dem Wagen nach, bis der um die Ecke bog und er ihn nicht mehr sehen konnte.

25. KAPITEL

Onesimus war es, als würde er aus einem bedrückenden Traum erwachen, als der Wagen aus seinem Blickfeld entschwunden war. Er raffte sich auf, drehte sich um und ging fast blind nach der anderen Seite jenen Weg, der ihm in den letzten Monaten so sehr zur lieben Gewohnheit geworden war. Es würde der ganze Nachmittag vorübergehen, ehe er wieder mit Janus und Plutonius zusammentraf, die dann die irdischen Überreste des Apostels bringen wollten.

Onesimus war es, als gerieten die Grundlagen seiner Existenz ins Wanken. Die Pflastersteine unter seinen Füßen schienen sich zu drehen. Er blieb stehen und lehnte sich für einige Augenblicke an eine Mauer. Dabei rief er sich die Worte des Apostels in Erinnerung: *„Aber in diesem allen sind wir mehr als Überwinder durch den, der uns geliebt hat.“*

Während er weiterging, begann er zu grübeln. Er versuchte in Gedanken irgend etwas zu finden, an dem er sich festhalten konnte, das ihm festen Grund unter den Füßen gab, um ein solcher Überwinder sein zu können. Was war denn nun überwunden worden, und welch ein Sieg war das denn? überlegte er. Viele Monate war der von ihm so geliebte Apostel Paulus in einem stinkenden Kerker eingesperrt gewesen. Und nun wurde Paulus einem blutdürstigen und haßerfüllten Kaiser und seinen verachtenswerten Hofschranzen vorgeführt, die alle ihren Spott mit ihm haben wollten und dann voller Vergnügen zusehen würden, wenn ihm der Kopf abgeschlagen wurde. War das Sieg und Triumph?

Onesimus bemerkte erschrocken, daß er den Wert all seiner Erfahrungen wieder an dem zu messen begann, was er sehen und mit seinem Verstand fassen konnte. Doch Paulus hatte gesagt: *Das Sichtbare ist vergänglich, aber das Unsichtbare ist ewig.*" Er selbst hatte sich dafür entschieden, Paulus zu glauben, und dadurch hatte er diese großartige innere Freiheit gefunden. Auch jetzt wollte er glauben. Doch sein hartnäckiger Verstand — ein Teil des stolzen alten Menschen, wie Paulus sagte — erfüllte seine Sinne mit Verwirrung und Verzweiflung.

Bekümmert lief er durch die Straßen, ohne noch darauf zu achten, wohin er ging. Er konnte seine Gedanken nicht losreißen von der Tragödie, die er miterlebt hatte. Es verging eine ganze Zeit, ehe er bemerkte, daß er unbewußt in Richtung der *Subura* gelaufen war und sich jetzt auf der Hauptstraße befand, die dieses Stadtviertel durchzog. Und plötzlich stand er direkt vor einer jungen Frau, die in ein prächtiges karminfarbiges Übergewand gekleidet war.

„Bei allen Göttern und bei meinem eigenen Leben!" rief die Frau überrascht und blickte ihm voll ins Gesicht, während sie stehenblieb. „Ist das nicht Onesimus, unser stattlicher Adonis mit dem weichen Herzen? Was um alles in der Welt tust du hier?"

Onesimus war genauso überrascht. Doch die Begegnung riß ihn aus seinen Gedanken, als er erkannte, daß er seiner ersten Freundin und gleichzeitig auch seiner ersten Feindin aus der *Subura* gegenüberstand.

„Ich bin nur einfach ein Stück diese Straße entlanggegangen", antwortete er, noch immer überrascht. „Und wie geht es dir?"

Marcia lachte. „Es ist immer noch derselbe alte Onesimus. Ich wundere mich, daß du überhaupt mit mir sprichst."

„Marcia, ich bin nicht mehr *derselbe alte Onesimus,* sondern ich bin jetzt ein anderer Mensch als der, den Nicia in jener Nacht die Stufen vor eurer Wohnung hinunterstieß und sich nicht mehr darum kümmerte, was dann mit mir geschah. Seither habe ich vieles erlebt, was mich verändert hat."

„Was, im Namen Jupiters, meinst du damit?" Für einen Augenblick war Marcia beeindruckt von der Zuversicht und Kraft, die in Onesimus' Worten lag.

„Ich meine, daß aus der übelsten Sache und der schlimmsten Ungerechtigkeit, die mir je widerfahren sind, das größte, beste und bemerkenswerteste Erlebnis meines Lebens erwachsen ist. Ich habe den Weg, die Wahrheit und das Leben gefunden, wie die Christen sagen. Ich bin frei nach Leib, Seele und Geist!"

Er machte einen Augenblick Pause und mußte dabei denken, daß Marcia ihm auch diesmal wieder etwas Gutes tat, obwohl unbeabsichtigt. Durch die Begegnung mit ihr und ihre Fragen hatte er sich auf die Erfahrung seines neuen Lebens in Christus besonnen, durch das er so viel Freude, Freiheit und Frieden erfahren hatte. Seine Gedanken wurden abgelenkt von der Tragödie, die jetzt der Mann durchlebte, der ihm geholfen hatte, dieses neue Leben und den Sieg in Christus durch den Glauben zu finden.

„Marcia", sagte er entschlossen, „ich habe dir eine großartige Geschichte zu erzählen."

Marcia hatte das Neue, das sie in Onesimus erkannte, immer noch nicht verarbeitet. Aber irgend etwas sehr Bemerkenswertes mußte mit diesem stattlichen jungen Adonis, wie sie ihn immer genannt hatte, geschehen sein. In den seltsamen Worten, die er sagte, und in seiner Haltung spürte sie eine Kraft und eine Würde, die sie äußerst beeindruckte.

„Was du sagst, klingt so fremd und so ganz anders als früher", antwortete sie zögernd. „Was ist mit dir geschehen? Es ist mehr als seltsam, daß jemand, der so häßlich behandelt wurde wie du, so offen und vergebungsbereit ist den Menschen gegenüber, die ihm so großes Unrecht taten."

„Komme mit mir, und ich werde dir alles erklären. Ich habe dir vergeben und möchte dir erzählen, warum." Sie folgte ihm in eine Gastwirtschaft, wo sie sich an einen Tisch in einer ruhigen Ecke setzten.

„Zuerst hätte ich gern gewußt, wie es dir und Nicia mit all dem Geld und den Juwelen ergangen ist, die ihr mir gestohlen habt."

Marcia berichtete kurz, daß sie und Nicia von dem Geld ein kleines Geschäft gekauft hatten, daß ganz in der Nähe lag. Sie verkauften Parfüm, Toilettenartikel und andere Luxusgegenstände und auch notwendige Dinge, die von Männern und Frauen gebraucht wurden; und außerdem verdienten beide auch noch viel Geld mit ihrer alten Tätigkeit als Prostituierte.

„Wir haben mittlerweile soviel verdient", erklärte sie stolz, als sie daran dachte, welche Ablehnung er ihrem früheren „Beruf" entgegenbrachte, „daß wir daran denken, damit aufzuhören, unsere Körper an andere zu verkaufen. Doch das mag gar nicht so einfach sein, wie man denkt", fügte sie achselzuckend hinzu. „Doch jetzt möchte ich wissen, wie es dir ergangen ist."

Onesimus begann damit, daß er von seiner Bitterkeit und Einsamkeit berichtete, nachdem er sein Geld verloren hatte, von seinem Hunger und seiner Verzweiflung und seiner Suche nach Christen, bis er Nereus und Junia fand, und durch sie den Apostel Paulus. Für Marcia war es eine faszinierende Geschichte, die sie da hörte. Auch sie hatte einige Freunde, die zu dieser geheimnisvollen Bewegung gegangen waren, die man *Christen* nannte. Es hatte sie zwar irgendwie interessiert, doch war sie bisher nie bereit gewesen, einmal christlichen Gedanken zuzuhören. Was man so darüber vernahm, schien alles zu weltfremd und gefährlich zu sein.

Doch nun lauschte sie mit offenem Herzen dem, der durch sie soviel Unrecht erfahren hatte, als er ihr die Geschichte seiner Freundschaft mit Paulus und seiner Bekehrung zu Jesus Christus erzählte. Als er von seiner mutigen Rückkehr zu seinem alten Besitzer sprach und von der dramatischen Begegnung in Philemons Haus, vergaß sie vor Spannung fast zu atmen, bis sie vernahm, wie wunderbar diese Sache ausgegangen war. Sie erkannte, daß sie hier wirklich etwas für sie ganz Neuem begegnete. Wenn dieser Philemon den Diebstahl und die Untreue vergeben konnte, die Onesimus an ihm begangen hatte, ihm die Freiheit schenkte und ihn sogar noch als Sohn adoptierte, ihm seine Tochter Helen zur Frau gab und ihn mit Geld wohl versehen auf die Reise nach Rom schickte, um diesem Paulus beizustehen — dann war dies wirklich ein Wunder.

Genau dies sagte sie auch zu Onesimus, als der seinen Bericht beendet hatte: „In meinen wildesten Träumen hätte ich mir eine solche Geschichte nicht vorstellen können", meinte sie verwundert. „Aber wenn ich deinen Glauben sehe und die Überzeugung, mit der du erzählst, dann erkenne ich daran, daß es die Wahrheit ist."

„Ja, es ist wirklich wahr", sagte Onesimus mit Nachdruck. „Und wenn du erst einige von diesen geisterfüllten Christen kennenlernst, die in allen Anfechtungen und Verfolgungen ihren Mut und Glauben beweisen, dann wirst auch du davon überzeugt werden, daß es sich hier um keinen Aberglauben handelt. Wirklich, Marcia, das Evangelium von Jesus Christus ist die größte Wahrheit des Universums. In Jesus Christus, von dessen Erdenleben Johannes Markus uns immer erzählt, wenn wir unsere Versammlungen haben, wirst du den ewigen Sohn Gottes erkennen, der als Mensch auf diese Erde kam, hier lebte und am Kreuz starb und wieder von den Toten auferstanden ist, um uns zu erlösen von aller Sünde und aller Schuld, damit wir das Böse überwinden können."

„Du hast also für dich endlich die Antwort auf die Frage gefunden, die du uns einige Male gestellt hast, ob es besser ist, Unrecht zu erleiden, als Unrecht zu tun? Du würdest also heute sagen: Ja! Doch schau einmal, euer Glaube, von dem du so begeistert redest, versagt gerade heute, weil euer wunderbarer Führer Paulus hingerichtet wird. Was ist also daran so großartig?"

Ihre Frage ließ Onesimus für einige Augenblicke nachdenklich schweigen. Das waren ja auch seine eigenen unausgesprochenen Zweifel gewesen. Doch jetzt, da er von seiner Bekehrung, von seinem Glauben an Jesus Christus und von Paulus redete, sah er wieder, wie alles zusammenpaßte. Er dachte daran, daß Paulus immer gesagt hatte, alle Dinge müssen zum Guten mitwirken für die, die Gott lieben.

„Und doch ist alles wahr, Marcia! Ich weiß es, weil ich es erlebt habe! Ich habe erfahren, daß alle Dinge, sogar die schlimmsten, die eingeschlossen, die du und Nicia mir taten, und auch meine eigenen üblen Taten, sich für mich zum Besten gekehrt haben, denn ich habe dadurch die Gnade unseres Herrn annehmen und erfahren dürfen. Und es wird sich erweisen, daß es auch stimmt in dem, was heute mit dem Apostel Paulus geschieht. Aus Paulus' Märtyrertum wird durch viele Jahrhunderte hindurch in Millionen von Menschen eine mächtige Flamme der Liebe und Hoffnung entstehen. Den Philippern schrieb er durch meine Hand: *All das, was mir widerfährt, hilft dem Evangelium mehr, als daß es dadurch gehindert würde.*

Man mag zwar Paulus töten, doch die Wahrheit in Christus und Seine Liebe bestehen weiter. Sein Königreich bleibt für immer! So wie Jesus von den Toten auferstanden ist und lebt, so wird Paulus mit Christus ewig leben. Dies ist unsere große Hoffnung, und keine aristotelischen Lehrsätze können das aus der Welt schaffen. Gewiß, diese Wahrheit kann nicht durch Logik oder sichtbare Dinge bewiesen werden, aber das Gegenteil ist ebensowenig beweisbar. Der eigentliche Beweis liegt in dem neuen Leben, das in uns ist und das durch unser Handeln zum Ausdruck kommt."

Marcia war tief bewegt von diesen Worten. „Onesimus", sagte sie, „ich möchte, daß Nicia deine Geschichte auch hört, und ich möchte auch einige deiner Mitchristen kennenlernen."

Onesimus stimmte zu und lud sie ein, am nächsten Tag zusammen mit Nicia in das Haus von Nereus und Junia zu kommen. „Ich bin sicher, Nereus und Junia werden euch genauso willkommen heißen wie mich damals." Dann erklärte er ihr noch, wie sie Nereus Haus finden konnte und schloß mit den Worten: „Ich möchte dir und Nicia noch dafür danken, daß ihr mich damals bestohlen und die Treppe hinuntergeworfen habt, denn dadurch habe ich neues Leben und Freiheit in Christus gefunden.“ Er erhob sich lächelnd und verabschiedete sich.

Es war schon mehr Zeit vergangen, als er gedacht hatte. Deshalb beeilte er sich nun, in das Haus zu kommen, in dem sich Nereus, Junia, Pompania, Linus und die Leiter der sieben Hauskreise versammelten. Burrhus hatte Pompania zwar gesagt, es würde besser sein, mit der Beerdigung bis zum Einbruch der Dämmerung zu warten, doch die anderen warteten sicher schon darauf, zu erfahren, was Onesimus von seinem Abschied von Paulus zu berichten hatte.

„Es war für mich ein schweres, aber gleichzeitig auch wunderbares Erlebnis“, erzählte Onesimus, nachdem er sich gesetzt hatte. Auch ihr wärt sicher stolz auf unseren Bruder Paulus gewesen, hättet ihr die ruhige Freude und Zuversicht gesehen, mit der er sich von unseren Prätorianer-Brüdern zur Hinrichtung bringen ließ.“

„Bitte, iß doch auch etwas“, drängte Junia ihn. „Du siehst so müde aus und hast heute noch allerlei vor dir.“

„Also gut, Junia, weil du mich so bittest“, nickte Onesimus, als er von den frischen Früchten nahm. „Doch ihr wäret ebenso stolz auf Janus und Plutonius gewesen“, fuhr er fort. Sie nickten alle, als er ihnen Plutonius Worte wiedergab, die dieser gesagt hatte, als er Paulus aus der stinkenden Zelle hob. „Du bist stärker als wir, die wir dich zu deinem Tod tragen, denn du trägst uns durch deinen Glauben.“

Onesimus berichtete in allen Einzelheiten, was er beim Abschied erlebt hatte, bis hin zum letzten Winken und Lächeln des Apostels, als der Wagen anfuhr.

„Ich wußte, daß es so ungefähr gehen würde“, rief Pompania freudig. „Ich bin froh, daß du noch seinen Segen empfangen hast, und durch dich wir alle. Ich kann es kaum erwarten, von Paulus' triumphierender Begegnung mit diesem armen und so bösen Jungen Nero zu hören, der sich selbst ‚Kaiser und Herr der ganzen Erde' nennt."

„Da wir noch Zeit haben, kann ich euch noch eine andere erstaunliche Geschichte erzählen", begann Onesimus wieder. Da es noch zeitiges Frühjahr war und ein recht kühler Tag, saßen sie im Atrium um ein großes Becken, in dem ein Kohlenfeuer brannte und wohlige Wärme verbreitete.

Nun lauschten sie alle eifrig, wie Onesimus ihnen von seinen Zweifeln erzählte, als er sich von Paulus verabschiedet hatte, und wie er dann durch die Begegnung mit Marcia gezwungen war, sich an seine Erfahrungen mit Christus zu erinnern und diese ihr zu bezeugen. Als er die ganze Geschichte erzählt hatte und auch, wie Marcia reagierte, schloß er mit den Worten: „Durch meine philosophische Erziehung hat man mich von Kind an gelehrt: ‚Sehen ist glauben.' Doch nun habe ich entdeckt, daß es mit den unsichtbaren Realitäten der Liebe und des neuen Lebens in Christus genau umgekehrt ist, da wird aus Glaube dann Erfahrung."

Pompania stimmte zu und meinte: „Auch ich habe schon ähnliches erlebt. Wenn unser Glaube schwach werden will, ist es das Beste, anderen davon zu erzählen, was Christus in unserem Leben getan hat, durch ein solches Zeugnis wird auch der eigene Glaube wieder gestärkt. Du, Onesimus, hast nun vielleicht durch dein Zeugnis und deine Vergebungsbereitschaft zwei alte Feinde für Jesus gewonnen."

Alle stimmten diesen Worten zu und waren bereit, Marcia und Nicia mit offenen Armen zu empfangen, wenn sie zu ihnen kommen sollten.

26. KAPITEL

Die Sonne war untergegangen, und der Wind hatte sich gelegt. Doch in der Abenddämmerung war an diesem frühen Märztag noch ein letzter Hauch von Winter zu spüren, der die kleine Gruppe von Menschen leicht frösteln ließ, die auf der Lichtung inmitten des dichten Wäldchens außerhalb der Stadtmauer Roms wartete. Sie standen schweigend dicht nebeneinander und lauschten.

Dann hörten sie in der Ferne das Geräusch von rumpelnden Rädern und Pferdehufen. Als der Wagen nahe genug gekommen war, erkannten sie auf dem Sitz Horatius und Appho, zwei von Pompanias vertrautesten Dienern. Janus und Plutonius ritten vor dem Wagen her. Die kleine Gruppe drängte zu dem Wagen, als dieser zum Stehen gekommen war und die beiden Prätorianer von den Pferden stiegen. Die neu Angekommenen wurden schweigend umarmt.

Endlich unterbrach Janus die Stille und sagte: „Ja, Paulus ist tot. Doch so, wie wir es von unserem Herrn wissen, lebt auch er für immer!" „Halleluja!" antworteten alle.

„Morgen in der Versammlung möchten wir von euch in allen Einzelheiten von Paulus' letzter Stunde hören. Doch jetzt gebt uns schon einen kurzen Bericht, ehe wir seinen Körper in die Erde legen", bat Linus.

In kurzen Sätzen berichteten Janus und Plutonius von dem lächerlichen Gerichtsverfahren. Sie hatten Paulus in dem Wagen zu dem Palast gefahren, in dem sich Nero mit seiner neuen Frau Poppea und einigen seiner Hofschranzen aufhielt. Janus beschrieb nun was weiter geschah:

„Der Apostel war zu schwach zum Gehen, deshalb trugen wir ihn auf einem offenen Tragstuhl. Als wir den Hof des Palasts betraten, gab er jedem von uns noch leise seinen Segen und bat uns, für ihn zu beten und euch von seinem letzten Zeugnis Bericht zu geben. Wir versprachen es. Und es war ein trauriges Spektakel, was dann ablief, und hatte nichts mit der Würde eines römischen Gerichts zu tun."

Plutonius fuhr fort: „Auf einer Terrasse am Palast waren Sessel aufgestellt, und wir setzten den Apostel mit dem Tragestuhl vor der Terrasse ab. Bald darauf erschien Nero mit Poppea und Tigellinus, die sich rechts und links von dem kleinen fetten Kaiser in die Sessel setzten. Die anderen Höflinge gruppierten sich im Halbkreis dahinter. Nero schien betrunken zu sein, denn er konnte sich in dem Sessel kaum aufrecht halten und bat Poppea, ihm Kissen in den Rücken zu stopfen. Auch Paulus war so schwach, daß er kaum sitzen konnte. Wir beide standen rechts und links neben ihm und hielten ihn aufrecht.

Nero betrachtete Paulus mit blutunterlaufenen Augen und sagte dann spöttisch: ‚Ha! Das ist also dieser große Apostel Paulus, der in Korinth, in Ephesus, in Jerusalem und in anderen Städten unseres Reiches so viel Aufruhr verursacht hat. Und nun will er auch hier in Rom die ganze Stadt erregen.'

Paulus antwortete ruhig: ‚Majestät, es ist mein Auftrag, überall Friede zu predigen, wo Unfriede und Parteigeist herrschen, und Liebe dort zu verkündigen, wo Haß ist. Wenn es irgendwo Schwierigkeiten gibt, dann habe nicht ich sie verursacht.'

‚So, so', grollte Nero, ‚das ist ja eine nette Geschichte, die du uns da erzählst. Aber jene Leute, die dich verklagt haben, sagten uns, du seist ein Aufrührer. Und ganz gewiß hast du mir mehr Schwierigkeiten bereitet als jeder andere von meinen Gefangenen. Deine Nachfolger haben mir zu viele Probleme bereitet, als daß ich mit jemandem wie dir, der so hart angeklagt wird, noch Erbarmen haben könnte.'

Als er einen Augenblick schwieg, beugte sich Poppea zu ihm und flüsterte ihm etwas ins Ohr. Nero nickte und gab den Wachen, die vor einer Seitentür standen, ein Zeichen. ‚Also gut', erklärte er, ‚dann wollen wir hören, was deine Ankläger zu sagen haben.'

Die Wachen führten zwei in Rom wohnende Juden herein, die Freunde von Poppea waren und für dieses Ereignis von ihr ausgesucht wurden. Sie nickte ihnen lächelnd zu, und die beiden verbeugten sich vor dem Kaiser und vor ihr."

Die beiden Prätorianer wechselten einen kurzen Blick, und Janus erzählte nun weiter: „Es war Tigellinus, der jetzt das Wort ergriff, sich an die beiden Juden wandte und sie fragte: ‚Was habt ihr eurem gnädigen Kaiser zu berichten? Wie lauten eure Anklagen gegen diesen Gefangenen?'

Die beiden brachten die alten Beschuldigungen wieder vor, die in allen Städten gegen Paulus erhoben worden waren: Paulus habe überall Aufruhr angezettelt, er habe die Geschäfte der Kaufleute in Ephesus und Korinth und in anderen Städten des Reiches geschädigt, und in Jerusalem habe er den Frieden gestört.

‚Genug! Genug!' schrie Nero nun. ‚Es ist ganz klar zu erkennen, daß dieser Mann schuldig ist. Seht nur, welch schäbigen Eindruck er macht; und dennoch wagt er es, uns so unverschämt anzustarren, daran erkennt man doch seinen aufrührerischen Geist.'

Nero wandte sich nun direkt an Paulus und fuhr ihn an: ‚Nun laß uns hören, was du zu sagen hast. Du bist ein römischer Bürger und hast an den Kaiser appelliert. Wir sind jetzt bereit, zu hören, was du gegen diese Beschuldigungen vorzubringen hast.'

Paulus lehnte sich vor und sagte fest und entschlossen: ‚Majestät, ich habe in meinem Leben nur ein Ziel, nämlich ein Bote, Apostel und Lehrer des Evangeliums von Jesus Christus zu sein. Er wurde einfachen Eltern in dem Dorf Nazareth in der Provinz Galiläa geboren. Doch wurde in Seinem Leben die Fülle unseres mächtigen Gottes und Vaters offenbart, der unser aller Schöpfer ist. Jesus wurde dann gekreuzigt, weil bestimmte jüdische Führer ihn verklagten, Er sei ein Gotteslästerer, was nicht wahr ist. Er ist am Kreuz gestorben und wurde beerdigt. Doch am dritten Tag stand Er durch die Macht Gottes von den Toten auf, denn es war unmöglich, Ihn im Gefängnis des Todes zu halten. Nach Seiner Auferstehung ist Er wieder in den Himmel zurückgegangen und regiert nun als allgegenwärtiger Herrscher und Gott alle Dinge. Und wir alle werden einmal vor Ihm stehen müssen, und Er wird dann entweder unser Richter sein oder unser großer Erlöser, je nachdem, welche Wahl wir treffen.'

Das Gesicht des Kaisers war vor Wut rot angelaufen. ‚Ich habe dich nicht aufgefordert, hier eine Predigt zu halten!' schrie er. ‚Was bist du doch für ein Narr, zu behaupten, da sei jemand von den Toten auferstanden, und von einem Gott zu reden, der angeblich das ganze Universum regiert. *Ich* bin der Herrscher, du verrückter Tor!'

Der Zorn hatte Nero so gepackt, daß er davon fast ohnmächtig wurde. Poppea hielt ihm einen Becher Wein an die Lippen, aus dem er einige Schlucke trank, während sie ihm erneut etwas ins Ohr flüsterte."

Hier hielt Janus im Erzählen inne, weil sein Mund trocken geworden war. Er blickte Plutonius an, dieser nickte und berichtete weiter: „Nachdem Nero sich ein wenig erholt hatte, schrie er: ‚Wir haben uns die Torheiten dieses Mannes jetzt lange genug angehört, holt den Henker herbei! ... Liebe — Totenauferstehung — Herrscher des Universums? — Lächerlich!' Dann folgten eine ganze Reihe von Flüchen, bis er erneut erschöpft in die Kissen zurücksank.

Auf einen Wink von Burrhus betrat ein riesiger Soldat mit einer großen, scharfgeschliffenen Axt den Hof und ging zu einem großen Holzblock, der ein wenig seitlich neben der Terrasse stand. Dieser Block steht sonst nicht dort, sondern war offensichtlich nur für diesen Tag hereingebracht worden. Daran kann man sehen, daß Nero schon vor dieser angeblichen Gerichtsverhandlung beschlossen hatte, Paulus hinrichten zu lassen.

Als der Henker neben dem Block Aufstellung genommen hatte, blickte Burrhus zu Janus und zu mir und gab uns das vereinbarte Zeichen. Hätte Nero die Blicke bemerkt, die wir dabei wechselten, wäre er vielleicht endgültig in Ohnmacht gefallen. Janus und ich trugen den Apostel nun vorsichtig zu dem Block und legten seinen Kopf darauf. Dabei flüsterten wir ihm noch einmal ermutigende Worte zu, die sonst kein anderer hörte. Paulus flüsterte zurück: ‚Die Gnade und der Friede unseres Herrn werden mit euch sein! Lebt wohl, bis wir uns wiedersehen!'

Nun erhob sich Nero mit Hilfe von Tigellinus mühsam aus seinem Sessel, trat an den Rand der Terrasse und rief: ‚Wir werden ja jetzt sehen, wer hier der Herrscher ist! Die Axt soll entscheiden, wer im Besitz der Macht und der Herrlichkeit ist!' Er gab dem Henker ein Zeichen. Dieser erhob die Axt und trennte mit einem mächtigen Schlag Paulus' Kopf von seinem Körper.

Nero schrie erfreut, rief dem Henker Worte der Anerkennung zu und klatschte begeistert in die Hände. Während er zusah, wie das Blut des Apostels auf die Erde lief, zog über sein Gesicht ein Ausdruck sadistischer Freude.

Auf den Befehl von Burrhus hin trugen Janus und ich den toten Körper und den abgeschlagenen Kopf des Apostels aus dem Hof des Palastes. Draußen vor der Palastmauer wartete ein Wagen von Pompania, auf dem ein schon vorbereiteter Sarg aus Sandelholz stand. Wir legten die sterblichen Überreste des Apostels in den Sarg, und Horatius und Appho, die beiden vertrauten Diener Pompanias fuhren mit dem Wagen davon.

Burrhus, der mit uns nach draußen gekommen war, beurlaubte uns für den Rest des Tages vom Dienst. Wir brauchten nur noch unsere schon gesattelten Pferde zu besteigen. Zu Anfang ritten wir ein wenig schneller, bis wir den Wagen Pompanias erreicht hatten und haben ihn nun bis hierher begleitet."

Schweigen breitete sich aus, weil alle so von dem Bericht

der beiden Prätorianer ergriffen waren. Endlich sagte Janus: „Menschlich gesehen würde man sagen: Es war ein schreckliches Erlebnis für uns. Doch für uns drei — Burrhus und uns —, die wir Paulus kannten und liebten und mit ihm demselben Herrn nachfolgen, war es das Beispiel eines triumphierenden Einzugs in das ewige Königreich unseres Herrn Jesu Christi!"

Einige aus der kleinen Gruppe brachen nach diesen Worten in Freudenrufe aus. „Halleluja!" konnte man hören, und: „Der Herr Christus regiert, und Sein Königreich besteht auf ewig!" und „Amen!" rief ein anderer.

Die beiden Prätorianer halfen Pompanias Dienern, den Sarg vom Wagen zu heben und zu dem offenen Grab zu tragen. Linus und Onesimus gingen vor ihnen her, und die anderen folgten hinter dem Sarg. Am Grab sprach Linus noch ein kurzes Gebet, dann wurde der Sarg langsam in die Erde gesenkt. Während dies geschah, zitierte Linus einige der bekanntesten Worte des Apostels:

„Mein Leben ist Christus, und Sterben ist für mich Gewinn", sagte er und

„Verschlungen ist der Tod in den Sieg! Tod, wo ist dein Sieg? Tod, wo ist dein Stachel? Der Stachel des Todes aber ist die Sünde, die Kraft der Sünde ist das Gesetz. Gott aber sei Dank, der uns den Sieg geschenkt hat durch Jesus Christus, unseren Herrn!"

Auf Pompanias Bitte hin wiederholte Onesimus nun nochmals Paulus' letzte Worte über sich selbst, die er an Timotheus geschrieben hatte. Onesimus zitierte: *„Denn ich werde nunmehr geopfert, und die Zeit meines Aufbruchs ist nahe. Ich habe den guten Kampf gekämpft, ich habe den Lauf vollendet, ich habe die Treue gehalten. Schon jetzt liegt für mich der Kranz der Gerechtigkeit bereit, den mir der Herr, der gerechte Richter, an jenem Tag geben wird; aber nicht nur mir, sondern allen, die sehnsüchtig auf Sein Erscheinen warten."*

Als das Grab zugeschüttet war, streuten sie noch Laub

und Äste darüber, damit niemandem, der hier zufällig vorbeikommen sollte, auffiel, daß hier frisch gegraben worden war. Dann wurde noch ein in der Nähe liegender größerer Stein an das Kopfende des Grabes getragen, damit die Gläubigen es stets wiederfinden konnten. Für einen Fremden mußte es so aussehen, als läge der Stein zufällig an dieser Stelle.

Nun bildete die kleine Gruppe einen Kreis um das Grab; sie faßten sich bei den Händen, sangen leise ein Lied über den Sieg ihres Herrn und die Auferstehung von den Toten und beteten dann noch gemeinsam miteinander. Als sie dann alle in der Dunkelheit ihren Häusern und Wohnungen zustrebten, wußten sie, daß der Segen des Apostels sie weiterhin begleiten würde.

In der Morgendämmerung des nächsten Tages betraten die Christen der römischen Gemeinde durch die verschiedenen geheimen Eingänge die große Versammlungshöhle. Neben dem zuerst gefundenen Eingang, der ja in einer dichten, mit Unterholz besetzten Baumgruppe lag, waren noch zwei weitere Zugänge da. Einer befand sich in einer Pflanzung mit Olivenbäumen und der andere in einem großen Schuppen, in dem gewöhnlich Obst und Feldfrüchte gelagert wurden.

Als Onesimus die Gesichter der Versammelten betrachtete, von denen er viele persönlich kannte, wurde ihm bewußt, aus welch unterschiedlichen Gliedern die Christengemeinde Roms doch bestand. Hier waren alte und junge Menschen und viele mittleren Alters. Männer und Frauen, Sklaven, Handwerker, Kaufleute und Landwirte, Reiche und Arme, Patrizier und Plebejer, Angehörige des kaiserlichen Haushalts und Soldaten.

Janus und Plutonius standen neben ihm, als der Älteste Linus mit erhobenen Armen um Ruhe bat. Zuerst forderte er die Gemeinde auf, ein Siegeslied zu singen, anschließend folgte eine Zeit des Gebets, in dem die Betenden vor allem dafür dankten, daß Gott ihnen die Gegenwart des Apostels Paulus so lange in ihrer Mitte geschenkt hatte, durch dessen gesegneten Dienst die Gemeinde gewachsen, auferbaut und im Glauben gefestigt worden war. Diese Gebete wurden immer wieder mit bestätigenden „Hallelujas" und „Amenrufen" der anderen begleitet.

Onesimus wußte, daß viele der Anwesenden Paulus persönlich gekannt hatten. Eine ganze Reihe von ihnen waren durch Paulus direkten oder indirekten Einfluß zu Christen geworden. Er wußte, wie groß der Verlust des Apostels für die Gemeinde war und wie sehr auch er persönlich die Besuche im Gefängnis vermissen würde. Doch er spürte auch den zuversichtlichen Glauben, der in allen war, während sie sangen und beteten.

„Nun, meine lieben Brüder und Schwestern in Christus", begann Linus anschließend, „wir wollen jetzt die Feier des Sieges, den unser geliebter Apostel Paulus errungen hat, damit fortsetzen, daß wir die Berichte der drei Brüder hören, die während der letzten Wochen seines Lebens oft bei ihm gewesen sind." Linus nannte nun Onesimus, Janus und Plutonius. Jeder der drei gab einen kurzen Bericht darüber, was sie bei ihren letzten Begegnungen mit Paulus erlebt hatten. Die beiden Prätorianer berichteten ausführlich von Paulus' Zeugnis vor Nero und seinem freudigen Sterben.

Onesimus beschloß seinen Bericht mit den Worten, die Paulus ihm ausdrücklich als seinen letzten Gruß an die Gemeinde in Rom aufgetragen hatte und die aus dem Brief des Apostels an die römische Gemeinde stammten. Er zitierte:

„Ist Gott für uns, wer kann dann gegen uns sein? Er hat Seinen eigenen Sohn nicht verschont, sondern Ihn für uns alle hingegeben — wie sollte Er uns mit Ihm nicht alles schenken?

Wer kann die Auserwählten Gottes anklagen? Gott ist es, der gerecht macht! Wer kann sie verurteilen? Christus Jesus, der gestorben ist, mehr noch: der auferweckt worden ist, sitzt zur Rechten Gottes und tritt für uns ein. Was kann uns schei-

den von der Liebe Christi? Bedrängnis oder Not oder Verfolgung, Hunger oder Kälte, Gefahr oder Schwert? In der Schrift steht: ‚Um Deintwillen sind wir den ganzen Tag dem Tod ausgesetzt; wir werden behandelt wie Schafe, die man zum Schlachten bestimmt hat.' Doch all das überwinden wir durch den, der uns geliebt hat.

Denn ich bin gewiß: Weder Tod noch Leben, weder Engel noch Mächte, weder Gegenwärtiges noch Zukünftiges, weder Gewalten der Höhe oder Tiefe noch irgendeine andere Kreatur können uns scheiden von der Liebe Gottes, die in Christus Jesus ist, unserem Herrn!"

Onesimus wurden, während er sprach, diese Worte zur neuen Bestätigung seines eigenen Glaubens. Er mußte an die Zweifel denken, die in ihm aufgestiegen waren, bevor er Marcia begegnete. Und er beschloß, seinen Glauben so oft zu bezeugen, wie ihm das nur möglich sein würde.

Als dann noch die beiden Prätorianer ihren Bericht beendet hatten, schloß Plutonius mit den Worten: „Ich bete darum, daß mir der Herr, wenn meine Zeit der Prüfung kommt, die Gnade gewährt, soviel Kraft, Mut und Freudigkeit zu meinem Zeugnis zu haben wie Paulus."

TEIL VII

GEFANGEN UND BEFREIT

27. KAPITEL

Nereus und Junia redeten Onesimus zu, die folgenden Tage zum Ausspannen und Sammeln neuer Kräfte zu verwenden, da die letzte Zeit ihn auch körperlich sehr angestrengt hatte. Er schlief lange, las häufig in den Abschriften der Briefe von Paulus, die er für sich gemacht hatte und machte auch ausgiebige Spaziergänge am Tiber entlang, meist bis zu dem Platz, an dem er sich damals entschlossen hatte, Paulus zu suchen. Denn mit diesem Entschluß hatte ja sein Weg in die wahre Freiheit begonnen.

Einige Male ging er mit Johannes Markus oder Nereus auch vor die Mauer, wo sie dann gemeinsam das verborgene Grab des Apostels besuchten. Keiner von ihnen meinte, dieser Platz habe etwas besonders Heiliges oder Gesegnetes an sich, doch die Stille in dem kleinen dichten Wäldchen war trostreich.

Doch am liebsten besuchte er die Versammlungen der Christen und erfreute sich an der Gemeinschaft der Liebe und des Glaubens, die dort alle umgab. Marcia und Nicia, denen er in jener schwarzen Stunde, als die Zweifel ihn überwältigen wollten, das Zeugnis seines Glaubens geben konnte, durch das er selbst wieder aufgerichtet und gefestigt worden war, waren zu treuen Freunden geworden, die er liebte, obwohl er sie vor seiner Bekehrung zu Christus als seine am meisten gehaßten Feinde betrachtete.

Die beiden waren, als er sie zum Abendessen eingeladen hatten, auch tatsächlich im Haus von Nereus und Junia erschienen. Nicia war zuerst sehr zurückhaltend und ein wenig beschämt, als Onesimus ihn mit ausgestreckter Hand an der Tür begrüßte. Er sagte: „Dies ist etwas, das ich nie für möglich gehalten hätte, Onesimus. Doch wenn du töricht genug bist, uns beiden zu vergeben, obwohl wir dir so viel Böses zugefügt haben, und uns auch noch dafür zu danken und zum Essen einzuladen, dann bin ich auch töricht genug, diese Einladung anzunehmen, um zu sehen, welches Spiel du spielst."

„Es ist kein Spiel", lachte Onesimus, „sondern hat mit dem besten Erlebnis zu tun, das ich je im meinem Leben machen konnte. Ich vergab euch das, was ihr mir angetan habt, weil mir all mein Unrecht und meine Sünden vergeben wurden. Ich habe eine ganze Zeit gebraucht, bis ich diese Vergebungsgnade angenommen habe, doch dann habe ich so viel davon gesehen und erlebt, daß ich weiß, daß es im Leben nichts Größeres gibt. Doch kommt herein zum Abendessen. Wir haben anschließend noch Zeit, uns ausgiebig zu unterhalten, Junias köstliche Speisen werden sonst kalt, wenn sie nicht bald genossen werden."

Onesimus stellte sie Nereus und Junia vor, und wenige Minuten später saßen alle an dem reich gedeckten Tisch. Ehe sie zu essen begannen, sagte Nereus: „Wir haben in diesen Tagen, da unser Freund und Bruder Paulus enthauptet wurde, so viel Schweres aber auch Großartiges erlebt, daß wir Christen allen Grund haben, unserem Vater im Himmel dankbar zu sein. Versteht deshalb bitte, wenn wir vor dem Essen diesen Dank noch im Gebet zum Ausdruck bringen."

Nach dieser Erklärung schloß der einfache Kunsthandwerker die Augen und bat Gott um Trost und Kraft für die Gemeinschaft der Christen und um den Segen für ihre Gäste.

Anschließend sagte er: „Marcia und Nicia, wir sind sehr dankbar, daß ihr die Einladung von Onesimus angenommen habt, denn auch wir haben erfahren, daß es nichts Größeres gibt, als vergebende Liebe. Ich möchte euch deshalb ermuntern, tüchtig zuzugreifen und euch schmecken zu lassen, was Junia zubereitet hat, und dabei aufmerksam dem zuzuhören, was Onesimus uns erzählen wird."

Onesimus begann seinen Bericht mit dem Zeitpunkt, da Marcia und Nicia ihn bestohlen hatten und ihn verwundet an Leib und Seele am Fuß der Treppe ihres Hauses liegenließen. Als er beim Erzählen an dem Punkt angekommen war, da er Paulus in Rom zum ersten Mal begegnete, wurde er von Junia unterbrochen. „Sohn", meinte sie lächelnd, „wenn du nicht auch etwas ißt, wirst du nicht die Kraft haben, die ganze Geschichte zu Ende zu erzählen."

Onesimus nahm sich einige Minuten Zeit zum Essen, ehe er fortfuhr. Marcia und Nicia lauschten beide voller Spannung allem, was Onesimus berichtete von den Gesprächen mit Paulus und seinem Suchen nach Wahrheit und Freiheit und seinem langsam wachsenden Glauben, weil er die Realität der Liebe Christi im Leben der Christen sah. Als er dann den Frieden und die Freude beschrieb, die sein Leben erfüllten, als er Christus im Glauben angenommen hatte, verspürten die beiden Gäste, daß er aus tiefer Erfahrung sprach und nicht von Augenblickserlebnissen.

Als er dann von seinem inneren Kampf und seiner Entscheidung erzählte, zu Philemon zurückzukehren und ihn um Vergebung zu bitten, ganz gleich, was ihn das kosten würde, stieß Nicia vor Überraschung einen Pfiff aus. „Das war aber ein gewaltiges Risiko!" rief er erstaunt. „Du hast dabei dein Leben aufs Spiel gesetzt. Und ich habe immer gedacht, du seist ein Feigling."

„Ja, das Risiko war hoch, Nicia", bestätigte Onesimus. „Doch es war die große innere Freiheit, die ich gefunden hatte, und die tiefe innere Sicherheit, in der Liebe Christi zu ruhen, die mir den Mut dazu gab, zurückzukehren und mich vor Philemon zu dem Unrecht zu bekennen, das ich getan hatte. Als ich nicht länger versuchte, mit allen Mitteln, ganz gleich ob sie gut oder böse waren, um meine eigene Freiheit zu kämpfen, fand ich in dem neuen Leben in Christus die wahre Freiheit, durch die mir auch dieser schwere und gefahrvolle Weg nach Kolossea möglich wurde."

Nicia und Marcia waren erstaunt, denn sie erkannten den

Widerspruch, der scheinbar in Onesimus Worten lag. „Das erscheint mir so töricht zu sein“, meinte Nicia kopfschüttelnd. „Du übergibst dein eigenes Leben an diesen Herrn Jesus Christus und gibst damit deine eigene Freiheit auf, wie du sagst, und dann findest du auf diese Weise die wahre Freiheit? Wer kann das verstehen? Ich jedenfalls nicht. Doch wenn ich dir zuhöre und dich so sehe, Onesimus, dann muß ich wirklich glauben, daß du etwas erlebt hast, wovon ich nichts weiß. Also erzähle weiter.“

Onesimus fuhr fort mit dem, was in Philemons Haus geschah, wie er dessen Vergebung erhielt und entdeckte, daß Helen ihn immer noch liebte — an diesem Punkt ging es ihm darum, daß besonders Marcia dies verstand —, wie er dann seine Freiheit erhielt, als Sohn adoptiert wurde und Helen als Braut gewann. Dann erzählte er von seiner Rückkehr nach Rom und schloß mit der Schilderung des mutigen Auftretens des Apostels vor Nero und seines freudigen Todes.

„Welch ein Mann!“ rief Nicia. „Eine solche Geschichte von Mut und Überzeugung habe ich noch nie gehört.“

„Ja“, nickte Onesimus. „Paulus erklärte dies immer so, daß die Kraft Gottes gerade auch in den Schwachen mächtig ist, die nicht mehr auf ihre eigene Kraft bauen, sondern auf die Hilfe und den Beistand Gottes. Und Seine Gnade, so fügte Paulus immer hinzu, reicht dann aus für alle Proben und Probleme des Lebens. Denn wenn wir schwach in uns selbst sind, vertrauen wir so auf Gottes Gnade, daß wir durch diese stark werden.“

„Das begreife ich nicht“, murmelte Nicia. „Mein ganzes Leben hat man mir beigebracht, der einzige Weg zum Starksein ist: Die Zähne zusammenbeißen und sich rücksichtslos durchsetzen, oder, um es mit den Worten deiner Philosophen zu sagen: Lieber Unrecht zu tun, als Unrecht zu erdulden. Es würde mich deshalb schon sehr interessieren, noch mehr von diesem Jesus von Nazareth und Seinen Lehren und Seinem Leben zu hören. Auch Sein Tod am Kreuz interessiert mich, und vor allem Seine Auferstehung. Ich habe da mindestens genau so viele Zweifel wie du früher hattest, Onesimus. Wie geht es dir da, Marcia?" wandte er sich fragend an seine Schwester.

Sie nickte. „Du hast mir aus dem Herzen gesprochen, Bruder. Auch ich würde gern noch mehr hören und habe noch so viele Fragen."

Nereus ergriff nun das Wort. „Es gibt immer wieder viele Interessierte, die mehr wissen wollen über Christus und Seine Lehren. Deshalb haben wir für sie besondere Zusammenkünfte eingerichtet, wo diese Fragenden, wir nennen sie Katechumenen, im christlichen Glauben unterrichtet werden. Im Haus der adligen Dame Pompania findet jeden Mittwoch ein solcher Unterricht statt. Ihr könntet euch daran beteiligen, wenn ihr wollt."

Das wollten Nicia und Marcia gern. Und da ihr Interesse offensichtlich ehrlich war, beschrieb Nereus ihnen den Weg zu Pompanias Haus und bot ihnen an, sie dort anzukündigen. Onesimus versprach ihnen, sie abzuholen und das erste Mal selbst nach dort zu bringen.

Beim Abschied sagte Nicia: „Wir danken dir, Onesimus, daß du uns so großmütig vergeben hast." Zu Nereus und Junia gewandt fügte er hinzu: „Und euch danken wir für die wunderbare Gastfreundschaft. Wir haben vom ersten Augenblick an gespürt, daß wir in eurem Haus willkommen waren und daß ihr an uns echtes Interesse habt. Wenn das Beispiele für den Glauben und die Liebe der Christen sind, dann möchten wir wirklich mehr davon erfahren und erleben."

An der Haustür sagte Marcia noch: „Bitte, betet zu eurem liebenden Vater — wie ihr euren Gott nennt —, daß Nicia und ich auch diese Freiheit und Liebe finden mögen, die wir bei euch sehen."

Onesimus kehrte mit jubelndem Herzen in seinen Raum zurück. *Wenn diese beiden verhärteten Herzen weich werden und sich der Liebe Gottes und dem Wirken des Heiligen Geistes öffnen, dann ist tatsächlich noch Hoffnung für die Welt,* dachte er.

28. KAPITEL

„Der Apostel Petrus kommt!" Diese Neuigkeit machte schnell die Runde unter den Christen Roms. Der Arzt Lukas hatte durch seine Verbindungen herausgefunden, wann ungefähr das Schiff, mit dem Petrus reiste, in Ostia ankommen würde. Also hatten sich Onesimus und Johannes Markus, begleitet von Lukas, Linus, Nereus und Hermas an jenem Tag sehr zeitig nach Ostia auf den Weg gemacht. Und sogar Nicia war mit ihnen gekommen. Pompania hatte gemeint, es sei zu riskant, Pferde und Wagen mitzusenden. Sie hatte gehört, daß Neros Begegnung mit Paulus den Kaiser noch wütender gemacht hatte als zuvor und daß sein Haß auf die Christen noch gestiegen war.

Onesimus erinnerte sich an die Worte, die Paulus einmal gesagt hatte. Das Evangelium sei für die einen ein *Geruch des Lebens zum Leben,* und für die anderen *ein Geruch des Todes zum Tod.* Für Nero schien es das Letztere zu sein. Burrhus hatte Pompania darüber informiert, Nero habe Tigellinus den direkten Auftrag gegeben, eine Unternehmung zu beginnen und zu befehligen, durch die all diese üblen Christen in Rom restlos ausgerottet werden sollten. Er hatte ihm befohlen, sie alle ins Gefängnis zu werfen, wenn sie ihrem Glauben nicht absagen wollten, und sie so zu bestrafen, wie er es für richtig hielt.

„Dies bedeutet", hatte Pompania ernst hinzugefügt, „daß viele von uns bald im Gefängnis sein werden. Und wie ich Tigellinus kenne, wird er manche von uns für seine Gladiatoren-Schauspiele im Kolosseum benutzen. Burrhus hat mir bestätigt, was ich schon durch andere Kanäle aus dem kaiserlichen Palast erfuhr, daß Nero ihn immer kühler behandelt und daß Tigellinus laufend versucht, dem Kaiser einzuflüstern, Burrhus sei ihm nicht mehr treu ergeben. Burrhus glaubt, daß auch er nicht mehr lange sicher ist. Der Apostel Petrus kommt gerade rechtzeitig, um unsere Gemeinde in ihrer bevorstehenden Prüfungszeit zu stärken."

Der Weg nach Ostia war für Fußgänger lang und beschwerlich. Johannes Markus und Lukas kümmerten sich unterwegs besonders um Nicia und erzählten ihm vieles aus dem Leben Jesu. Auch eine Rast legten sie unterwegs ein, um sich durch mitgenommene Speisen zu stärken. Der Mittag war schon vorüber, als sie den Hafen erreichten und sich zu den anderen Wartenden gesellten, die ebenfalls nach dem ankommenden Schiff Ausschau hielten.

Kurze Zeit nach ihrer Ankunft wurde in der Ferne ein Schiff sichtbar. Es dauerte aber noch mehr als eine Stunde, ehe es langsam im Hafen einlief und am Pier festmachte.

Onesimus war aufgeregt. Er hatte so viel über Petrus gehört. Vor allem Johannes Markus hatte manche Geschichten von dem Mann erzählt, der zuerst Simon, der Sohn Jonas, gewesen war und dann von Jesus den Namen Petrus, *Fels,* erhielt.

Als das Schiff anlegte, bemerkte Onesimus einen großen und breitschultrigen Mann mit einem großen Bart und dichtem dunkelbraunen Haar, der alle anderen Passagiere überragte. Nach der Beschreibung von Johannes Markus mußte das der Apostel Petrus sein. Der Riese schüttelte noch einigen der anderen Passagiere die Hand und verließ dann das Schiff.

Johannes Markus hatte ihn ebenfalls schon längst entdeckt, da er einfach nicht zu übersehen war, und rannte mit einem Freudenschrei zu ihm. Die anderen folgten.

Petrus und Johannes Markus umarmten sich freudig, und Johannes Markus' Augen strahlten, als er nun seine Freunde vorstellte, die mit ihm gekommen waren. Petrus schüttelte jedem warm die Hand und dankte ihnen für ihr Kommen nach Ostia. Onesimus bemerkte, daß die Hand des Apostels fast doppelt so groß war wie seine eigene, und er fragte sich, wieviel Kraft wohl in den mächtigen Armen des Apostels steckte, der ja für viele Jahre dem schweren Beruf eines Fischers auf dem See in Galiläa nachgegangen war.

Linus begrüßte Petrus im Namen der Gemeinde. „Herzlich willkommen in Rom, Bruder Petrus! Wir haben nach deinem Kommen Ausschau gehalten und sind dankbar, daß du eine gute Reise hattest und gesund bist." Etwas leiser fügte er hinzu: „Du bist in einer für die Gemeinde hier schweren und gefahrvollen Zeit gekommen, in der wir dringend deines starken Glaubens, deiner Ermutigungen und Ermahnungen bedürfen."

Der Apostel antwortete mit tiefer, voller Stimme: „Vielen Dank, Bruder Linus, für die warmen Willkommensworte. Und euch allen danke ich, daß ihr gekommen seid, mich zu begrüßen. Ich bin sicher, daß ich bei euch noch vieles lernen kann. Doch auch ich möchte in eurer wachsenden Gemeinde eine Hilfe sein, so gut ich kann. Ich habe von eurer wunderbaren Gemeinschaft und der tiefen Liebe untereinander gehört und freue mich darauf, sie mit euch teilen zu können, auch wenn, wie ihr sagt, schwere Tage vor uns liegen."

Sie standen ein wenig abseits von den anderen Passagieren, die auch von Freunden oder Verwandten begrüßt wurden. Doch Linus, der besorgt war, von Tigellinus Spitzeln könnte der eine oder andere in der Nähe sein, ermahnte sie, nicht länger beisammen zu stehen, sondern in kleinen Gruppen nach Rom zurückzukehren. Johannes Markus, Lukas und Onesimus sollten Petrus begleiten, die anderen wollten in zwei weiteren Gruppen in größeren Abständen folgen.

Da es schon später Nachmittag geworden war, ehe sie die Rückkehr nach Rom beginnen konnten, wurde es unterwegs bald dunkel. Onesimus empfand, daß von diesem großen Fischer, der nun der anerkannte Führer der Christen war, eine besondere Ausstrahlung ausging. Der Apostel erkundigte sich mit großem Interesse nach dem Ergehen der Gemeinde in Rom und besonders nach Paulus. Als Onesimus ihm von der letzten Zeit im Gefängnis und von Paulus' Hinrichtung erzählt hatte, rief er: „Preis sei Gott, der sich in dem großen todesüberwindenden Sieg unseres Bruders Paulus wieder einmal so wunderbar offenbart hat!"

Auch Petrus berichtete, wie es den Gemeinden in Jerusalem und Palästina und den anderen Teilen des östlichen Mittelmeeres erging. Lukas erklärte Petrus die Situation in Rom, wie Nero begann, die Christen zu verfolgen, und wie er dabei immer wieder von dem fanatischen Haß seiner Frau Poppea angestachelt wurde.

„Es gibt natürlich auch wohlhabende und einflußreiche Juden, die keine Christen sind, aber doch mit uns sympathisieren und denen diese beginnende Christenverfolgung auch nicht gefällt", sagte Lukas. „Sie hatten früher auch noch einigen Einfluß auf Nero und konnten ihn von manchem Üblen abhalten. Doch in der letzten Zeit hört er nur noch auf seine haßerfüllte Frau und seine üblen Berater, wie Tigellinus einer ist, und ist für alles andere taub. Man muß also von ihm das Schlimmste erwarten."

Es war schon fast Mitternacht, als die kleine Gruppe die Villa Pompanias erreichte. In der Dunkelheit war es aber für sie wohl auch sicherer als am Tag. Als sie den großen Garten, der die palastähnliche Villa umgab, betraten, wurden sie von den beiden vertrauten Dienern Horatius und Appho begrüßt und zu Pompania gebracht, die auf sie gewartet hatte. Der würdigen Frau war die Freude anzusehen, als sie Petrus begrüßte.

„Vielen Dank, Bruder Petrus, daß du gekommen bist!" rief sie. „Wir haben schon so lange gehofft, du würdest kommen. Und da nun Paulus nicht mehr bei uns ist, brauchen wir dringend von dir Inspiration und Zuversicht. Wir wissen, daß du ein großes Risiko auf dich genommen hast. Es wird nicht einfach sein, vor den Spitzeln Neros und Tigellinus' zu verbergen, daß du in Rom bist. Sie suchen ja voller Eifer in der ganzen Stadt nach Christen, die sie dann ins Gefängnis werfen. Und ich fürchte, sie werden auch bald von deiner Anwesenheit erfahren."

Petrus bedankte sich warm für ihren freundlichen Empfang und versicherte ihr, daß er alles tun würde, was in seiner Kraft stand. Er sagte: „Ich werde in allem, was euch widerfährt, an eurer Seite stehen und werde alle besuchen, die Ermutigung bedürfen. Wenn ich dem Herrn auf diese Weise dienen kann, so ist das nur wenig im Vergleich zu allem, was Er für mich getan hat."

Die Männer erkundigten sich nun bei Pompania, wie dieser Tag in Rom verlaufen war.

Sie schüttelte bekümmert den Kopf. „Tigellinus' Männer sind mittlerweile in der ganzen Stadt zu finden. Es muß offensichtlich auch Verräter geben, denn wir wissen, daß etwa fünfzig Christen ins Gefängnis geworfen wurden. Burrhus, der uns noch vor wenigen Wochen eine große Hilfe war, steht nun selbst unter schwerem Verdacht. Er erwartet seine Verhaftung jeden Tag und muß befürchten, daß er hingerichtet wird. Ich werde morgen zu Poppea gehen und mit ihr reden. Sie freut sich immer über meinen Besuch, weil sie fühlt, daß ich ein echtes Interesse an ihr habe und nicht an ihrem Einfluß auf Nero. So sagt sie wenigstens. Vielleicht kann ich durch sie eine Hilfe sein. Aber ich bezweifle es, weil sie die Christen haßt. Ich habe bis heute nicht herausgefunden, woher dieser Haß kommt; aber damit beeinflußt sie immer wieder Nero und facht seine sadistische Verfolgungswut immer mehr an. Du siehst, Bruder Petrus, du kommst gerade zur rechten Zeit. Mag Gott uns stets die rechten Worte geben, wenn wir uns in der nächsten Zeit zu unserem Zeugnis bekennen müssen und wenn wir uns in den kommenden Prüfungen untereinander ermutigen und stärken müssen."

Da es schon spät war, betete der Apostel noch kurz, und dann verließen alle Pompanias Villa. Der Apostel ging mit Johannes Markus, Lukas mit Linus, der sich inzwischen auch eingefunden hatte, und Onesimus ging in sein Zimmer im Haus von Nereus und Junia. Während er durch die Nacht ging, dankte er seinem mächtigen Gott und Vater im Himmel, der durch Seinen Geist den glaubensstarken Apostel Petrus gerade jetzt nach Rom gesandt hatte, so daß er den Gläubigen in ihrer Not beistehen konnte.

Es sprach sich unter den Christen schnell herum, daß der Apostel Petrus angekommen war. Auch die Gefangenen erfuhren es; und überall unter den Gläubigen brach neue Hoffnung auf. Alle hatten sie schon von Johannes Markus und dem Arzt Lukas inspirierende aber auch sehr menschliche Geschichten von Simon Petrus Erlebnissen mit Jesus gehört. Sie wußten, daß Petrus' Schwiegermutter von Jesus geheilt worden war, wie Petrus erschrocken war über Jesu Ankündigung, Er müsse nun nach Jerusalem gehen und dort sterben, und wie Petrus dem Herrn da widersprochen hatte und von Ihm getadelt worden war. Sie hatten davon gehört, daß Petrus über den Wellen des Galiläischen Meeres gegangen und dann doch fast versunken war, hätte Jesus ihm nicht geholfen. Auch davon, daß Petrus seinen Herrn in der Nacht vor der Kreuzigung dreimal verleugnet und danach bitterlich geweint hatte, wußten sie und noch manches andere.

Und nun war dieser Mann, der zuerst ein so wankelmütiger Großsprecher gewesen war, zu Petrus geworden, dem Fels, an dem sich viele Christen in Zweifeln, Anfechtungen und Verfolgungen immer wieder aufrichten konnten. Er war es gewesen, der an jenem ersten Pfingsttag in Jerusalem die Schlüssel des Himmelreichs benutzt hatte, von denen Jesus sprach, und zum allerersten Mal das Evangelium von Jesus Christus verkündigte, so daß an jenem Tag rund 3000 Menschen durch die nunmehr geöffnete Tür in das Himmelreich eintraten. Ihm hatte Jesus den Auftrag gegeben, Seine Lämmer und Schafe zu weiden, was er nun auch in Rom tun wollte, um denen beizustehen, die unter dem brutalen und dämonischen Haß Neros litten.

Zeitig am nächsten Morgen begab sich Onesimus in das Haus von Linus, wo sich die Leiter der römischen Gemeinde gemeinsam mit Petrus, Lukas und Johannes Markus versammelten. Nachdem Petrus alle begrüßt hatte, vereinten sie sich im gemeinsamen Gebet. Besonders beteten sie für die ihrer Brüder und Schwestern, die von Tigellinus Häschern schon gefangen wurden und in den Gefängnissen Roms saßen. Anschließend machte Petrus die Anwesenden mit seinem festen Entschluß bekannt, alle gefangenen Christen in den Kerkern zu besuchen.

Linus und die anderen warnten ihn vor der Gefahr, der er sich dabei aussetzte: „Tigellinus wird ohne Zweifel bald von deiner Anwesenheit in Rom erfahren — vielleicht weiß er es auch schon. Du wirst für ihn dann das Hauptziel seiner Verfolgungen sein, denn er wird sich sagen, daß er alle anderen Christen sehr entmutigen und in ihrem Glauben schädigen kann, wenn er dich in seine Gewalt bekommt. Und außerdem brauchen wir dich dringend, damit du unseren Brüdern und Schwestern in dieser schweren Zeit beistehen kannst, nachdem wir schon Paulus verloren haben."

Doch der Apostel war nicht umzustimmen. „Ich habe unseren Herrn in jener schlimmen Nacht, als Er verhört wurde, dreimal verleugnet", erklärte er fest. „Nun werde ich mich an meinem ersten Tag in Rom nicht wieder so feige wie damals davonstehlen und vor einem verrückten nicht erwachsen gewordenen Jungen verstecken, der sich selbst Kaiser von Rom nennt. Ganz gleich, wie groß die Gefahr auch sein mag, ich muß tun, was mein Herr und Meister mir damals am Seeufer in Galiläa auftrug, nämlich Seine Schafe weiden!"

Linus brachte die Bewunderung aller für die furchtlose Liebe des Apostels zum Ausdruck, fügte dann aber bittend hinzu: „Bruder Petrus, wir haben auch eine Verpflichtung für die vielen Christen, die sich heute abend an unserem geheimen Versammlungsplatz in einer Höhle außerhalb der Stadtmauer versammeln werden. Sie haben alle von deiner

Ankunft gehört und erwarten heute abend deine Anwesenheit, die von jedem einzelnen unter der gegenwärtigen Verfolgung dringend benötigt wird."

Petrus sah ein, daß dieses Argument etwas für sich hatte, und stimmte zu, seine Besuche in den Gefängnissen erst am nächsten Tag zu beginnen und am Abend in jedem Fall an der Versammlung teilzunehmen. An diesem Tag wollte er es dabei bewenden lassen, ein Gefängnis zu besuchen, wo er so gut wie sicher war, weil der Leiter des Gefängnisses, Patroculus, selbst ein Christ war. Durch welches Wunder bisher noch keiner von Tigellinus' Spionen diese Tatsache entdeckt hatte, wußte keiner zu sagen. Es wurde beschlossen, daß Onesimus Petrus zu diesem Gefängnis begleiten sollte.

„Nach unserer letzten Nachricht sind dort 23 Christen eingesperrt; die kannst du wahrscheinlich besuchen, ohne daß Tigellinus sofort etwas davon erfährt", erklärte Linus. „Morgen werden wir uns dann bemühen, eine Erlaubnis für dich zu erhalten, damit du auch die anderen Gefängnisse besuchen kannst, in denen Christen gefangengehalten werden. Pompania wird uns mit ihrem Einfluß und ihren Verbindungen sicher helfen können."

Nachdem sie Petrus noch etwa eine Stunde zugehört hatten, der ihnen vom Wirken des Heiligen Geistes in Jerusalem und ganz Palästina berichtete, erklärte der Apostel, er würde nun gern das Gefängnis besuchen. Bald darauf machte er sich unter der Führung von Onesimus auf den Weg.

Onesimus hatte schon viele wunderbare Erlebnisse in Rom gemacht, doch die Stunden, die er nun mit Petrus verbrachte, waren besonders gesegnete und waren wie Medizin für seine Seele. Als sie das *Ergastulum,* wie Gefängnisse für gewöhnliche Kriminelle genannt wurden, erreicht hatten, bat Onesimus den Wächter am Tor, sie bei Patroculus zu melden, weil sie ihn besuchen wollten.

Durch einen Boten, den man ihm gesandt hatte, wußte Patroculus schon Bescheid über den Besuch und hatte den Wächter informiert, daß er zwei Besucher erwarte. Dieser war also nicht überrascht, sondern sagte dem Leiter des Gefängnisses Bescheid, daß seine Gäste angekommen wären.

Patroculus erschien nun selbst am Eingang und führte seine beiden Besucher in seinen Raum. Hier sagte er voller Achtung: „Du also bist Simon Petrus, der mit unserem Herrn durch die Städte und Dörfer Palästinas gewandert ist. Ich habe mich auf dein Kommen gefreut, obwohl ich vielleicht besser weiß als jeder andere, in welcher Gefahr du bist. Die Geschichten, die ich von Jesus und dir gehört habe, waren immer sehr inspirierend für mich; ich habe viel daraus gelernt. Du kannst sicher sein, daß ich alles tun werde, um dir zu helfen, unsere gefangenen Brüder und Schwestern in ihrem Glauben zu ermutigen. Erschrick bitte nicht, denn unser Gefängnis ist abscheulich und sehr schmutzig. Ich kann daran nichts ändern, so gern ich es auch möchte. Doch es kann durchaus sein, daß ich selbst auch bald in einer dieser Zellen sitze. Im Augenblick aber werde ich noch nicht verdächtigt. Ich war schon der Leiter dieses Gefängnisses ehe ich mich bekehrte, und nun glaube ich, daß ich dem Herrn hier noch einen Dienst tun kann, indem ich unseren gefangenen Brüdern und Schwestern helfe, soweit und solange es mir möglich ist."

Petrus dankte ihm für seine Hilfsbereitschaft und seinen Mut und ließ sich dann durch einen langen halbdunklen Gang, an dem rechts und links Zellen lagen, zu den Zellen führen, in denen die Christen gefangen waren. Da sie erst einen Tag im Gefängnis waren, machten sie noch einen viel ordentlicheren Eindruck als die anderen Gefangenen, die wegen krimineller Taten hier saßen und schmutzig und verkommen waren. Die meisten von ihnen würden die Freiheit nie wiedersehen, sondern wahrscheinlich als Opfer für die wilden Tiere bei den Spielen im Klosseum enden.

Patroculus hatte den Wächtern eine Aufgabe übertragen, die sie in einen anderen Teil des Gefängnisses führte, so daß er mit Petrus und Onesimus und den Gefangenen hier in diesem Gang allein war. Er wandte sich an die Christen in den

Zellen und sagte: „Ich habe euch einen sehr lieben Freund und Bruder mitgebracht, von dem ihr alle schon viel gehört habt."

Aufmerksam drängten sich die Gläubigen an den Gittern der Zellen zusammen. Auch von den anderen Gefangenen in den Nachbarzellen blickten einige interessiert, während aber die meisten anderen weiterhin gleichgültig blieben.

Patroculus sagte zu Petrus. „Ich gehe jetzt in die anderen Teile des Gefängnisses, um die Wärter dort zu beschäftigen, damit nicht doch einer per Zufall nach hier kommt. Du hast allerdings nur zehn bis fünfzehn Minuten Zeit. Länger kann ich nicht alle Wärter dort festhalten, ohne Verdacht zu erregen." Petrus nickte.

Zu den gefangenen Christen sagte Patroculus nun: „Der Bruder, den ich euch mitgebracht habe, ist der Apostel Petrus, der unseren Herrn gekannt hat und mit Ihm gegangen ist, als dieser noch auf der Erde war."

Freudige Rufe wurden unter den Gläubigen laut, und die Gesichter wurden noch erwartungsvoller.

Petrus sprach mit leiser, aber voller Stimme, so daß jeder ihn gut verstand. Er begann damit, daß er sie alle im Namen Jesu grüßte. „Gnade und Friede in reicher Fülle sei mit euch, die ihr um Christi willen leidet", sagte er dann. „Preis sei Gott, dem Vater unseres Herrn Jesu Christi, der uns in Seiner Gnade neues Leben geschenkt hat durch die lebendige Hoffnung der Auferstehung Jesu Christi von den Toten. Dieses neue und ewige Leben ist das Geschenk Seiner überströmenden Liebe, ihr lieben Brüder und Schwestern. Ich ermuntere euch, stets auf unseren Herrn zu schauen, der auch in diesem Gefängnis beständig gegenwärtig ist. Die Erbschaft, die für uns bereitliegt und die wir erhalten, kann uns niemand nehmen oder zerstören. Das ist der Grund für unsere große Freude, auch wenn wir jetzt eine kurze Zeit unter Prüfungen und Verfolgungen leiden müssen. So wie Gold, das im Feuer gereinigt ist, so wird unser Glaube nur tiefer und fester, wenn er in diesen Anfechtungen erprobt ist und sie besteht.

Denkt daran, daß ihr für unseren Herrn Jesus Christus, der der wahre König aller Könige ist, durch diese Prüfungen geht. Ihr habt Ihn nicht gesehen, wie ich Ihn gesehen habe, und doch liebt ihr Ihn und vertraut Ihm, ohne daß ihr Ihn seht. Ihr werdet deshalb erfüllt werden mit unaussprechlicher und übergroßer Freude. Das ist die Freude, die auch unseren Herrn erfüllte, als Er vor Seinem schweren Leidensweg und vor Seinem Tod stand. Der Preis für diese Freude und Zuversicht und für die Kraft, auch die zu lieben, die euch hassen und euch Übles zufügen, ist bezahlt worden durch das teure Blut Jesu Christi. Durch Ihn haben wir Zuversicht zu Gott, unserem himmlischen Vater, der Ihn von den Toten auferweckt hat und Ihm grenzenlose Herrlichkeit gab. Ich habe Seine Herrlichkeit gesehen! Ich habe Seine Liebe selbst erfahren! Und ich weiß, daß Er auch jetzt hier bei euch ist! Ich gebe euch meinen Segen und bete für euren Sieg — einen Sieg, den die Welt weder erkennen noch verstehen kann. Gnade und Friede sei mit euch, die ihr in Christus seid!"

Onesimus lauschte aufmerksam und beobachtete dabei die Gesichter der gefangenen Christen. Als sie zuhörten, wurden ihre Gesichter mehr und mehr mit Freude und einem seltsamen Leuchten überzogen. Einige begannen vor Freude leise zu weinen. Onesimus konnte verstehen, welcher Schrecken sie ergriffen hatte, als sie in diesen schmutzigen Kerker geworfen wurden, der sonst nur für Diebe, Räuber und Mörder bestimmt war. Doch nun sah er das Licht, das von ihren Gesichtern leuchtete. Es war diese *lebendige Hoffnung,* von der Petrus gesprochen hatte.

Als Petrus seine Rede beendet hatte, erhob er seine Arme und segnete die Gefangenen. Gleich darauf kehrte Patroculus zurück und führte seine beiden Besucher schnell aus dem Zellengang. „Wir haben es geschafft", lächelte er. „Ich konnte die Wächter alle solange festhalten und glaube nicht, daß einer Verdacht geschöpft hat."

Er erzählte Petrus nun von den wilden Geschichten, die Tigellinus und Poppea über die Christen im Umlauf gebracht hatten. Die Christen würden das Blut von kleinen Kindern bei ihren Gottesdiensten brauchen und von anderen wilden und bösartigen Ritualen, die man ihnen andichtete.

„Das Erstaunliche daran ist", bemerkte Patroculus, „daß so viele Leute, einschließlich der kriminellen Gefangenen hier, an diese wilden erlogenen Geschichten glauben. Das ist der Grund, weshalb es mir möglich war, unsere gefangenen Brüder und Schwestern zusammen in einige Zellen zu bringen. Die anderen Gefangenen haben sich aus Angst vor den Christen geweigert, mit ihnen gemeinsam in einer Zelle zu sein, weil sie ihnen so viel Übles zutrauen, wovon nichts wahr ist. Auf diese Weise konnte ich unseren gefangenen Gläubigen eine Möglichkeit schaffen, im Gefängnis beisammen zu bleiben, ohne daß man mir daraus einen Vorwurf machen kann. Ich kann immer sagen: Die anderen Gefangenen wollten es so."

Petrus nickte und meinte: „Es ist erstaunlich, welche Mittel und Möglichkeiten unser Herr hat, selbst in Zeiten der Not Seinen Kindern noch in kleinen und manchmal auch großen Dingen Hilfe zuteil werden zu lassen.

Der Apostel drückte noch den Wunsch aus, die Gefangenen zu besuchen, sooft es ihm möglich sein würde. Patroculus nickte zustimmend und bat nur darum, ihn jeweils zeitig genug vorher zu informieren, damit er entsprechende Vorbereitungen treffen konnte. Petrus und Onesimus verabschiedeten sich von ihrem Bruder in Christus, nachdem sie noch gemeinsam gebetet hatten und Petrus Patroculus gesegnet hatte.

Nachdem Onesimus den Apostel wohlbehalten bei Linus abgeliefert hatte, ging er in sein eigenes Zimmer zurück. Da er noch einige Stunden Zeit hatte, bis er sich zur Abendversammlung in der Höhle aufmachen mußte, holte er Papyrus und Schreibzeug herbei und schrieb all das nieder, woran er sich aus den Reden des Apostels, die dieser heute im Gefängnis gehalten hatte, noch erinnern konnte.

29. KAPITEL

Nach einem kräftigen Abendessen machten sich Onesimus, Nereus und Junia auf den Weg zu dem unterirdischen Versammlungsraum. Obwohl in den letzten Tagen eine ganze Anzahl Christen verhaftet worden waren, schien es Onesimus, als wären nicht weniger anwesend als sonst. Einer der Diakone, demgegenüber er das erwähnte, erklärte ihm, es sei eine große Gruppe von Katechumenen anwesend, die die Unterrichtszeit beendet hatten und heute getauft und in die Gemeinde aufgenommen werden sollten. Sie würden ihr erstes Abendmahl aus der Hand des Apostels Petrus empfangen.

„Es ist erstaunlich", fügte der Diakon hinzu, „je härter die Verfolgung wird und je mehr von uns Christen verhaftet werden, um so mehr neue Menschen bekehren sich zu Christus und schließen sich der Gemeinde an."

„Daran können wir die Kraft erkennen, die im Evangelium von Jesus Christus und im Wirken des Heiligen Geistes und in der Liebe Gottes liegt", stimmte Onesimus zu.

Der Gesang schien an diesem Abend eine besondere Weihe auszuströmen und die Atmosphäre, die über der Versammlung lag, schien noch heiliger zu sein als sonst, so empfand es Onesimus. Er war sich der Gegenwart ihres erhöhten Herrn in ihrer Mitte durch den Heiligen Geist voll bewußt.

„Die Anwesenheit von Simon Petrus ist ein zusätzliches Wunder der Gnade Christi, die wir alle in dieser so notvollen Zeit sehr nötig haben", flüsterte er Johannes Markus zu, der neben ihm stand. Dessen Augen hingen mit seiner ganzen

Liebe an Petrus, seinem Vater im Evangelium, und er antwortete freudig. „Preis sei dem Herrn für Petrus' Kommen!"

Nachdem Linus als Gemeindeältester Petrus der Versammlung vorgestellt und ihn nochmals willkommen geheißen hatte, erhob sich Petrus und sagte: „Der Herr sei mit euch!"

„Und auch mit dir, Bruder Petrus!" antworteten sie wie aus einem Mund.

Er begann seine Botschaft, die unter anderem auch einige der Wahrheiten enthielt, die er heute schon im Gefängnis gesagt hatte. Dann fuhr er mit einigen jener gewaltigen Worte fort, die unsterblich geworden sind:

„Ihr wißt, daß ihr aus eurer sinnlosen, von den Vätern ererbten Lebensweise nicht um einen vergänglichen Preis losgekauft wurdet, nicht um Silber oder Gold, sondern mit dem kostbaren Blut Christi, des Lammes ohne Fehl und Makel. Er war schon vor der Erschaffung der Welt dazu ausersehen, und euretwegen ist Er am Ende der Zeiten erschienen.

Durch Ihn seid ihr zum Glauben an Gott gekommen, der Ihn von den Toten auferweckt und Ihm die Herrlichkeit gegeben hat, so daß ihr an Gott glauben und auf Ihn hoffen könnt.

Der Wahrheit gehorsam, habt ihr eure Herzen rein gemacht für eine aufrichtige Bruderliebe; darum hört nicht auf, einander von Herzen zu lieben. Ihr seid neu geboren worden, nicht aus vergänglichem, sondern aus unvergänglichem Samen; aus Gottes Wort, das lebt und bleibt."

Dann zietierte er aus dem Propheten Jesaja: *„Denn alles Sterbliche ist wie Gras, und all seine Schönheit ist wie die Blume im Gras. Das Gras verdorrt, und die Blume verwelkt; doch das Wort des Herrn bleibt in Ewigkeit."*

Petrus hielt einen Augenblick inne und blickte sich unter den Versammelten um, die ergriffen lauschten. Dann fuhr er fort:

„Und dieses Wort ist das Evangelium, das euch verkündigt worden ist. ... Kommt nun zu Ihm, dem lebendigen Stein, der von den Menschen verworfen, aber von Gott aus-

erwählt und geehrt worden ist. Laßt euch als lebendige Steine zu einem geistlichen Haus auferbauen, zu einer heiligen Priesterschaft, um durch Jesus Christus geistliche Opfer darzubringen, die Gott gefallen ... Denn ihr seid ein auserwähltes Geschlecht, eine königliche Priesterschaft, ein heiliger Stamm, ein Volk, das Sein besonderes Eigentum wurde, damit ihr die großen Taten Dessen verkündigt, der euch aus der Finsternis in Sein wunderbares Licht gerufen hat.“

Seine Stimme wurde etwas leiser, erfüllte aber trotzdem noch die große unterirdische Höhle, als er jetzt weit seine Arme ausbreitete und mit aller Tiefe seines Glaubens und seiner Liebe der versammelten Gemeinde Worte sagte, die sie trösten und ihren Glauben stärken sollten angesichts der furchtbaren und grausamen Leiden, die vor ihnen standen:

„Liebe Brüder, laßt euch durch die Feuersglut, die zu eurer Prüfung über euch gekommen ist, nicht verwirren, als ob euch etwas Ungewöhnliches zustoße. Statt dessen freut euch, daß ihr Anteil an dem Leiden Christi habt; denn so könnt ihr auch bei der Offenbarung Seiner Herrlichkeit voll Freude jubeln.

Wenn ihr wegen des Namens Christi beschimpft werdet, seid ihr seligzupreisen; denn der Geist der Herrlichkeit, der Geist Gottes, ruht auf euch ...

Der Gott aller Gnade aber, der euch in der Gemeinschaft mit Christus zu Seiner ewigen Herrlichkeit berufen hat, wird euch, die ihr kurze Zeit leiden müßt, wieder aufrichten, stärken, kräftigen und auf festen Grund stellen. Sein ist die Macht in Ewigkeit! Amen!“

Wie aus einem Mund riefen alle: „Amen! Halleluja! Maranatha! Amen!“

Anschließend wurden die Katechumenen getauft. Es war eine stattliche Anzahl. Darauf folgte das Abendmahl, das der Apostel Petrus austeilte. Alle nahmen es mit ungewöhnlicher Freude, so daß es zu einem Fest der Hoffnung und des Mutes wurde.

Mehrere Wochen vergingen, in denen Petrus und die, die

mit ihm arbeiteten, überall den guten Samen des Evangeliums ausstreuten. Petrus besuchte alle Kerker, in denen Christen als Gefangene saßen. Durch die Hilfe von Pompania und der einflußreichen Juden, die mit der Sache der Christen sympathisierten, konnte er alle Gefängnisbesuche sicher beenden, obwohl er einige Male den Häschern von Tigellinus nur knapp entging. Die Versammlungen am frühen Morgen und an den Abenden in der Höhle waren unter dem Wort des Apostels jeweils tiefgehende und ermutigende Erlebnisse. Onesimus begleitete Petrus auch oft bei dessen Besuchen in Gefängnissen und hörte immer mehr gewichtige Aussprüche von dem Apostel, die ihm wert schienen, niedergeschrieben zu werden.

An dem Abend der ersten Predigt von Petrus in der großen Höhle und der Taufe der Katechumenen war es für Onesimus eine besonders große Freude, zu sehen, daß auch Marcia und Nicia unter den Täuflingen waren. Er hatte Petrus erzählt, was er mit ihnen erlebt hatte. „Ihre ganze Erscheinung und vor allem auch ihr Wesen sind in bemerkenswerter Weise verändert“, sagte Onesimus. „Sie werden mehr und mehr neue Menschen in Christus. Ihre Rücksichtslosigkeit und Härte, die sie hatten, als ich sie kennenlernte, sind verschwunden. An ihre Stelle ist eine neue innere Stärke und Lebenskraft getreten, aus der heraus sie sich freuen und lachen können auch noch bei äußeren Schwierigkeiten.“

Onesimus hatte die beiden mehrere Male besucht und ihnen geholfen, den christlichen Glauben besser verstehen zu lernen. Immer wieder hatte er sich darüber gewundert, wie von mal zu mal ihre Erkenntnis und Entschlossenheit gewachsen war, Christus nachzufolgen.

Nun sagte Petrus ein prophetisches Wort zu ihnen: „Obwohl ihr Onesimus in der Vergangenheit so ungerecht behandelt habt, werdet ihr in der Zukunft Gelegenheit bekommen, etwas für ihn zu tun, das die Verletzungen, die ihr ihm in den Tagen eurer inneren Gefangenschaft und eures menschlichen Stolzes zugefügt habt, mehr als wieder gutmacht.“

„Ich halte immer Ausschau nach einer solchen Gelegenheit, Bruder Petrus", antwortete Nicia, „obwohl ich mir kaum vorstellen kann, was das sein könnte. Er hat schon mehr für uns getan, als wir je für ihn tun könnten. Obwohl unser äußeres Leben jetzt viel unsicherer ist als früher, haben wir doch innerlich einen tiefen Frieden gefunden. Wir können uns über unser Leben freuen, das frei von Furcht und Haß ist, die uns früher immer quälten. Auch wir waren früher einmal Sklaven wie Onesimus, aber nun sind wir wahrhaft frei geworden in Christus — sogar frei", fügte er nach einem Augenblick des Zögerns mit großem Ernst hinzu, „um, wenn es notwendig werden sollte, für Ihn zu sterben, der am Kreuz für uns gestorben ist."

Petrus antwortete bedächtig: „Wir empfangen die Gnade Gottes immer unverdient. Doch wir wollen Gott auch für die Kraft preisen, lachen zu dürfen und am Leben Freude zu haben. Wie viel interessanter ist das Leben doch, wenn wir einen Sinn darin finden und als Söhne und Töchter in der Familie Gottes für andere leben können und nicht immer versuchen, an uns selbst zu denken. Uns selbst zu vergessen und in Seinem Geist in Liebe unserem Herrn und unseren Mitmenschen zu dienen, das ist wahres Leben."

Eine ganze Reihe von Wochen waren vergangen, und Onesimus war wieder einmal zum Abendessen bei Nicia und Marcia in ihrer Wohnung in der *Subura*. Sie sprachen über Petrus und seine Besuche in den Gefängnissen und über die wachsende Gefahr für alle, die in dem Verdacht standen, Christen zu sein.

„Es ist nur eine Frage der Zeit, bis auch Petrus gefangen wird", meinte Onesimus. „Tigellinus weiß, daß er hier ist und die Gefängnisse besucht, um den Glauben der gefangenen Christen zu stärken. Pompania, die der Kaiserin Poppea nahesteht und ihr Vertrauen besitzt, versucht immer noch, über sie den Kaiser zu beeinflussen. Doch hauptsächlich versucht sie der armen und so verwirrten Frau zu helfen, die so großen Einfluß auf Nero hat und deshalb alles besitzt, was sie sich wünscht, aber innerlich voller Angst und Unruhe ist. Von der Kaiserin weiß Pompania, daß Nero, angestachelt von Tigellinus, wild entschlossen ist, das Christentum völlig auszurotten, das er als äußerst gefährlich ansieht. Die bemerkenswerte Tapferkeit der Christen in den Gefängnissen, vor den wilden Tieren und bei anderen blutigen Schauspielen im Kolosseum hat den abergläubischen jungen Kaiser völlig verunsichert. Er fragt immer wieder: ‚Warum haben diese Christen keinerlei Furcht, nicht einmal vor Folter und Tod?' Und niemand in seiner Umgebung weiß eine Antwort darauf."

Marcia und Nicia waren vor kurzer Zeit mit ihren früheren Freunden wieder einmal zu den Schauspielen im Kolosseum gewesen. Diesmal aber, um zu sehen, was dort mit ihren christlichen Brüdern und Schwestern geschah. Da sie auch früher oft zu diesen Spielen gegangen waren, fiel ihr Besuch jetzt niemandem auf.

„Es war ein schreckliches Erlebnis", berichtete Marcia. „Ich kann gar nicht mehr verstehen, daß wir früher so viel Freude daran hatten. In einem Spiel wurde ein junges verlobtes christliches Paar in die Arena geführt, und dann wurden Löwen hereingelassen, die mehrere Tage nichts zu fressen bekommen hatten. Sie stürzten sich mit grausamer Wut auf die beiden jungen Menschen, zerrissen und fraßen sie, bis buchstäblich nichts von ihnen übrig war. Ein wenig später wurden andere Christen in die Arena getrieben, und wilde Hunde und Bären wurden auf sie gehetzt. Die Christen wurden zerrissen, und anschließend fielen die Hunde und Bären noch gegenseitig übereinander her. Doch im Gegensatz zu allen übrigen Gefangenen zeigten unsere Brüder und Schwestern eine unerhörte Tapferkeit, wenn sie wehrlos vor den wilden Tieren standen. Ihr Mut war so beeindruckend, daß das Volk ihnen manchmal sogar Beifall spendete. Was wiederum den Kaiser in noch größere Wut versetzte."

„Ja, es sind großartige Menschen, und ihr Mut ist staunenswert“, bestätigte Nicia. „Nie zuvor habe ich im Kolosseum so viel Tapferkeit gesehen. Doch es ist nicht nur der Mut allein, der beeindruckt, sondern in ihrer ganzen Haltung vor dem Kaiser und dem Volk kommt zum Ausdruck, daß sie keinerlei Haß ihren Verfolgern gegenüber haben. Vor einer solchen Haltung steht das ganze heidnische Rom ratlos.“

Ich bin sicher, daß dieses Fehlen von Haß und Bitterkeit sowie die unbesiegbare Liebe und die Furchtlosigkeit Nero und Poppea große Angst einjagen“, meinte Onesimus. Pompania sagt, Poppea sei manchmal an der Grenze zum Verrücktwerden, vor allem, wenn sie wieder einmal von den Spielen aus dem Kolosseum kommen und dort dem Sterben von Christen zugeschaut haben. Doch das alles treibt Poppea nur dazu, Neros Haß noch weiter anzuheizen. Pompania ist sehr traurig, daß sie trotz aller Überredungskunst Poppea nicht von der Unschuld der Christen überzeugen kann. Sie meint, es werde ihr bald nichts mehr anderes übrig bleiben, als der Kaiserin offen zu sagen, daß auch sie eine Christin ist, obwohl sie weiß, daß dies zur Folge haben kann, daß Poppea sie in ihrer verrückten Angst und ihrem Haß vor allen Christen auch dem Tod ausliefern könnte.“

„Onesimus“, sagte Nicia tief bewegt, „in jener Zeit, als wir im Kolosseum noch über jedes blutige Schauspiel voller Begeisterung mit den anderen Beifall schrien, haben wir nicht gewußt, wie verhärtet und leer unsere Herzen waren und wie unser Egoismus uns zu immer schlimmeren sogenannten Vergügungen trieb. Wenn du meinst, du fühlst dich der Gnade unseres Herrn unwürdig, die dich aus deiner geistlichen Gefangenschaft befreit und in die wahre Freiheit geführt hat, wieviel weniger haben dann Marcia und ich Seine Gnade und Barmherzigkeit verdient?“

„Denke an Petrus’ Worte am Abend eurer Taufe, Nicia“, erinnerte Onesimus ihn. „Niemand von uns hat Gottes Gnade und die Liebe Christi, mit der Er unsere Sünden trug und vergab, verdient. Das ist ja gerade eines der großen

Wunder unseres neuen Lebens in Christus, daß wir es unverdient erhalten haben. Denke aber daran, daß auch unsere Zeit bald kommen mag, da unser Glaube geprüft wird. Kannst du, kann ich, können wir dann auch solche Zeugen sein wie unsere Brüder und Schwestern? Ich frage mich das oftmals und bin auch hier auf die Gnade unseres Herrn angewiesen."

„Ich habe nur eine Antwort auf diese Frage", sagte Marcia leise. „Es sind die Worte, von denen du uns berichtet hast, daß der Apostel Paulus sie oft sagte, nämlich: *Ich vermag alle Dinge durch den, der mir die Kraft dazu gibt, unseren Herrn Jesus Christus!* Wenn das im Leben von Paulus wahr geworden ist, so wie im Leben unserer Brüder und Schwestern, die so tapfer in der Arena sterben, dann wird der Herr es auch in unserem Leben wahr werden lassen, wenn unsere Stunde kommen sollte."

Onesimus nickte zustimmend. Was hatte seine *Agape-Liebe,* mit der er diesen beiden Menschen entgegengekommen war, doch für kostbare Früchte getragen.

30. KAPITEL

Als Onesimus einmal zum Fenster blickte, bemerkte er einen rosigen Schein am dunklen Himmel. „Was ist das?" rief er überrascht.

Die drei eilten zum Fenster. Was sie sahen, machte den Eindruck, als stünde der ganze östliche Teil der Stadt in Flammen. Als sie das Fenster öffneten, konnten sie auch das Knacken und andere Geräusche von Feuer hören und rochen auch den Qualm, der mehr und mehr die Luft erfüllte. Nun liefen sie in den anderen Raum und blickten nach Westen hinaus. Zu ihrem Schrecken erkannten sie, daß sich von da aus das Feuer auch in die *Subura* hineinfraß. Sie liefen auf die Straße und fanden dort hysterisch schreiende Menschen, die nicht wußten, was sie tun sollten. Einige Menschen trugen schon Säcke auf ihrem Rücken oder hatten vollgepackte Taschen in den Händen, in die sie die wichtigsten Besitztümer gestopft hatten, und flohen voller Entsetzen, um ihr Leben zu retten.

Das Feuer war nicht mehr sehr weit entfernt, überlegte Onesimus, als er Marcia und Nicia in ihre Wohnung zurückzog. Alle drei waren von der Situation überrascht.

„Was sollen wir tun?" rief Marcia. Sie hatten sich auf Gefangenschaft und wilde Tiere vorbereitet, aber was jetzt auf sie zukam war völlig unerwartet.

„Kommt mit mir", riet Onesimus. „Packt schnell einige Kleidung und die notwendigsten Dinge ein. Wir werden noch zu Nereus und Junias Haus gehen, denn dort habe ich eine ganze Anzahl wichtiger Papyrus-Rollen, die ich unbedingt retten muß."

Eilig rafften Marcia und Nicia das Nötigste zusammen und eilten dann auf die Straße, um mit allen anderen vor dem Feuer zu entfliehen. Onesimus wußte den kürzesten Weg zum Haus von Nereus. Nachdem sie einige Minuten gerannt waren, mußten sie langsam gehen, um wieder zu Atem zu kommen. „Welcher schreckliche Dämon ist wohl für diese Katastrophe verantwortlich?" fragte Nicia, während er tief Luft holte.

„Dieses Feuer ist nicht durch Zufall entstanden", überlegte Onesimus, „denn es brennt ja zugleich an verschiedenen Stellen. Ich kenne aber nur einen, der einerseits mächtig genug und andererseits auch sadistisch und rücksichtslos genug ist, so etwas zu tun." Marcia und Nicia nickten verständnisvoll, auch wenn Onesimus den Namen nicht erwähnt hatte.

Ohne ein weiteres Wort zu sagen beschleunigten sie ihre Schritte wieder, bis sie ihr Ziel erreichten. Zu ihrer Erleichterung waren Nereus und Junia noch in ihrem Haus. Doch auch sie machten ernste Gesichter und waren dabei, die wichtigsten und nötigsten Dinge zusammenzupacken. Das Feuer im Norden wurde nun ebenfalls größer und würde wohl bald auch ihr Haus erreichen, wenn es nicht vorher bekämpft wurde. Doch nirgends schien überhaupt jemand daran zu denken, sich gegen das Feuer zu wehren.

„Preis Gott, daß ihr alle drei gekommen seid!" rief Junia. „Ich frage mich, was Linus und sein Gast tun werden?"

„Sie sollten besser das tun, wozu auch wir uns entschlossen haben", sagte Nereus. „Wir gehen zu unserem unterirdischen Versammlungsraum außerhalb der Mauer", erklärte er den anderen. „Es ist vielleicht der einzige sichere Ort außer den Palästen und Villen der Reichen oben auf dem Paladin, wo auch Pompania wohnt. Nicia, du weißt doch, wo Linus sein Haus hat?"

Nicia nickte.

„Dann laufe so schnell du kannst und sieh zu, daß auch Petrus, Lukas, Johannes Markus und Linus die Stadt so schnell wie möglich verlassen. Wenn ihr den Weg nehmt, den wir oft zu den Versammlungen gingen, werdet ihr wohl noch durchkommen. Er ist, soweit ich erkennen kann, noch nicht von den Feuern aus Osten und Westen abgeschnitten. Wir haben vielleicht noch eine reichliche halbe Stunde Zeit, ehe es zu spät ist. Mit der Hilfe des Herrn werden wir uns in etwa einer Stunde draußen wieder treffen."

Nicia eilte davon. Nereus und Junia waren fertig mit Packen, und Onesimus eilte nach oben, um seine kostbaren Rollen zu holen und das Geld, das Philemon ihm mitgegeben hatte. All das und eine weitere Tunika steckte er in eine große Tasche und lief damit wieder nach unten. Dann machten sich die vier auf den Weg zu der Höhle.

Unterwegs sahen sie, wie das Feuer von allen Seiten näherrückte. Der Rauch brannte ihnen in den Augen und im Hals. Die Straßen waren erfüllt mit flüchtenden und schreienden Menschen, Armen und Reichen, Alten und Jungen — das Feuer machte da keinen Unterschied.

Sie hielten sich eng zusammen, bis sie endlich das Stadttor nach Süden hin erreichten. Draußen bogen sie bald von der Straße auf einen unscheinbaren Nebenweg ab, den sie so gut kannten und der zu dem Eingang durch die Olivenbäume führte. Bald begegneten sie anderen Christen, die dasselbe Ziel hatten. Sie begrüßten sich herzlich, doch auch voller Sorge. Die meisten wußten, daß ihre Häuser und Arbeitsplätze ein Raub der Flammen werden würden. Nur hier und da wurden einige wenige Worte gewechselt, bis sie sicher in dem unterirdischen Versammlungsraum eintrafen.

In dem großen Raum, zu dem die jüngeren Männer im Laufe der Zeit auch noch einige kleinere Nebenhöhlen entdeckt hatten, die man von dem Hauptraum aus erreichen konnte, hatten sich schon viele Christen eingefunden, und man begrüßte sich gegenseitig. Onesimus, Marcia, Junia und Nereus waren erleichtert, als sie das erregte Gesicht Nicias sahen, der auf sie zukam. „Ja, auch wir sind alle sicher hier angekommen", sagte er. „Preis Gott, daß es uns noch gelang.

Welch eine Katastrophe für die Einwohner Roms. Was für ein teuflicher Unhold kann einen Menschen veranlassen, ein solches Feuer zu legen, das die ganze Stadt vernichtet?"

Nicia führte sie zu dem Platz, wo Petrus und Linus sich darauf vorbereiteten, eine Versammlung einzuberufen, um eine gewisse Ordnung herzustellen. Obwohl der Raum bis jetzt nur halb gefüllt war, zeigte sich doch, daß viele der Christen, die sich noch in Freiheit befanden, nach hier geflohen waren. Man hoffte darauf, daß sich noch mehr einfinden würden. Als um Stille gebeten wurde und alle aufgefordert wurden, näherzukommen, erhob sich Linus. Nach einigen Grußworten begann er:

„Meine lieben Brüder und Schwestern in der Familie Gottes, durch die Gnade des Herrn sind wir dem schrecklichen Feuer entkommen, das offensichtlich planvoll gelegt wurde. Wir wollen Gott dafür danken. Wir wollen aber auch einige Minuten für die Bürger Roms beten und vor allem für unsere Brüder und Schwestern, die in den Gefängnissen sind und von denen sicher viele in den Flammen umkommen werden, weil sie niemand freilassen wird. Auch für den bösen Menschen wollen wir beten, dessen schrecklicher Plan das Unheil über diese große Stadt gebracht hat. Wir wollen auch die unserer Christen mit in unsere Gebete einschließen, von denen wir hoffen, daß sie in Sicherheit sind, weil ihre Häuser höher auf den Hügeln liegen oder ein wenig allein stehen oder die Möglichkeiten haben, ihre Häuser mit genügend Wasser zu schützen. Ich denke, von ihnen werden wir bald Hilfe und Lebensmittel bekommen, damit wir solange hierbleiben können, bis das Feuer endgültig vorüber ist. Ich bitte den Apostel Petrus, mit uns zu beten, und wir wollen alle einstimmen. Seine Gegenwart und sein Dienst sind uns in der letzten Zeit eine so große Hilfe und Ermutigung gewesen, ganz besonders aber noch für all jene, die in den Gefängnissen sitzen und Opfer von Neros wahnwitzigem Haß sind."

Der Apostel hatte in der letzten Zeit oft vom Glauben gesprochen, der sich in den Anfechtungen und Prüfungen bewährt und der dann viel kostbarer ist, als im Feuer geläutertes Gold. Nun dankte er Gott, daß so viele sich bewährt hatten und viele von ihnen nun schon in der Gegenwart des auferstandenen Herrn und Christus waren. Er tat Fürbitte für alle Brüder und Schwestern in den Gefängnissen und für all jene, die vielleicht noch in Feuersnot waren und schloß mit den Worten: „Die Erbschaft, zu der wir wiedergeboren sind, kann kein Unheil zerstören oder verderben — noch nicht einmal ein so riesiges Feuer wie dieses."

Noch eine ganze Anzahl weiterer Christen, die zwar ihre Häuser oder Wohnungen verloren hatten, aber ihr Leben retten konnten, fanden sich im Laufe der Nacht ein. Manche machten sich Sorgen wegen der Abwesenheit anderer Freunde oder Verwandten. Doch dann fanden sie sich in Gruppen zusammen und machten sich mit Kleidern, Decken und Kissen, die sie mitgebracht hatten, provisorische Lager zurecht. Petrus segnete sie alle und bat Gott um eine gute Nachtruhe.

Am nächsten Morgen erschienen Pompania und eine ganze Anzahl der reicheren Christen, deren Häuser verschont geblieben waren, weil sie günstig lagen. Sie betraten durch die verschiedenen Eingänge mit ihren Dienern die Höhle und brachten Decken, Nahrungsmittel und auch Kleidung. Auch manche der ärmeren Christen aus den Teilen der Stadt, die vom Feuer verschont geblieben waren, kamen und brachten, was sie entbehren konnten, um ihren Brüdern und Schwestern in ihrer Not zu helfen.

„Welch ein herzbewegender Anblick", sagte Doktor Lukas zu Petrus und der kleinen Gruppe, die bei ihnen stand. „Erinnert dich das nicht an die erste Zeit in Jerusalem, Bruder Petrus, wo kurz nach Pfingsten alle reichlich von ihrem Vermögen in die Gemeinde brachten, um den Armen zu helfen? Ich habe gerade begonnen, einen Bericht über den Anfang der ersten Gemeinde zu schreiben. Einer der wichtigsten Sätze darin beschreibt, wie die ersten Christen beständig zusammen waren, um den Lehren der Apostel zuzuhören, um Gemeinschaft miteinander zu haben, das Abendmahl zu feiern und zu beten. Es sieht so aus, als würde sich dies hier nun in gewisser Weise wiederholen."

„Ja", stimmte Petrus bewegt zu. „Auch damals waren es Tage der Verfolgung und Prüfung. Aber diese Zeiten tragen dazu bei, daß wir besser verstehen lernen, was es unseren Herrn gekostet hat, als Er auf der Erde war und verachtet wurde und leiden und sterben mußte — und das alles für uns!"

Linus rief nun alle Anwesenden wieder zusammen. Die Lebensmittel und alles andere, was gebracht worden war, wurden verteilt, so daß jeder zunächst einmal mit dem Nötigsten versorgt war. Linus dankte mit warmen Worten den Christen, die sich schon so früh aufgemacht hatten, um ihren Brüdern und Schwestern in Not zu helfen. Dann baten sie wiederum Petrus, auch Gott gegenüber ihren gemeinsamen Dank im Gebet auszudrücken.

Nach einer kurzen Beratung kamen die leitenden Männer zu der Überzeugung, daß es unweise wäre, jetzt schon in die immer noch brennende Stadt zurückzukehren. Linus schlug den Christen vor, die ihre Häuser und Wohnungen verloren hatten: „Bleibt vorläufig hier. Wenn wir von den anderen gesucht werden, die auch dem Feuer entkommen sind oder gar verschont wurden, dann werden sie früher oder später sicher auch hier in der Höhle auftauchen."

Diese Voraussage erfüllte sich im Laufe des Tages, als weitere Christen erschienen, die ebenfalls ihre Häuser verloren hatten, aber vom Feuer dazu getrieben worden waren, nach anderen Richtungen hin aus der Stadt zu fliehen. Es kamen auch solche, die das Feuer verschont hatte und die nun nach Angehörigen oder Freunden suchten, die sie mit in ihre bewahrt gebliebenen Häuser und Wohnungen nehmen wollten. Sie bekamen auch immer mehr Berichte von den schrecklichen Szenen zu hören, die sich inmitten des Flammenmeers abgespielt hatten.

Es wurde sogar davon berichtet, daß in verschiedenen Teilen der Stadt Soldaten die Bewohner davon abgehalten hatten, zu versuchen, ihre brennenden Häuser zu löschen. Dies war der endgültige Beweis dafür, daß Nero selbst der Anstifter dieser Feuersbrunst war. Einige wußten, er habe zu Freunden gesagt: „Eine brennende Stadt ist ein großartiger Anblick, vor allem wenn man weiß, daß man auf den Ruinen dieser Stadt eine viel schönere aufbauen kann, als sie vorher gewesen ist.“

Einige Christen erzählten von Soldaten, die in Stadtteilen, in denen sich das Feuer der Windrichtung wegen nicht ausbreiten wollte, noch weitere Brände gelegt hätten. Andere berichteten, daß die Soldaten im Legionslager auf dem Palatin dem Feuer tatenlos zugesehen und laut darüber gelacht hätten. Sie hatten so gefeiert, wie Kinder um ein Lagerfeuer hüpften. Nero selbst veranstaltete ein großes Festmahl und verfaßte ein Gedicht, in dem er den Brand von Rom mit dem Brand von Troja verglich.

„Das Traurigste dabei ist“, meinte Lukas, „daß viele Tausende der Ärmsten und Hilflosesten alles verloren haben oder sogar in den Flammen umgekommen sind.“

Fünf Tage lang tobte das Feuer und ließ den Himmel sogar noch am Tage rot leuchten. Onesimus war mit Nereus und Marcia und Nicia bis zum Stadttor gegangen, dort beobachteten sie das schreckliche Schauspiel. Wenn das Feuer irgendwo zu sterben schien, wurde es von geheimnisvollen Helfern wieder angefacht, bis das meiste in allen der sieben Stadtteile Roms zerstört war. Nur der capitolinische Hügel und der Palatin blieben so gut wie unberührt, denn hier wohnten die Patrizier, die Senatoren und die meisten reichen Kaufleute der Stadt.

Nahezu eine Woche verging, ehe man die Stadt wieder betreten konnte. Während dieser Zeit hatten die Christen, die noch in der großen Höhle beisammenblieben, eine großartige Gelegenheit, dem Apostel Petrus sehr oft zuzuhören und auch Doktor Lukas. Beide erzählten viele Erlebnisse aus Jesu Leben. Es war auch Lukas, der ihnen die Geschichte der beiden Jünger erzählte, die am Tag der Auferstehung Jesu nach Emmaus gingen und denen Jesus unterwegs begegnete. Sie erkannten Ihn erst an der Art, wie Er das Brot brach.

Es waren Tage, in denen die römische Christengemeinde tief gegründet und befestigt wurde und in der ihre Gemeinschaft noch enger wurde als je zuvor. Auch Pompania und die anderen, deren Häuser verschont geblieben waren, kamen täglich, um zuzuhören und an der Gemeinschaft teilzunehmen, und dabei brachten sie auch immer wieder die nötigen Lebensmittel mit.

Auch Onesimus genoß die Gemeinschaft mit dem Apostel Petrus in vollen Zügen. Sie wurde für ihn genau so wertvoll, wie es die Zeit mit Paulus gewesen war, da er von Petrus sehr viel über das Leben und die Lehren Jesu lernen konnte. Manchmal dachte er: *Wenn nur Helen und Archippus dabei sein könnten und seine Mutter und der ganze Haushalt aus Kolossea, um all das ebenfalls zu hören.*

Als sie sich wieder einmal über den großen Brand unterhielten und dabei auch erwähnten, daß dieses Feuer ihnen die Gelegenheit zu der wundervollen Gemeinschaft für diese knappe Woche gebracht hatte, meinte Onesimus, dies sei ein gutes Beispiel für das Wort, das der Apostel Paulus geprägt hatte und so oft erwähnte, daß nämlich alle Dinge denen zum Besten mitwirken müssen, die Gott lieben."

„Genauso ist es", stimmte Petrus zu. „Es ist auch ungefähr das, was unser Herr meinte, als Er sagte, daß alle, die ihr eigenes Leben festhalten wollen, es verlieren werden, aber alle, die es aufgeben um des Reiches Gottes willen, werden es überreichlich wiederfinden. Ein andermal sagte Er, daß ein Samenkorn keine Frucht tragen kann, wenn es nicht vorher bereit ist, in die Erde zu fallen und zu sterben. Ganz gewiß wird so auch das Blut unserer Brüder und Schwestern, die um des Namens Jesu willen sterben müssen, zu einem Samen werden, durch den die Gemeinde Jesu Christi wächst."

Petrus meinte, als er das sagte, nicht nur all jene, die in den Gefängnissen verbrannt waren, sondern auch alle Christen, die in der Arena und auf andere Weise während der

Verfolgungszeit sterben mußten und in der Zeit, die nun vor ihnen lag, noch sterben würden.

Am fünften Tag, als wieder eine Beratung stattfand, wie es nun weitergehen sollte, waren alle überrascht, als plötzlich der Pretorianer Janus unter ihnen auftauchte und alle freundlich grüßte. Weder er, noch Plutonius oder ihr Führer Burrhus waren seit Ausbruch des Feuers in der Lage gewesen, nach dem Ergehen ihrer Brüder und Schwestern in Christus zu fragen, da sie zur Leibwache Neros gehörten und er gefordert hatte, sie müßten in diesen Tagen alle zu seiner Verfügung stehen. Doch nun entspannte sich die Lage etwas, und Janus hatte sich mit Burrhus' Genehmigung nach hier auf den Weg gemacht, wo sie die meisten Christen vermuteten. Der Prätorianer wurde von Petrus und allen anderen freudig begrüßt.

„Wir sind sehr froh, dich zu sehen", sagte Linus erleichtert. „Vielleicht kannst du uns ein wenig mehr darüber sagen, was in der Zwischenzeit in Rom geschehen ist und was wir zu erwarten haben?"

Janus drehte sich zu den Versammelten um, auf deren Gesichtern noch der Kummer der vergangenen Tage und die Ungewißheit, was vor ihnen lag, zu lesen war. „Liebe Schwestern und Brüder", sagte er, „ihr könnt mir glauben, daß wir Prätorianer, die mit euch den Herrn Christus lieben, uns in den letzten Tagen viele Sorgen um euch gemacht haben. Ihr wißt vielleicht, daß drei Gefängisse, in denen viele Christen gefangen waren, vom Feuer zerstört worden sind und daß dabei viele unserer Mitchristen in den Flammen umkamen — wie viele, das wissen wir nicht. Doch da ich hier so viele von euch sehe, meine ich, daß es doch weniger sind, als wir zuerst dachten. Preis sei unserem Herrn dafür und auch für die wunderbare Gemeinschaft, die ihr in dieser Woche mit Petrus und Lukas hattet.

Ich habe euch einige gute, aber auch sehr schlechte Neuigkeiten mitzuteilen. Der Kaiser hat bekanntgegeben, daß allen die durch den Brand Verluste erlitten, finanzielle Hilfe zuteil wird, wenn sie ihre Häuser oder Geschäfte wieder aufbauen wollen. Ohne Zweifel beabsichtigt er, eine neues und schöneres Rom wieder aufzubauen, einschließlich seines eigenen Palastes, der auch verbrannt ist.

Bei seiner Rückkehr nach Rom hörte Nero, was auch ihr alle wißt, nämlich daß man ihm und Tigellinus die Schuld für das riesige Feuer gibt. Tigellinus habe den Brand geplant, und Nero habe dann den Befehl dazu gegeben, so wurde überall gesagt. Nero wußte deshalb, daß seine Position sehr unsicher war, wenn sich das Volk im Zorn gegen ihn erheben würde, es sei denn, er konnte jemand finden, dem er die Schuld für das Feuer zuschieben konnte. Da er wußte, in welch üblem Ruf wir Christen bei dem Volk stehen, wegen der vielen Lügen, die über uns erzählt werden, ließ er bekanntgeben, man habe genügend Beweise dafür gefunden, daß die bösen und brutalen Christen das Feuer gelegt hätten. Die Idee wurde ihm von der Kaiserin Poppea eingeredet, und Tigellinus hat sie überall voller Eifer verbreitet.

Es tut mir leid, doch ich muß euch sagen, daß euch große Gefahr droht, wenn ihr nach Rom zurückkehrt, was die meisten von euch zweifellos müssen. Alle, die bei den Beamten des Kaisers finanzielle Hilfe zum Wiederaufbau ihrer Häuser beantragen, werden wahrscheinlich als Christen entdeckt werden. Ich habe zwar eine Liste von den Beamten mitgebracht, die heimlich mit uns Christen sympathisieren, aber ob die unter den gegenwärtigen Umständen noch etwas nützt, wissen wir auch nicht. Das wird sich erst herausstellen müssen. Denn jetzt, da man uns offen als gefährliche Verbrecher anklagt, die für den Untergang der Stadt verantwortlich sind, wird die Verfolgung noch viel gnadenloser werden als zuvor.

Die Zeit mag bald kommen", sagte er mit belegter Stimme, „wenn unser Anführer Burrhus seine Stellung verliert und für seinen Glauben denselben Preis bezahlen muß wie vor ihm Paulus und viele andere von uns. So mag es uns Prätorianern, die Christus nachfolgen, dann auch ergehen, und auch euch. Doch wie uns unser geliebter Apostel Petrus gesagt hat, wollen wir trotzdem an der lebendigen Hoffnung durch die Auferstehung Jesu Christi von den Toten festhalten, weil wir wissen, daß wir ein ewiges Erbe haben, das nicht zerstört oder verdorben werden kann. Deshalb wollen wir der Zukunft mit dem Glauben und der Hoffnung entgegensehen, daß der Heilige Geist uns allezeit Freude und Mut geben wird."

Alle sagten laut: „Amen!"

Linus erhob sich und gab bekannt, daß er die Liste mit den christenfreundlichen Beamten aushängen würde, so daß jeder sich danach informieren und entsprechende Entschlüsse fassen konnte. „Wir müssen das Risiko eingehen", sagte er. „Wir werden es im Glauben tun und wissen dabei, daß manche von uns verhaftet und zu Tode gefoltert werden. Wir wollen den Apostel Petrus nochmals bitten, mit uns zu beten, ehe wir von hier aufbrechen und nach Rom zurückkehren. Natürlich ist es jedem von euch freigestellt, noch länger hierzubleiben, wenn ihr noch zu keiner Entscheidung gekommen seid, was ihr tun wollt."

Petrus erhob sich, und seine kräftige Stimme drang bis in die entferntesten Winkel der Höhle, während die Gläubigen sich alle erhoben und sich gegenseitig an den Händen faßten. Der Apostel, der nun mit ihnen betete, hatte früher einmal seinen Herrn verleugnet, doch nun war er ein Fels der Stärke, an dem man sich aufrichten konnte. Wieder wurden sie alle durchflutet von dem Geist der Hoffnung, der Freude und der Kraft. Und in dieser Kraft wollten sie hingehen und allem begegnen, was vor ihnen lag.

Onesimus stand inmitten seiner Freunde. Auch er wurde emporgetragen auf einer Welle der tiefen Gemeinschaft im Heiligen Geist, in der alle überzeugt waren, daß ihr Herr, Jesus Christus der Sieger, mit ihnen sein würde.

31. KAPITEL

In den folgenden Tagen ging Onesimus immer wieder mit bekümmertem Herzen und erschüttert durch die in Schutt und Asche liegenden Straßen der Stadt. Der Geruch verbrannten Fleisches, das nun in der heißen Sommersonne auch noch zu verwesen begann, lag in der Luft. Überall hörte man Weinen und Klagen. Es waren immer wieder unglaubliche Bilder, wenn er die zurückgekehrten Bürger sah, die in den Trümmern ihrer Häuser wühlten, ob sich noch etwas Brauchbares finden ließ.

Er hatte Nereus und Junia begleitet, als diese ihr Haus in Augenschein nahmen. Die beiden reagierten ganz anders als die meisten Leute in der Nachbarschaft, bei denen nur Verzweiflung zu hören und zu sehen war. Nereus fand sogar noch Grund, Gott dankbar zu sein, weil er in einer Ecke sein gesamtes Werkzeug nahezu unbeschädigt fand, so daß er in der Lage war, seine Arbeit schnell wieder aufzunehmen. Nach der Zerstörung der meisten Häuser würde es sehr bald viele Aufträge für bronzene Gegenstände und Ornamente und ähnliches geben.

Pompania hatte Onesimus, Nereus und Junia persönlich eingeladen, vorübergehend in ihrer großen Villa eine Unterkunft anzunehmen, bis Nereus sein Haus soweit fertig hatte, daß man darin wieder wohnen konnte. Als sie in der Villa eintrafen, fanden sie schon fünfzehn andere Personen vor, die Pompanias Gastfreundschaft genossen. Marcia und Nicia waren auch darunter. Obwohl auch ihr Haus und ihr Laden ruiniert waren, waren sie doch fest entschlossen, neu zu beginnen, und zwar sehr bald.

Die Gläubigen freuten sich darüber, als sie hörten, daß Linus' Haus bewahrt geblieben war, weil es ein wenig höher und etwas isoliert stand. Nur Plünderer hatten eine ganze Anzahl Gegenstände gestohlen. Mit der Hilfe einiger junger Christen konnte Linus das Haus in wenigen Stunden wieder wohnlich einrichten, so daß auch Petrus bei ihm bleiben konnte. Linus war Witwer. Seine erwachsenen Kinder hatten schon eigene Familien. Während die eine Familie im Feuer umgekommen war, konnte sich die andere mit zwei kleinen Kindern retten. Sie kamen nun vorübergehend auch in das Haus ihres Vaters gezogen.

Der Apostel Petrus war allen, die in dem Feuer Verluste an Angehörigen oder Besitz erlitten hatten, zu einem großen Tröster geworden, der überall auch Ermutigung und Zuversicht verbreitete. Da er kürzlich Johannes Markus beauftragt hatte, die Gemeinden in Cypern zu besuchen, hatte dieser Rom, wenn auch zögernd, doch verlassen und war auf der Reise ins östliche Mittelmeer. Deshalb wurde Onesimus wiederum gebeten, Petrus zu begleiten, wenn er die Christen in Rom besuchte. Onesimus wunderte sich immer wieder darüber, welch feiner und empfindsamer Seelsorger und Tröster dieser große Fischer doch war.

Am Morgen des zehnten Tages nachdem das Feuer beendet war, kam Onesimus in Linus' Haus und fand dort Petrus in einer regen Unterhaltung mit Linus und drei Hauskreisleitern der Gemeinde, nämlich Onesiphorus, Pudens und Ampliatus. Sie begrüßten Onesimus, und Linus teilte ihm Petrus' Absicht mit, wieder damit zu beginnen, die Christen in den beiden vom Feuer verschont gebliebenen Gefängnissen und in dem von Tigellinus neu provisorisch eingerichteten Gefängnis zu besuchen.

Auf dem Marktplatz eines Stadtteils hatte man ein provisorisches Gefängnis aufgebaut, weil man sonst die vielen Gefangenen, vor allem die neu verhafteten Christen, nicht mehr hätte unterbringen können. Doch dieses neue provisorische Gefängnis glich mehr einem Viehstall, als einer menschenwürdigen Unterkunft. Doch dort waren mittlerweile schon fast hundert Christen eingesperrt.

Da die meisten Christen unter den einfacheren Schichten der Einwohner zu finden waren, die am meisten unter dem Verlust ihrer Häuser, Werkstätten und Läden litten, waren sie unter den ersten, die sich bei den kaiserlichen Beamten einfanden, um Unterstützung für den Wiederaufbau zu beantragen. Doch diese Beamten hatten den strikten Befehl, jeden Antragsteller zu fragen, ob er ein Christ sei. Da die meisten Christen sich bei dieser Frage zu ihrem Glauben bekannten, wurden sofort viele von ihnen verhaftet. Nur da, wo einer der Beamten selbst ein noch nicht entdeckter Christ war oder sehr stark mit den Christen sympathisierte, hatte das Bekenntnis der Gläubigen zum Christentum keine unmittelbaren Folgen für sie.

Linus und die anwesenden Hauskreisleiter verstanden des Apostels tiefe Sorge für diese Christen, die sich zu ihrem Glauben bekannt hatten, als sie von den kaiserlichen Beamten danach gefragt wurden, doch sie wollten nicht, daß er sich ohne Not der Entdeckung aussetzte. Doch nachdem Onesimus eingetroffen war, erklärte Petrus, daß er sich verpflichtet fühle, den gefangenen Christen in ihrer Not beizustehen und sie zu ermutigen, ganz gleich wie viele Gefahren für ihn selbst das mitbringen würde.

„Ich habe meinen Herrn in jener bösen Nacht dreimal verleugnet“, sagte er immer wieder, „und ich werde es nicht noch einmal tun! In der vergangenen Nacht träumte ich, ich sei davongelaufen. Und in meinem Traum habe ich mich damit entschuldigt, daß ich für die Gemeinde zu wichtig sei, um mein Leben in Gefahr zu bringen.“ Die anderen sahen, daß der große Mann so tief bewegt war, daß er mit den Tränen kämpfte. Er brauchte einige Minuten, ehe er sich wieder gefaßt hatte und weitersprechen konnte:

„Als ich erwachte, war ich in Schweiß gebadet und bemerkte, daß alles nur ein Traum gewesen war. Ich kniete nieder und betete: ‚Herr, ich werde Dich nie wieder verleugnen, niemals! Es soll nicht geschehen, daß Du um meinetwillen nochmals gekreuzigt wirst! Das eine Mal war genug!' Ich bat den Herrn dann um Kraft und Mut, um alles ertragen zu können, was mir heute oder morgen oder wann auch immer begegnen würde."

Die anderen Männer blickten sich an und nickten sich gegenseitig zu. „Lieber Bruder Petrus", begann Linus, „wir verstehen und bewundern deine Entschlossenheit. Ich glaube, es waren unsere selbstsüchtigen Wünsche, dich so lange wie möglich bei uns zu haben, die uns veranlaßten, dir zu mehr Vorsicht zu raten. Doch wir können verstehen, daß du in dem Besuch der Gefangenen einen Auftrag des Herrn siehst und daß du den Herrn nicht verleugnen willst, wenn du die nicht besuchst, die auch den Mut hatten, sich in ihrem Zeugnis zu Jesus Christus zu bekennen."

„So ist es", bestätigten die anderen. „Wir werden nichts mehr gegen deine Absicht sagen, sondern werden für dich beten."

Onesimus kämpfte innerlich mit sich, denn es ging jetzt um eine der schwierigsten Entscheidungen seines Lebens. Dann sagte er leise, aber fest entschlossen: „Bruder Petrus, wenn du erlaubst, werde ich mit dir gehen, ganz gleich, was für uns daraus entstehen mag. Als ich einst meinem Sklavendasein entfloh, wußte ich, daß ich damit mein Leben riskierte und war bereit, diesen Preis zu bezahlen. Doch nun, nachdem ich die wahre Freiheit in Christus gefunden habe, bin ich bereit, mein Leben als Sklave Jesu Christi einzusetzen, wenn mein Zeugnis dies nötig machen sollte."

Petrus legte seine große Hand auf Onesimus' Schulter und sagte sanft: „Sohn, wenn dies dein Wunsch ist, werde ich dich nicht zurückweisen. Du bist mir in den vergangenen Monaten, seit ich dich kenne, zu einer großen Hilfe und Ermutigung geworden. Komm, wir wollen uns unter der Führung unseres Herrn auf den Weg machen."

Alle vereinigten sich nochmals im Gebet und legten alle Dinge in die Hand ihres Herrn. Dann verließen Petrus und sein junger Gefährte das Haus und machten sich entschlossen auf den Weg.

Zur selben Zeit erhielt im kaiserlichen Palast der Tribun Burrhus, Führer der Prätorianergarde, den Befehl, sofort gemeinsam mit seinem Stellvertreter Faenus, dem ersten Centurio, und zwei weiteren Prätorianern vor Nero zu erscheinen. Einer dieser beiden war Plutonius. Während die vier auf dem Weg zum Kaiser waren, flüsterte Burrhus Plutonius zu: „Ich glaube, Nero will jetzt meinen Kopf. Ich werde diese letzte Gelegenheit, die ich wohl habe, wahrnehmen, um vor ihm ein Zeugnis abzulegen."

Nero, der gerade einen Rausch ausgeschlafen hatte und noch nicht ganz nüchtern zu sein schien, lag auf einer Art Himmelbett. Er hatte sich auf den rechten Ellbogen gestützt. Nachdem die vier Prätorianer dem Kaiser die Ehrenbezeugung erwiesen hatten, sagte er zornig: „So, Burrhus, du bist schon lange der Führer meiner Leibwache, und du hast mir schon viele gute Dienste erwiesen, sonst hätte ich dich längst durch einen anderen ersetzt.

Doch in letzter Zeit scheint dein Eifer nachgelassen zu haben." Und nun stellte er die verhängnisvolle Frage, die er förmlich herausschrie: „Aber warum hast du denn diesen großen christlichen Narren Simon Petrus noch nicht gefangen?"

Erschöpft lehnte er sich zurück und mußte sich einige Augenblicke erholen. Dann fuhr er etwas leiser, aber mit grollender Stimme fort: „Dieser Petrus war schon vor dem großen Brand der Anführer und die treibende Kraft der Christen, der den Anhängern dieser üblen Sekte immer wieder Mut machte. Man hat mir mitgeteilt", bei diesen Worten blickte er Rufus Faenus wohlwollend an, „daß dieser Petrus vor dem Brand oft die Gefängnisse Roms besuchte, in denen diese elenden Christen gefangengehalten wurden. Du hattest den ausdrücklichen Befehl, diesen Mann zu fangen, und dieser Befehl war mir sehr wichtig?" Nero zog fragend die Augenbrauen hoch und wartete auf eine Antwort.

„Ja, Cäsar, du hast mir diesen Befehl gegeben, und ich habe ihn sehr gut verstanden", antwortete Burrhus unbewegt.

„Und warum konnte er dann immer wieder entkommen? Hast du diesen Befehl etwa deshalb nicht eifrig genug ausgeführt, weil du selbst einer dieser bösartigen Christen bist?" Nero hatte die letzten Worte wieder herausgeschrien und blickte den Führer seiner Leibwache zornig an.

„Ja, Cäsar, auch ich bin ein Christ", antwortete Burrhus ruhig, aber fest. „Jesus Christus ist mein Herr, und ich will Ihm dienen — Ihm allein!"

Diese Antwort überraschte Nero so, daß er für einige Augenblicke keine Worte fand. Poppea und andere hatte Burrhus bei ihm schon oft verdächtigt, in näherer Beziehung zu dieser verhaßten Sekte zu stehen. Doch dieses offene Bekenntnis erschütterte ihn, denn er schätzte Burrhus sehr, da dieser ihm nicht nur lange Zeit treu gedient und für seine sichere Bewachung gesorgt hatte, sondern Nero hatte ihn auch manchmal nach seiner Meinung gefragt und immer gute Ratschläge vom Führer seiner Prätorianer erhalten.

Als Burrhus jetzt fortfuhr, starrte Nero ihn ungläubig an: „Ich habe dir so lange gedient, wie es mir möglich war, Cäsar, doch ich weigere mich nun, noch länger einen Mann zu beschützen, der ein sadistischer Mörder und großer Wüstling ist, der sein eigenes Volk so verachtet, daß er ihnen seine Wohnstätten raubt, indem er seine eigene Hauptstadt in Brand stecken läßt. Ich habe den Nero geliebt und geachtet, der du früher gewesen bist, doch ich kann dem Nero nicht mehr dienen, der du heute bist."

Nero war mittlerweile empört aufgesprungen. Sein Gesicht war hochrot vor Zorn und er hatte Mühe, zu sprechen. „Du . . . du . . . du Hund! Du gemeiner Verräter! Du verrätst Cäsar um dieses Christus willen!" schrie er.

Er machte eine Handbewegung zu Faenus hin. „Nehmt diesen verdorbenen Kerl und schlagt ihm den Kopf ab. Von jetzt an ist Tigellinus der Führer meiner Prätorianer, und du, Rufus Faenus, bist sein Stellvertreter. Bringt ihn schnell fort, ich will ihn nicht mehr sehen!" Erschöpft ließ sich der Kaiser auf sein Himmelbett zurückfallen.

„In jenen Augenblicken war ich noch stolzer auf unseren Anführer als je zuvor", sagte Plutonius, als er später diese Geschichte in der Versammlung der Christen in jener unterirdischen Höhle erzählte.

„Da Nero mich nicht angesprochen hatte, folgte ich seinem Befehl und schloß mich den beiden anderen an, die Burrhus rechts und links gepackt hatten und ihn hinausführten. Welch großartiger Zeuge war Burrhus doch gewesen. Rufus verachtete ich jetzt, weil er seinen Anführer so gemein verraten hatte. Burrhus wurde auf den Hof geführt, wo immer noch der Block des Henkers stand, auf dem schon unser Bruder Paulus sein Leben lassen mußte."

Plutonius schwieg einen Augenblick, als er an jene Stunde zurückdachte. Dann fuhr er fort: „Während Rufus Faenus nach dem Henker rief, führte ich Burrhus zu dem Richtblock. Er flüsterte mir zu: ‚Mein Segen soll dich begleiten, mein Sohn. Grüße unsere Brüder und Schwestern. Der Friede sei mit dir!' Ich hatte Mühe, meine Tränen zurückzuhalten. Burrhus legte ohne Widerstand seinen Kopf auf den Block, und der Henker tat seine blutige Arbeit."

Alle bemerkten, daß es Plutonius schwer fiel, weiterzusprechen, so bewegt war er. Endlich faßte er sich und beendete seinen Bericht mit den Worten: „Offensichtlich hatte Rufus Faenus noch so viel Achtung vor seinem ehemaligen Anführer, daß er ihn auf den Friedhof der Prätorianer bringen und neben seinen Kameraden beerdigen ließ."

Plutonius konnte die Tränen nun nicht mehr zurückhalten. Irgendwie schämte er sich auch, weil er noch ein freier Mann war, während viele ihrer Brüder und Schwestern in den Gefängnissen saßen oder schon ihr Leben gelassen hatten. Auch manche andere Christen unter ihnen hatten ähnliche Gefühle. Doch die Führer der Gemeinde hatten die Parole ausgegeben, daß niemand sich freiwillig zum Märtyrer machen sollte. Sie wollten nie ihr Zeugnis und ihren Herrn verleugnen, wenn sie gefragt wurden, sondern sich dann stets treu zu Ihm bekennen. Doch keiner sollte von sich aus hingehen und offen erklären, er sei ein Christ. Täten sie das, dann würde es in Rom bald keine Christen mehr geben, um das Zeugnis des Evangeliums weiterzutragen.

32. KAPITEL

Während Petrus und Onesimus durch die von ausgebrannten Ruinen gesäumten Straßen Roms zu dem neuen Gefängnis gingen, das vom Volk schon den Namen *Viehstall* erhalten hatte, wußten sie noch nichts davon, daß die Führung der Prätorianergarde nun in anderen Händen lag. Rückblickend sagte sich Onesimus allerdings, daß es keinen Unterschied gemacht hätte, denn Petrus war fest entschlossen, die Gefangenen zu besuchen, was auch immer kommen mochte, und Onesimus ebenfalls.

Von Pompania und Burrhus hatten sie den Namen und einiges über den Charakter des Mannes erfahren, der dieses neue Gefängnis leitete. Sein Name war Volusius, und er war bekannt als harter und brutaler Mann, der den Gefangenen gern das Leben schwer machte.

„Es mag mit diesem Volusius nicht so einfach sein wie mit den Leitern der anderen Gefängnisse", meinte Petrus, als sie ihrem Ziel näher kamen.

„Doch wir haben das Schreiben von Burrhus, das wohl auch er respektieren wird."

Petrus hatte recht mit seinen Vermutungen. Volusius las den Brief und ließ anschließend die beiden Besucher nur widerwillig in das Gefängnis. Doch als er sie zu den gefangenen Christen geführt hatte und sie dort allein ließ, ahnten sie nicht, daß er sofort einen Boten zu Tigellinus sandte und ihm mitteilen ließ, daß ein großer Mann, auf den die Beschreibung dieses Simon Petrus zutraf, in seinem Gefängnis die Christen besuchte. Auf einem schnelle Pferd erreichte der

Bote Tigellinus in wenigen Minuten, und dieser sandte sofort berittene Soldaten mit ihm zu dem Gefängnis.

Petrus und Onesimus verbrachten eine gesegnete Zeit mit den Gefangenen. Nachdem sie sich gegenseitig begrüßt hatten, manche von ihnen waren Onesimus persönlich bekannt, betete der Apostel und hielt ihnen anschließend eine Predigt, die ihre Zuversicht und ihren Glauben stärkte. Ihnen allen war bewußt, daß sie nur noch der Märtyrertod erwartete. Anschließend beteten sie noch eine Zeitlang miteinander und verabschiedeten sich dann mit tröstenden und ermutigenden Worten.

Als sie zu Volusius zurückkehrten, wollte der Apostel ihm dafür danken, daß er ihnen gestattet hatte, so lange bei den Gefangenen zu bleiben. Doch als sie sich einer Gruppe bewaffneter Prätorianer gegenüber sahen, die soeben eingetroffen waren, wußten sie, weshalb sie so viel Zeit erhalten hatten.

„Bist du Simon Petrus, der Leiter dieser Sekte, die sich Christen nennen?" fragte der Führer der Prätorianer.

„Ich bin Simon Petrus, ein einfacher Apostel unseres Herrn Jesus Christus", antwortete er. „Was wollt ihr von mir?"

„Du bist verhaftet als Verbrecher, der seine Anhänger dazu angestiftet hat, die Stadt Rom niederzubrennen", erklärte der Centurio.

„Ich bin kein Verbrecher und habe niemand geschädigt, nicht einmal den Kaiser", antwortete Petrus. „Und weder ich noch die anderen Christen haben etwas zu tun mit dem Brand von Rom. Auch viele von uns sind durch das Feuer ums Leben gekommen oder haben ihre Häuser und Wohnungen verloren." Petrus war ganz ruhig und völlig furchtlos.

„Du lügst!" fuhr ihn der Centurio an. „Ergreift diesen Lügner und seinen Gefährten!" befahl er seinen Soldaten.

Er wandte sich an Onesimus und fragte: „Du bist doch auch einer von diesen Christen?"

„Durch die Gnade Gottes bin ich es", antwortete Onesimus. „Jesus Christus ist mein Herr, und ich habe keinen anderen."

Ohne ein weiteres Wort banden die Soldaten den beiden Christen die Hände zusammen und banden sie dann an die Steigbügel ihrer Pferde. Sie ritten zu Tigellinus zurück, und die beiden Gefangenen mußten neben ihnen herlaufen.

Nach einiger Zeit, während der die beiden Männer mit ihren eigenen Gedanken beschäftigt gewesen waren, sagte der Apostel zu Onesimus: „Nun, mein Sohn, ist die Stunde auch für uns gekommen. Ich bin stolz auf dein mutiges Zeugnis und bin dankbar für die Gegenwart unseres Herrn. Ich denke, auch du spürst, daß Er uns nahe ist."

Onesimus nickte. „Ich kann ihn zwar nicht mit meinen Augen sehen", antwortete er, „doch ich spüre Seine Gegenwart. Ich bin dankbar, in dieser Stunde an deiner Seite sein zu können. Bete für mich, damit mein Glaube standhält, wenn die letzte Prüfung kommt."

„Das will ich tun, mein Sohn", antwortete der große Mann. „Bete auch du für mich, damit ich in meinen letzten Stunden auf dieser Erde mich der Liebe würdig erweise, mit der mein Herr mir all meine Sünden und mein Versagen vergeben hat."

Nach einigen Augenblicken des Schweigens fügte er hinzu: „Sohn, ich bin alt, doch du bist noch jung. Es ist schade, daß du die großartige Intelligenz, die der Herr dir gegeben hat, nicht mehr nutzen kannst, um auf vielerlei Weise damit ein Zeugnis für unseren Herrn zu sein und Seiner Gemeinde zu dienen. Ich werde jetzt unseren Herrn darum bitten, daß du die Freiheit zurückerhältst."

Onesimus war tief bewegt von den Worten des Apostels und antwortete: „Wenn es der Wille unseres Vaters im Himmel ist, daß ich die Freiheit zurückerhalte, dann will ich alle meine Kraft daransetzen, die Schafe unseres Herrn so treu zu weiden, wie du es getan hast. Und wenn nicht, dann will ich freudig an deiner Seite stehen, wenn wir unserem Herrn von Angesicht zu Angesicht begegnen."

33. KAPITEL

Marcia und Nicia hatten die schrecklichen Wochen seit dem Brand mit erstaunlicher Zuversicht und innerem Frieden überstanden. Pompania hatte ihnen in ihrer großen Villa gastfreundlich für eine vorläufige Zeit ein Zimmer zur Verfügung gestellt, und sie durften auch an ihrer immer reichlich gedeckten Tafel teilnehmen. Darüberhinaus hatte sie ihnen ein Darlehen angeboten, damit sie ihr kleines Geschäft wieder eröffnen konnten, sobald es soweit wiederhergestellt war. Die beiden staunten immer wieder über so viel Freundlichkeit und Liebe, die unter den Christen herrschte, und sahen es immer wieder als *Gnade von Gott durch unseren Herrn Jesus Christus* an, wie Nicia es erklärte.

Eines Tages kam ein Bote in Pompanias Villa und berichtete den dort Anwesenden von Burrhus' Hinrichtung und von der Gefangenahme des Apostels Petrus und Onesimus'. Da der Bote einer der Christen war, die im Palast des Kaisers arbeiteten, konnte es an der erschreckende Nachricht keinen Zweifel geben.

Als er seinen Bericht beendet hatte, herrschte einige Minuten Schweigen unter den Christen, die sich gerade zum Abendessen versammelt hatten. Sie erkannten alle, welch großen Verlust das für die christliche Gemeinde in Rom bedeutete. Einige begannen leise zu weinen, und andere begannen nun ihre Dankbarkeit für all das auszudrücken, was Burrhus in den vergangenen Monaten und Jahren für sie getan hatte und für den wunderbaren Dienst von Petrus und Onesimus in ihrer Mitte.

„Es wird sicher nur wenige Tage dauern, bis unser lieber Bruder Petrus nun vor unserem Herrn steht“, sagte Pompania. „Wir wollen dem Herrn für alle Liebe und Treue danken, die Er uns durch Petrus hat zukommen lassen. Wir werden den Apostel zwar sehr vermissen, doch ich glaube, sein Märtyrertod wird ein so gewaltiges Zeugnis sein, daß er gerade das Gegenteil von dem bewirken wird, was Nero damit erreichen will, nämlich die Ausrottung des Christentums.“

Die anderen nickten bestätigend, und Pompania fügte hinzu: „Es ist allerdings tragisch, daß Onesimus, der noch so jung ist und noch viele Jahre mit seinen großen Fähigkeiten und Gaben der Gemeinde hätte dienen können, auch schon von uns gehen muß.“

„Das darf nicht geschehen“, warf Nicia ein. „Ich kann nicht glauben, daß der Herr den Tod von Onesimus zuläßt. Ich jedenfalls werde versuchen etwas zu unternehmen, damit er wieder freigelassen wird.“

„Aber was glaubst du denn tun zu können?“ fragten alle erstaunt.

„Unser Bruder, der uns die Nachricht brachte, hat doch erwähnt, daß der neue Tribun der Prätorianer jetzt Tigellinus ist, der eigentliche Anführer und sein Stellvertreter aber der Centurio Rufus Faenus. Ich habe guten Grund, zu glauben, daß ich Faenus beeinflussen kann, Onesimus freizulassen. Ich kann es natürlich nicht garantieren, aber ich werde zumindestens mein Möglichstes versuchen.“

„Aber was ist, wenn du nichts erreichst und Rufus dich auch ins Gefängnis wirft?“ fragte Marcia besorgt.

„Wenn ich nichts erreiche, dann soll es so sein“, antwortete Nicia. „Aber welchen Wert hätte mein Leben denn noch, wenn ich weiß, ich könnte etwas tun und damit vielleicht Onesimus helfen, und ich würde es aus Angst unterlassen? Es wäre eine Ehre für mich, mein Leben für Christus zu geben. Onesimus hat uns durch seine vergebende Liebe zu Christus geführt, dafür sind wir ihm dankbar. Simon Petrus prophezeite mir, als wir ihm zum ersten Mal begegneten, ich würde die Möglichkeit bekommen, Onesimus auf wunderbare Weise zu helfen und so unsere Dankesschuld zu erstatten. Dies mag der Zeitpunkt dafür sein. Ich kenne Rufus Faenus sehr gut und werde gleich morgen früh zu ihm gehen. Ich bitte euch, betet für mich, damit mir der Herr die nötige Weisheit und Geschicklichkeit gibt."

Voll Dankbarkeit und mit tiefem Ernst versprachen sie alle, im Gebet besonders an diesen schweren Weg zu denken, den Nicia sich vorgenommen hatte.

Rufus Faenus saß am nächsten Vormittag im Sessel des Führers der berühmten Prätorianergarde. Obwohl Tigellinus der offizielle Führer war, hatte er doch Rufus die eigentliche Führung der Prätorianer übergeben, weil er selbst sich noch um so viele andere Ämter und Aufgaben kümmern mußte, die Nero ihm übertragen hatte. Er hatte Rufus Faenus auch gestattet, den Raum des Führers der Prätorianer zu benutzen, der bisher Burrhus zur Verfügung stand.

Rufus war bester Laune, da er glaubte, bald auch offiziell der Führer der Prätorianer zu werden und den Rang eines Tribuns zu erhalten. Sein Verrat an Burrhus Nero gegenüber hatte sich also bezahlt gemacht. Er würde jedenfalls alles tun, um noch höher aufzusteigen.

Während er diesen für ihn so erfreulichen Gedanken nachhing, klopfte es an die Tür. Auf seinen Ruf trat ein Prätorianer ein und meldete nach der Ehrenbezeugung: „Centurio, draußen steht ein Mann namens Nicia. Er sagt, er sei dein Freund, und er möchte dich sprechen."

Rufus erinnerte sich sehr gut an Nicia, hatte er ihn doch schon seit einigen Wochen vergeblich gesucht. Konnte es sein, daß der junge Mann nun von seinem politischen Aufstieg gehört hatte und kam, um mit ihm zu feiern?

„Sicher kenne ich Nicia", antwortete er dem Prätorianer. „Er ist ein guter Freund. Bringe ihn herein!"

Als Nicia eintrat, erhob sich Rufus, um ihn zu begrüßen.

Nicia war so stattlich wie immer, fand er; und doch war er irgendwie anders als früher.

„Ich freue mich, Nicia, daß du kommst, da ich den größten Erfolg meines Lebens genießen darf." Er legte den Arm um die Schulter seines Freundes und früheren Geliebten. „Setz dich. Ich will dir erzählen, was geschehen ist. Du hast sicherlich schon davon gehört." Mit einer Handbewegung deutete er auf einen anderen bequemen Sessel, der noch in dem Raum stand.

„Ja, ich habe von deiner Beförderung gehört, Rufus, und das ist auch der Grund, weshalb ich gekommen bin."

„Das freut mich sehr", meinte Rufus. „Sicher werden wir nun zusammen feiern."

„Ich bin nun schon etliche Jahre dein Freund und freue mich über alles Gute, was dir widerfährt", nickte Nicia. „Vielleicht gibt dir mein Kommen die Möglichkeit, mir einen Gefallen zu tun und einem Menschen zu helfen, der für mich und meine Schwester Marcia sehr viel getan hat."

„Sicher, sicher", bestätigte Rufus aufgeräumt. „Es wird mir eine Freude sein, für dich zu tun, was in meinen Kräften steht, Nicia, hast du mir doch schon so viele schöne und vergnügliche Stunden bereitet."

Nicia räusperte sich und schwieg einen Augenblick. Dann begann er: „Zuerst möchte ich dir erklären, daß ich nicht länger meinem alten Gewerbe nachgehe, auf das du jetzt angespielt hast. Ich bin nicht mehr in der Lage, diese Art von Beziehungen weiter aufrechtzuerhalten."

Rufus war verwundert. „Das ist in der Tat eine Enttäuschung, Nicia. Doch du bist trotzdem mein Freund, und wenn ich dir helfen kann, dann sage es."

„Ich kenne deinen großzügigen Charakter und hoffte deshalb, du würdest so reagieren", schmeichelte Nicia ihm. „Ich traue unserer Freundschaft so viel zu, daß ich heute mein Leben in deine Hand lege. Ich muß dir bekennen, ich bin ein Christ geworden. Ich habe in Jesus Christus den wahren Sinn und die Freude des Lebens entdeckt, die ich sonst überall vergebens gesucht habe."

Rufus fuhr auf, als er das Wort *Christ* hörte. Das Lächeln verschwand aus seinem Gesicht, und er runzelte die Stirn. Doch er hörte weiter aufmerksam zu, als Nicia fortfuhr:

,,Erinnerst du dich an unsere langen Unterhaltungen, nachdem wir uns aneinander erfreut hatten? Wir sprachen über die Sinnlosigkeit und Leere des Lebens und über die Gedanken der epikuräischen und stoischen Philosophen. Wir beide suchten immer nach mehr Licht, mehr Hoffnung und mehr wahren Sinn des Lebens. Und gewöhnlich gaben wir es auf und fanden, das Leben habe nichts weiter zu bieten, als daß man von einem Vergnügen zum anderen leben könne."

Als Nicia nun von dem christlichen Glauben sprach und von der wahren Liebe und dem tiefen Frieden in Christus, die dem Leben einen echten Sinn und ein Ziel gaben, hörte Rufus seinem früheren Liebhaber immer interessierter zu. ,,Du mußt wirklich eine ganz ungewöhnliche Erfahrung gemacht haben, sonst würde ein intelligenter Mann wie du niemals sein Leben riskieren und diese Geschichte dem Führer der Leibwache des Cäsars erzählen und damit sein Leben aufs Spiel setzen. Entweder, mein Freund, du bist ein riesengroßer Dummkopf, oder du hast wirklich etwas so viel Besseres gefunden, als ich mir vorstellen kann."

,,Genauso ist es", bestätigte Nicia. ,,Du kennst mich und weißt, daß ich vernünftig genug bin, mein Leben nicht für zweifelhafte und unnütze Dinge zu riskieren." Und weiter berichtete Nicia aus vollem Herzen, wie sein Leben wirklich verändert worden war, seit er Christus gefunden hatte.

,,Hmm . . .", brummte Rufus endlich nachdenklich, ,,du wirkst sehr überzeugend, Nicia, und alles, was du sagst, auch. Du bist schon immer ein besserer Philosoph gewesen als ich."

,,Das hat mit Philosophie nichts zu tun, Rufus", unterbrach Nicia ihn, ,,obwohl wir auch unter uns Christen große Denker haben, wenn ich nur an Paulus und Onesimus denke. Wir haben vielmehr durch Jesus Christus den einzig wahren Gott gefunden, der Himmel und Erde geschaffen hat und unser Vater im Himmel ist. Hier geht es nicht nur um große Gedanken, sondern um ein ganz neues Leben, das uns in Jesus Christus geschenkt worden ist. Unser Herr selbst ist am Kreuz gestorben, aber wieder von den Toten auferstanden, und Er hat auch uns ewiges Leben geschenkt."

„So, na ja, laß es gut sein für jetzt, Nicia", wurde er von Rufus unterbrochen. „Sage mir jetzt, wie ich dir oder deinem Freund, von dem du sagst, daß er so viel für dich und Marcia getan hat, helfen kann."

Nicia atmete tief durch, betete innerlich nochmals um die rechten Worte, und begann dann die Geschichte von Onesimus zu erzählen. Er berichtete von dessen Flucht und Kommen nach Rom. Ganz offen bekannte er auch, wie er und Marcia ihn bestohlen und dann die Treppe hinabgeworfen hatten. An diesem Punkt schüttelte Rufus mißbilligend den Kopf.

Als Nicia dann erzählte, wie Onesimus, nachdem er Christ geworden war, zu seinem Herrn Philemon nach Kolossea zurückkehrte und dort um Verzeihung bat, sprang Rufus überrascht auf und rief: „Bei Jupiter, dieser Onesimus muß entweder verhext gewesen sein oder wirklich etwas von sehr großem Wert gefunden haben, um das zu tun!"

Weiter berichtete Nicia von der Vergebung, die Onesimus bei Philemon fand, und allem anderen bis zum gestrigen Tag, als er mit Petrus das Gefängnis besucht hatte und mit ihm gemeinsam verhaftet worden war.

Rufus hatte während der Geschichte mehrere Male erstaunt den Kopf geschüttelt, doch nun sagte er ironisch: „Ich verstehe jetzt, Freund Nicia, was du von mir willst. Du möchtest, daß ich diesen Onesimus freilasse."

Nachdenklich ging er nun in dem Raum auf und ab. „Ich kann natürlich nichts für Simon Petrus tun, selbst dann nicht, wenn ich es möchte", überlegte er. „Nero ist ganz wild auf ihn und wird ihn in den nächsten Tagen, vielleicht schon morgen, hinrichten lassen. Er beschuldigt ja euch Christen, das Feuer gelegt zu haben, und er macht diesen Petrus für die eigentliche Idee verantwortlich. Doch davon wollen wir nicht weiter reden.“ Rufus wußte, daß er sich bei diesem Thema auf gefährlichen Boden begab und brach deshalb ab.

„Doch dieser Onesimus interessiert mich wirklich“, begann er wieder. „Ich würde ihn gern kennenlernen und euch beiden dann zuhören, wenn ihr noch mehr über diesen Jesus Christus erzählt, von dem du sagst, das er *der Weg, die Wahrheit und das Leben ist.*“

Er fuhr fort, laut nachzudenken. „Der Name Onesimus ist an Neros Hof noch nie erwähnt worden. Ob wir nun einen Christen mehr oder weniger im Gefängnis haben, darauf kommt es eigentlich gar nicht an. Ich weiß, was ich tun werde!“ rief er. „Ich werde Janus und Plutonius ins Gefängnis senden und ihnen den Auftrag geben, diesen Onesimus zum Verhör zu mir zu bringen. Die beiden kennen ihn scheinbar, so daß uns nicht der Falsche gebracht wird. Dann werde ich mich mit ihm unterhalten und ihn verhören. Und danach entscheide ich, ob ich ihn freilasse oder in das Gefängnis zurückbringen lasse, damit er mit den anderen christlichen Narren stirbt.“

„Freund Rufus“, erklärte Nicia fest, „wenn du Onesimus ins Gefängnis zurückbringen läßt, werde ich dich bitten, auch mich mit einzusperren.“

Nun mußte Rufus doch lachen. Er klopfte Nicia auf die Schulter und rief: „Freund Nicia, ich wollte dich doch nur auf die Probe stellen! Doch du hast die Prüfung bestanden!“

Er befahl der Wache, Janus und Plutonius herbeizurufen. Den beiden gab er den Auftrag, ins Gefängnis zu gehen und Onesimus zu holen. Dabei schärfte er ihnen ein, allen anderen gegenüber nichts davon zu erwähnen, was die beiden auch gern versprachen.

Onesimus hatte seinen ersten Tag im Gefängnis verbracht. Er war zusammen mit Petrus in eine Zelle gesperrt worden, und sie hatten einige gesegnete Stunden miteinander erlebt. Da erschienen plötzlich Janus und Plutonius mit einem der

Wächter vor ihrer Zelle. „Ist dein Name Onesimus?“ fragte der Wärter.

Onesimus nickte erstaunt.

„Dann mußt du diese beiden Prätorianer begleiten. Sie sollen dich zu dem ersten Centurio Rufus Faenus bringen. Dort sollst du vernommen werden.“

Onesimus blickte voller Erstaunen Petrus an und sagte: „Ich weiß nicht, was das bedeuten soll, doch ich werde nicht ohne meinen Bruder Petrus die Zelle verlassen.“

„Die beiden Prätorianer haben nur Befehl, dich mitzunehmen. Petrus muß hierbleiben. Also komm jetzt sofort!“

Onesimus umarmte den großen Apostel. Dieser sagte lächelnd: „Gottes Wege sind nicht unsere Wege, Bruder Onesimus. Wir müssen Seinen Willen akzeptieren. Geh mit den beiden Prätorianern, und der Herr wird mit dir sein in allem, was noch vor dir liegt. Du weißt, daß ich für dich gebetet habe und glaube, daß wir hier die Erhörung dieser Gebete sehen. Gnade und Friede sollen dich begleiten.“

Damit verließ Onesimus die Zelle, die wieder abgeschlossen wurde. Im Gang drehte er sich nochmals um und winkte Petrus zu. Auch die beiden Prätorianer grüßten den Apostel heimlich, so daß der Wärter es nicht bemerkte.

Draußen fragte Onesimus die beiden, die er ja sehr gut kannte, was dies zu bedeuten habe. Janus antwortete: „Wir wissen es auch nicht genau. Wir haben den Auftrag, dich zu Rufus Faenus zu bringen und sollen mit niemand darüber reden. Wir haben nur gesehen, daß Nicia bei Rufus ist.“

„Nicia?“ fragte Onesimus verwundert und schüttelte erstaunt den Kopf. Er konnte sich nicht denken, was Nicia bei dem Führer der Prätorianer zu suchen hatte.

Als die drei Rufus' Raum betraten, nahmen die beiden Soldaten Haltung an. Janus meldete: „Centurio, hier bringen wir den Gefangenen Onesimus, wie du es befohlen hast. Wir haben mit niemand darüber gesprochen.“

Rufus bedankte sich bei ihnen und entließ sie. Vorher ermahnte er sie aber nochmals, weiterhin über diese Sache zu schweigen. Was die beiden selbstverständlich versprachen. Sie nickten Onesimus und dem immer noch anwesenden Nicia zu und verließen den Raum.

Rufus kam einige Schritte näher, musterte voller Interesse den stattlichen jungen Mann, der ihm furchtlos in die Augen blickte, und sagte: „Onesimus, ich freue mich, dich kennenzulernen. Dein Freund Nicia, den auch ich von früher her gut kenne, hat mir viel über dich erzählt. Ich würde mich mit Nicia und dir gern noch ein wenig unterhalten, da ich noch einige Fragen habe. Setz dich und sei ganz offen."

Nachdem Onesimus noch Nicia begrüßt hatte, setzte er sich auf den angebotenen Stuhl, und es begann eine Unterhaltung, die länger als eine Stunde dauerte. Onesimus erzählte von seiner Suche nach Wahrheit und Freiheit und wie er beides in Jesus Christus gefunden hatte.

Endlich fragte Rufus: „Aber woher wißt ihr, daß alles so stimmt, was ihr von diesem Jesus Christus erzählt? Ihr könnt Ihn doch nicht sehen. Kann nicht alles auch nur euer Wunschdenken und Einbildung sein? Wo sind die Beweise?"

Onesimus war, als würde er seine eigenen Argumente hören, ehe er sich zu Christus bekehrt hatte. Deshalb nickte er mit dem Kopf und antwortete: „Ich verstehe dich sehr gut, Rufus. Es ist erst reichlich zwei Jahre her, da habe ich ganz die gleichen Fragen mit fast den gleichen Worten auch noch gestellt. Ich wollte Beweise, wie Aristoteles sie fordert, und lehnte alles andere ab. Doch andererseits mußte ich im Leben der Christen, die ich bis dahin kennengelernt hatte, manches sehen, was ich zwar immer suchte und als erstrebenswert ansah, aber bisher noch nirgends gefunden hatte. Das brachte mich zu der Überzeugung, daß ihr Zeugnis von Jesus Christus wahr sein mußte."

Onesimus schwieg einen Augenblick und dachte an jene Zeit zurück, als er selbst noch mit seinen Zweifeln und dem Evangelium kämpfte. Dann fuhr er fort: „Die Wahrheiten des Evangeliums von Jesus Christus sind nicht durch äußere Beweise erklärbar noch zu belegen, sie können aber in uns selbst erlebt werden. Es sind sozusagen innermenschliche Beweise. Aber die Erfahrungen der Veränderung des eigenen Wesens und der tiefe Friede und die innere Freiheit, die man erlebt, sind zu tief und zu nachhaltig, als daß man dann noch an der Gegenwart Jesu Christi und dem Wirken des Heiligen Geistes zweifeln könnte."

Rufus mußte an die Christen denken, die er in der Arena vor den wilden Tieren und bei anderen Spielen hatte sterben sehen. Auch er hatte sich die Frage gestellt, wieso diese Menschen so ruhig blieben und scheinbar keinerlei Angst vor dem Tod hatten. War das, was Onesimus jetzt sagte, die Antwort.

Eifrig fügte Nicia hinzu: „Du siehst, Rufus, ich habe dir das ja auch schon gesagt. Aber Onesimus versteht es natürlich viel besser zu erklären als ich, so daß man es auch verstehen kann."

Plötzlich sprang Rufus auf und rief: „Bei der Unterhaltung mit euch habe ich ja fast vergessen, daß es heute beim Kaiser ein Festmahl gibt, zu dem auch ich eingeladen bin. Es soll die Gefangennahme des bösen Geistes der Christen, dieses Apostels Simon Petrus gefeiert werden. Ich muß mich noch umziehen und fertigmachen und habe auch noch die Wachen für das Bankett einzuteilen."

Er blickte nachdenklich von Onesimus zu Nicia und sagte: „Alles, was ich von euch gehört habe, war sehr interessant. Ich glaube, ihr könntet es fertigbringen, auch mich zu überzeugen. Doch jetzt müßt ihr gehen. Nicia, nimm deinen Freund Onesimus mit dir, er ist frei. Und nehmt euch vor Tigellinus und seinen Häschern in acht. Ich möchte euch nicht gern in kochendem Öl wiedersehen oder vor den Löwen im Kolosseum. Sollte ich einmal Zeit und noch weitere Fragen haben, werde ich Janus oder Plutonius zu euch senden. Ich denke sie wissen, wo ihr zu finden seid."

Er verabschiedete sich von den beiden Christen, und diese machten sich voller Dankbarkeit gegen Gott und Rufus auf den Weg zu Pompanias Villa.

34. KAPITEL

Als Onesimus und Nicia die Straße entlanggingen, konnten sie noch kaum glauben, was sie erlebt hatten. Es herrschte einige Minuten Schweigen zwischen ihnen, weil sie alles erst verarbeiten mußten. Onesimus sprach als erster.

„Mein lieber Nicia, wie soll ich dir je den Mut und die Liebe vergelten, mit denen du mein Leben gerettet hast?“ sagte er.

Nicia schüttelte den Kopf. „Bruder, hör auf“, unterbrach er ihn. „Wer hat denn hier wem zu danken, wenn ich an all das denke, was wir dir schuldig sind und was du trotzdem für Marcia und mich getan hast. Ich denke, wir sollten beide dem Herrn für Seine große Gnade und Hilfe danken.“

Onesimus nickte und fragte nach einigen Minuten zögernd: „Nicia, glaubst du, es war falsch von mir, unseren Bruder Petrus allein im Gefängnis zu lassen? Ich kann keine Antwort auf diese Frage finden.“

„Ich bin zwar kein so guter Philosoph wie du, Bruder, aber darauf weiß ich die Antwort“, erklärte Nicia. „Es wäre sehr falsch gewesen, deine Freiheit nicht anzunehmen, die durch die Gnade und Hilfe Gottes gekommen ist. Du wirst nämlich in der Gemeinde unseres Herrn noch dringend gebraucht, um hier in Rom, in Kolossea und Ephesus und ganz Jonien die Gläubigen zu ermutigen. Ich fürchte, die Verfolgung, die wir jetzt hier in Rom erleben, wird sich noch über das ganze Römische Reich ausbreiten. Dann braucht es Männer, die bis zuletzt an der Seite der Apostel Petrus und Paulus gestanden haben und die ihr Zeugnis weitertragen können.

Wer wäre dazu besser geeignet als du? Kannst du nun sehen, warum du durch Gottes Hilfe wieder frei bist?"

Onesimus fühlte sich durch diese Worte bedeutend besser und betrat freudig Pompanias großes Anwesen. Hier wurden sie von allen Anwesenden, die bis jetzt eifrig für sie gebetet hatten, begeistert begrüßt.

Nicia erzählte: „Es war viel leichter als ich erwartet hatte. Rufus begrüßte mich freudig als alten Freund und war offen für mein Zeugnis. Sicher haben eure Gebete viel dazu beigetragen, ihn so willig zu machen. Als Rufus dann durch Janus und Plutonius unseren Bruder Onesimus aus dem Gefängnis holen ließ, hatten wir noch ein sehr gutes Gespräch mit ihm. Ich glaube, daß er sehr angesprochen war von dem, was wir ihm vom Evangelium unseres Herrn sagen konnten. Wir sollten weiter für ihn beten."

Linus und einige andere Älteste waren im Laufe des Tages zu einer Beratung in die Villa Pompanias gekommen und waren auch jetzt noch anwesend. Linus sagte: „Zunächst wollen wir alle gemeinsam einmal unserem großen Gott für die wunderbare Befreiung unseres Bruders Onesimus danken." So geschah es.

Anschließend blickte Linus nachdenklich Onesimus an und meinte: „Ich glaube, unser Herr hat mit dir noch einiges vor, Onesimus, weil Er dir auf diese erstaunliche Weise wieder zur Freiheit verholfen hat. Ich denke, du solltest bei nächster Gelegenheit Rom verlassen und nach Kolossea zurückkehren, um in Jonien den Gemeinden zu dienen."

Onesimus blickte sich im Kreis der versammelten Gläubigen um, die er alle so lieb gewonnen hatte. Doch dann nickte er. „Ich glaube, du hast recht, Bruder Linus. Unser Bruder, der Apostel Petrus, hat mir kurz nach unserer Gefangennahme ähnliches gesagt. Er sei überzeugt, meinte er, der Herr habe noch eine Aufgabe für mich, und er wolle für meine Befreiung beten. Genauso ist es nun gekommen. Deshalb muß ich es als den Willen des Herrn akzeptieren und werde so bald wie möglich nach Kolossea abreisen, so sehr ich euch auch vermissen werde."

Alle Anwesenden atmeten erleichtert auf und brachten zum Ausdruck, daß sie in ihrem Inneren ähnliche Gedanken gehabt hatten. „Das wir alle das gleiche Zeugnis im Herzen hatten wie unser geliebter Bruder Petrus, obwohl wir von seinen Worten nichts wußten, zeigt uns, daß es der Heilige Geist ist, der uns Gottes Willen mitgeteilt hat", erklärte Linus. „Wir wollen also unseren Bruder Onesimus in Frieden und mit unserem Segen und den Grüßen für die Gemeinden in Kleinasien ziehen lassen."

Pompania erklärte sich bereit, Erkundigungen einzuholen, wann ein passendes Schiff von Ostia aus nach Ephesus segeln würde, damit man dort rechtzeitig einen Platz für Onesimus buchen konnte.

Onesimus erhob sich. „Vielen Dank, ihr lieben Brüder und Schwestern in Christus, für diese Ermunterung, abzureisen. Aber ich gehe mit schwerem Herzen. Rufus sagte, daß Nero die Absicht hat, morgen unseren geliebten Apostel Petrus öffentlich hinrichten zu lassen, und mit ihm die etwa hundert gefangenen Christen aus dem *Viehstall.* Da wird es für mich nicht leicht, euch in dieser schweren Zeit zu verlassen."

Onesimus packte anschließend seine wenigen Habseligkeiten in einen Reisesack. Vor allem achtete er darauf, daß keine seiner wertvollen Papyrusrollen vergessen wurde, auf denen er die Briefe des Apostels Paulus und manche Aussagen aus den Predigten von Petrus niedergeschrieben hatte. Nun brauchte er nur noch auf die Nachricht zu warten, wann er abreisen konnte.

In drei Tagen würde ein Schiff Ostia mit dem Ziel Ephesus verlassen, auf dem noch ein Platz für ihn frei war, und zwar bei der ersten Morgendämmerung. Er mußte also schon in zwei Tagen nach Ostia gehen und die Nacht über dort bleiben.

Während dieser zwei Tage durchlebte die römische Christengemeinde ihre bisher schwersten Tage. Onesimus konnte noch selbst miterleben, wie tapfer Petrus und mit ihm die hundert anderen Christen starben.

Ganz zeitig an diesem Tag, noch vor Sonnenaufgang, versammelten sich die römischen Christen in ihrer unterirdischen Höhle. Auch Onesimus war anwesend. Die Gemeinde war zahlenmäßig geschmolzen, weil viele in den Gefängnissen saßen und sehr viele andere schon den Märtyrertod gestorben waren. Nero und Tigellinus könnten wirklich stolz sein auf ihren Erfolg, wenn sie das sehen könnten, dachte Onesimus. Auch manche, die er persönlich kannte, waren nun schon von Tigellinus Häschern gefangen worden.

Er vermißte auch Lukas, der auf das Drängen Petrus' und der anderen christlichen Führer hin Rom kurz nach dem Brand verlassen hatte. *Zuerst wurde Johannes Markus nach Cypern gesandt, dann Lukas nach Korinth, und nun werde auch ich bald Rom verlassen, um nach Jonien zu gehen,* dachte Onesimus. Und heute würde der letzte Tag ihres geliebten Apostels Petrus sein.

„Ich weiß, daß viele von uns jetzt sehr betrübt und der Verzweiflung nahe sind", begann Linus nach einem Gebet. „Aber wir wollen uns freuen, weil eine ganze Anzahl aus unserer Mitte heute im Triumph zu unserem Herrn gehen werden, wo sie auf uns warten und den sehen, den sie hier geliebt und dem sie gedient haben. Heute nachmittag werden Petrus und unsere Brüder und Schwestern in den Gärten Neros sterben müssen. Wir wollen jetzt noch besonders für sie beten."

Alle knieten nieder und flehten einmütig zu Gott, Er möge den zum Tode Verurteilten Mut und Kraft geben in ihren letzten Stunden auf dieser Erde und sie zu einem mächtigen Zeugnis des Sieges Christi werden lassen.

Nach dem Gebet und der Feier des Abendmahls teilte Linus der Gemeinde mit, daß sie von Onesimus Abschied nehmen mußten, weil der Heilige Geist deutlich durch Petrus und andere gesagt hatte, er solle nach Jonien reisen. Einige aus ihrer Mitte, unter ihnen Nereus, Junia, Nicia, Marcia, Pompania und Janus, erhoben sich, um ihrem scheidenden Bruder noch einige letzte Worte der Liebe und Anerkennung für seinen Dienst bei ihnen mitzugeben.

Onesimus konnte seine Tränen nicht mehr zurückhalten, als er sich jetzt von der Gemeinde verabschiedete. „Morgen werde ich nach Ostia gehen, um pünktlich zu meinem Schiff zu kommen", begann er. „Ich verlasse euch in dieser schweren Zeit ungern und nur, weil wir spüren, daß unser Vater im Himmel es so will. Ich werde nie euren Mut und eure Liebe vergessen, die um so größer wurden, je mehr ihr in Bedrängnis geraten seid. Überall, wohin ich komme, werde ich in den Gemeinden davon berichten, wie tapfer ihr das Zeugnis des Evangeliums inmitten dieser fürchterlichen Verfolgungszeit aufrechterhalten habt. Wir wollen stets an die Worte unseres geliebten Bruders Petrus denken, der uns sagte, daß unser Herr den Tod überwunden und für uns durch das Evangelium ewiges Leben gebracht hat. Ihr und ich, wir sind dazu berufen, dieses Evangelium weiterzutragen und Zeugen unseres Herrn zu sein. Mag die Gnade unseres Vaters im Himmel, die Liebe unseres Herrn Jesu Christi und die Gemeinschaft des Heiligen Geistes für immer bei euch bleiben. Amen!"

„Amen!" wiederholte die ganze Gemeinde laut, so daß es in der Höhle widerhallte. Dann drängten sie alle zu Onesimus, um ihm die Hand zu schütteln und sich zu verabschieden.

Bald darauf gingen die Christen auseinander zu ihrer Arbeit des Tages. Manche von ihnen fanden auch den Mut, am Nachmittag in die Gärten Neros zu gehen, die für dieses schreckliche Ereignis für das Volk geöffnet worden waren, um der Hinrichtung ihrer Brüder und Schwestern beizuwohnen. Auch Onesimus wollte noch in der Nähe von Simon Petrus stehen, wenn dessen letzte Stunde gekommen war.

Petrus sollte gekreuzigt werden, und mit ihm etwa fünfzig andere Christen. Doch für Petrus wurde ein besonders großes Kreuz hergerichtet. Janus erzählte, Petrus habe gesagt: „Wenn ihr mich schon kreuzigt, dann bitte mit dem Kopf nach unten, ganz gleich, welche Schmerzen mir das bereiten mag. Ich bin nicht würdig genug, um genauso zu sterben wie mein Herr."

Am Nachmittag standen Onesimus, Nereus, Nicia und Marcia zusammen in Neros Gärten. Sie beteten innerlich für ihre leidenden und sterbenden Brüder und Schwestern, die an Kreuzen hingen oder in Fässern mit kochendem Öl zu Tode gesiedet wurden. Die Zuschauer rundum verfluchten die sterbenden Christen, weil viele von ihnen tatsächlich glaubten, sie seien für den Brand Roms verantwortlich.

Auch Nero ging, umgeben von Prätorianern, durch seine Gärten und hatte seine sadistische Freude am Leiden der Christen. Bei Petrus, der tatsächlich mit dem Kopf nach unten gekreuzigt worden war, blieb er besonders lange stehen und genoß seinen scheinbaren Triumph. Doch man sah ihm trotzdem an, daß er sich irgendwie nicht wohlfühlte dabei. Denn er mußte auch diesmal wieder erleben, wie furchtlos diese so gehaßten Christen dem Tod ins Auge sahen. Und das war und blieb für ihn und für die meisten Römer ein Rätsel. In die Herzen vieler Zuschauer wurde durch diesen Mut der sterbenden Christen an diesem Tag das erste Samenkorn gelegt, das sie nicht mehr zur Ruhe kommen ließ, so daß sie früher oder später ihr Leben dem Evangelium von Jesus Christus öffneten.

Onesimus verließ mit seinen Freunden die Gärten wieder, nachdem Petrus gestorben war. Am nächsten Tag wurde er von Nereus, Nicia und Marcia am Nachmittag nach Ostia begleitet. Sie blieben auch noch während der Nacht bei ihm. Es war ein bewegender Abschied von den drei ihm so lieb gewordenen Menschen, als er in der Morgendämmerung des nächsten Tages das Schiff bestieg. Onesimus konnte noch sehen, daß die drei so lange am Pier ausharrten und ihm zuwinkten, bis das Schiff ihren Blicken entschwand. Danach setzte er sich in eine ruhige Ecke und betete von ganzem Herzen zu seinem Vater im Himmel, Er möge ihn Zeit seines Lebens und bis an sein Ende genau so treu sein lassen wie Paulus und Petrus und die anderen Christen in Rom, die er hatte sterben sehen.

TEIL VIII

HEIMKEHR

35. KAPITEL

Während des Tages und der folgenden Nacht, als Onesimus allein war, begannen wieder die alten Zweifel, von denen er glaubte, sie seien längst überwunden, an Onesimus zu nagen. Immer wieder stand das Bild der gekreuzigten und zu Tode kochenden Christen vor seinen Augen. Er fragte sich, ob dies wirklich Beweise des Sieges Christi seien. Dabei war ihm bewußt, daß diese aufkeimenden Zweifel Anfechtungen waren, mit denen der Satan ihm seinen Glauben zerstören wollte. Er betete ernstlich zu Gott und flehte Ihn an, ihm in seinen inneren Kämpfen eine Hilfe zuteil werden zu lassen.

Am zweiten Tag fiel ihm auf, daß einer der Matrosen in seiner ganzen Art viel freundlicher und weniger grob war als die anderen. Er beobachtete diesen Mann ganz besonders und merkte bald, daß man aus seinem Mund nie einen Fluch hörte, wie das sonst unter Seeleuten üblich war. *Dieser Mann könnte ein Christ sein,* dachte Onesimus. *Ich will versuchen, es herauszufinden.*

Er beobachtete den Matrosen weiter und machte einmal in seiner Nähe unauffällig das Zeichen eines Kreuzes. Doch entweder hatte der andere es nicht bemerkt oder nicht verstanden, denn er reagierte nicht darauf. Also schnitt Onesimus ein kleines Stück von einer noch nicht beschriebenen Papyrusrolle ab und zeichnete darauf einen Fisch. Dieses Stück Papyrus ließ er wie zufällig aus dem Gewand rutschen, als der Seemann in der Nähe war und es eigentlich bemerken mußte.

So geschah es auch. Der Matrose bückte sich nach dem

Papyrusstück, betrachtete das Fischzeichen darauf und rief: „Herr, du hast etwas verloren!"

Als Onesimus sich umdrehte, kam der Matrose auf ihn zu, gab ihm das Papyrusstück zurück und murmelte leise: „Gelobt sei Jesus Christus!"

Onesimus antwortete erfreut: „In Ewigkeit! Amen!"

Die beiden Christen blickten sich voller Freude an und schüttelten sich die Hände.

Diese Begegnung wurde für Onesimus zu einer großen Hilfe. Denn sooft es der Dienst des Seemanns zuließ, kam dieser zu Onesimus, und die beiden unterhielten sich über ihre Erfahrungen mit ihrem Herrn Jesus Christus. Aurelius, wie der Seemann hieß, war ein fest im Glauben gegründeter Christ aus Cäsarea in Palästina, wo er durch den Dienst des Diakons Philippus zu Christus gefunden hatte. Als Seemann kam er in viele Häfen des Mittelmeers und hatte schon manche christliche Gemeinde kennengelernt.

Onesimus wiederum erzählte von seinen Erlebnissen in Rom und von Petrus und Paulus. Auch las er Aurelius manchmal aus seinen Papyrusrollen etwas vor, was dem Seemann immer ganz besondere Freude bereitete.

Durch die Gemeinschaft mit Aurelius wurden bei Onesimus die Zweifel vertrieben und sein Glaube neu gefestigt. Er sah eine Führung des Herrn in der Begegnung mit diesem treuen Christen und erkannte daran, daß der Herr auch während dieser Seereise über ihn wachte. Das stärkte seinen Glauben in einem solchen Maße, daß die Zweifel ihm nichts mehr anhaben konnten.

Das Schiff fuhr in den Hafen von Ephesus ein, und die Besatzung hatte mit dem Anlegemanöver alle Hände voll zu tun. Onesimus und die anderen Passagiere warteten schon, um von Bord gehen zu können. Doch während die anderen sich nach vorn drängten, ließ sich Onesimus Zeit. Niemand wartete am Kai auf ihn, und außerdem wollte er sich erst noch von Aurelius verabschieden, der ihm während der Überfahrt zu einem guten Freund und zu einer von Gott gesandten Hilfe geworden war. Da der Seemann aber beschäftigt war, bis das Schiff fest vertaut am Pier lag, hatte es Onesimus nicht eilig.

Endlich war es so weit, und Aurelius kam auf ihn zu. Die beiden Christen verabschiedeten sich herzlich voneinander und wünschten sich die Gnade und den Frieden ihres Herrn, dann schulterte Onesimus seinen Reisesack und machte sich auf den Weg zum Haus von Tyrannus.

In Ephesus sowie in Kolossea wurde er von seiner Familie, von den Freunden und den Gemeinden voller Freude und herzlich willkommen geheißen, obwohl er neben allen guten auch so sehr traurige Nachrichten mitbrachte. Er berichtete von all seinen Erlebnissen und fügte eine eigene Botschaft der Hoffnung und Liebe an. Seine Erlebnisse mit Paulus, Petrus, Lukas, Johannes Markus und den anderen Christen in Rom wurden um so bedeutsamer, als er kurze Abschnitte aus den Briefen las, die er kopiert hatte, und eine Reihe von den gewichtigen Sätzen aus den Predigten der Apostel und auch Erlebnisse und Lehren aus dem Leben Jesu, die er von Petrus und von Lukas erfahren hatte.

Die Gemeinde in Ephesus wollte ihn nicht gehen lassen, bevor er nicht alle kopierten Briefe und die sonstigen Aufzeichnungen vorgelesen hatte. Doch ihn trieb es nach Kolossea, um Helen, seine Mutter und die anderen Angehörigen seiner Familie zu sehen. Besonders das Verlangen nach Helen war in manchen einsamen Stunden während der Reise sehr groß geworden. Er versprach, bald einmal wiederzukommen und dann einige Tage in Ephesus zu bleiben. Nach einem herzlichen Abschied machte er sich auf einem von Tyrannus geliehenen Pferd auf den Weg nach Kolossea.

Als er in den Hof von Philemons großem Anwesen eintritt, wurden Freudenschreie laut, und der ganze Haushalt lief zusammen und umringte ihn. Der erste, der ihn an die Brust zog, war Archippus, dann Philemon und seine Mutter und Apphia; und endlich kam Helen auf ihn zu, wie er es oft in seinen Träumen gesehen hatte. Alle anderen traten verständnisvoll zurück und sahen schweigend zu, als die beiden Liebenden sich nach so langer Zeit begrüßten und dann Arm in Arm ins Haus gingen.

Schnell verbreitete sich unter den Christen in Kolossea die Nachricht, daß Onesimus zurückgekehrt war, und die Gemeinde versammelte sich am Abend, um ihm zuzuhören. Er berichtete wie in Ephesus von seinen Erfahrungen mit den Aposteln und den anderen führenden Männern der Gemeinde, von der Christenverfolgung und dem Tod von Paulus und Petrus und las auch hier kurze Stücke aus seinen Aufzeichnungen vor.

Nachdem er noch eine eigene kurze Botschaft hinzugefügt hatte, mußte er noch viele Fragen beantworten, ehe die Gläubigen auseinandergingen. Doch seine eigene Familie wollte immer noch mehr hören, deshalb blieben sie am nächsten Morgen nochmals zwei Stunden beim Frühstück sitzen, stellten viele Fragen, und Onesimus mußte erzählen.

Endlich ergriff Philemon das Wort und sagte: „Onesimus, mein Sohn, du hast guten Gebrauch von deiner Freiheit gemacht, doch wir freuen uns alle sehr, daß du wieder daheim bist. Wir sind dankbar für deinen gewachsenen Glauben und deine vielen Erfahrungen, von denen wir alle noch reichlich profitieren werden, wenn du in den kommenden Monaten bei uns und in den anderen Gemeinden Joniens darüber sprichst.

Wir haben schon vor deiner Ankunft viel über deine künftigen Aufgaben gesprochen und meinen, du solltest so viel freie Zeit haben, wie du brauchst, um die Gemeinden aufzusuchen und überall ein Zeuge unseres Herrn zu sein. Darüber hinaus möchte ich, daß du Archippus' und mein Partner bist in unserem Geschäft der Herstellung, Färbung und dem Verkauf feiner Woll- und Seidenstoffe. Wir sorgen dafür, daß dir immer ein Pferd und die nötigen Mittel für deine Reisen zur Verfügung stehen. Dies ist nur ein kleiner Teil von dem, was wir unserem Herrn dafür schuldig sind, daß Er uns zu Mitbürgern in Seinem Reich gemacht hat."

Onesimus war bewegt und dankbar für diese Großzügigkeit und brachte das auch zum Ausdruck, als er sagte: „Das Wenigste, was ich tun kann, nachdem ich in diesen vergangenen Monaten durch deine Großzügigkeit und die Gnade unseres Herrn die Gelegenheit hatte, mit zweien Seiner größten Apostel zusammen zu sein, ist doch, ihr Zeugnis und die Botschaft der Liebe und Hoffnung des Evangeliums unseres Herrn und Meisters weiterzusagen, sooft ich kann. Außerdem will ich gern meinen Teil der Aufgaben im Geschäft übernehmen und werde mich bemühen, sie so gut ich kann auszuführen."

Philemon nickte, blickte lächelnd von ihm zu Helen und begann wieder: „Eine Sache noch: Wir alle wissen, daß du und Helen in dieser Zeit darauf gewartet habt, das Versprechen einlösen zu können, das ihr euch gegenseitig vor deiner Abreise gabt. Wann immer du dazu bereit bist, werden wir Bischof Papias von der Gemeinde in Hierapolis einladen, um eure Hochzeit zu feiern."

Über Helens Gesicht ging ein Strahlen, und auch Onesimus fühlte, wie er vor Freude rot wurde.

In der Abenddämmerung saß er mit Helen etwa eine Stunde zusammen im Garten, und sie freuten sich an ihrem Beisammensein. Er erzählte ihr dabei noch manches aus seinen ganz persönlichen Erfahrungen, wovon er nicht einmal im Kreis der Familie gesprochen hatte. Diese Dämmerstunde behielten sie in der nächsten Zeit bei, sooft es ging.

Auch im Geschäft setzte er sich mit aller Kraft ein und verbrachte viele Stunden mit Archippus, der die meisten Entscheidungen traf. Sie gingen gemeinsam mit dem neuen Buchhalter durch die Bücher. Theseus war ein junger und intelligenter Grieche aus Athen, dem Philemon die Freiheit gegeben hatte wegen seines aufrichtigen und warmen Charakters und seiner überragenden Intelligenz.

„Theseus hat deinen früheren Platz eingenommen, den vor dir unser alter Polectus innehatte", sagte Archippus. „Unsere Bücher sind bei ihm in den besten Händen."

„Ich bin besonders froh, daß Philemon sein Wort gehalten und den meisten Sklaven die Freiheit gegeben hat", bemerkte Onesimus.

„Wir machen immer wieder gute Erfahrungen damit. Sie können sich ihre freie Zeit selbst einteilen und ihre eigene Kleidung kaufen. Sie haben auch ihre freien Tage, in denen sie Ephesus besuchen können oder, da ja Laodizea sehr nahe liegt, dort die warmen Bäder. Wir haben die Erfahrung gemacht, daß sie viel eifriger und verantwortungsvoller arbeiten auf diese Weise und uns wertvolle Mitarbeiter sind."

„Es ist schon erstaunlich", wunderte sich Onesimus, „daß ehemalige Sklaven nun sogar die Bäder in Laodizea besuchen können, die doch früher nur für reiche und vornehme Leute gedacht waren."

„Ja", bestätigte Archippus, „doch die Freigelassenen sind dankbar dafür und beweisen es in treuer Arbeit. Nur in einer Sache ist Philemon weiterhin sehr streng: Sie dürfen anderen Sklaven gegenüber oder auch in der Öffentlichkeit nicht damit prahlen, daß sie Freie sind, denn wenn sich unsere Handhabung herumspricht, könnte das in der Gesellschaft zu gewissen Schwierigkeiten führen."

„Meinst du nicht, daß das etwas gefährlich werden könnte?" fragte Onesimus.

„Nun schau dir einmal den Mann an, der so redet", antwortete Archippus scherzhaft. „Ist er nicht ein früherer Sklave, der sein eigenes Leben riskierte, als er davonlief? Und nun redet er von den Risiken, die kommen könnten, wenn man Sklaven die Freiheit gibt."

Onesimus mußte laut lachen. „Schon gut", rief er, „ich habe diese Medizin verdient und werde sie schlucken! Wollen wir hoffen, daß sich die Botschaft des Evangeliums von der Liebe und Freiheit in Christus bald soweit in unserer traurigen alten Welt durchsetzt, daß es früher oder später keine Sklaven mehr gibt."

Archippus stimmte zu, meinte aber, es würde darüber sicherlich noch viel Zeit vergehen, denn die Menschen seien im allgemeinen hart und egoistisch, und nur da, wo die Liebe und der Geist Christi wirken könnten, änderten sich die Dinge.

Der Tag der Hochzeit war gekommen. Zwei Wochen hatten die geschicktesten Schneiderinnen des Haushalts am Brautkleid genäht. Am Tag zuvor war der allseits beliebte Papias, Bischof von Hierapolis, eingetroffen. Er hatte sich mehrere Stunden mit Onesimus unterhalten, und dann auch mit Braut und Bräutigam gemeinsam. Er war sehr interessiert und bewegt von all dem, was Onesimus aus Rom zu berichten hatte.

Papias, ein Juwelier, war ein Mann im mittleren Alter. Auch er hatte sich zum Christentum bekehrt, nachdem er Paulus in der Agora von Ephesus predigen hörte. Er war nach seiner Bekehrung einige Zeit in Ephesus geblieben und hatte mit seiner ungewöhnlichen Intelligenz so viel von Paulus gelernt wie nur möglich. Dies, verbunden mit seiner Fähigkeit eines großen Redners, machte ihn zu einer führenden Persönlichkeit mit sehr viel Einfluß in allen Gemeinden Joniens.

Papias besaß ein blühendes Geschäft in der Herstellung und dem Verkauf von goldenen, silbernen und bronzenen Gefäßen sowie Ornamenten und Schmuckwaren und hatte einen großen Haushalt an Sklaven. Durch den Einfluß seines Freundes Philemon hatte er auch schon begonnen, die Sklaven freizulassen, die ihm vertrauenswürdig genug erschienen. Seine Frau, die Mutter von zwei Söhnen, war schon vor längerer Zeit gestorben. Doch die Söhne waren schon alt genug, um im Geschäft viel Verantwortung zu übernehmen. Dadurch hatte er genug freie Zeit, die er seiner Aufgabe als Bischof der Gemeinde Christi widmete.

Da auch er in seiner Jugend in Pergamon studiert hatte, besaß Papias auch umfassende Kenntnise über die Lehren und Gedanken der Philosophen.

Onesimus, der all das wußte, war dankbar für die Gelegenheit einer ausgiebigen Unterhaltung mit Papias. Dabei planten die beiden auch eine gemeinsame Reise, bei der Onesimus von Papias in den verschiedenen Gemeinden Kleinasiens eingeführt werden sollte.

„Du wirst jetzt hier in Jonien dringend gebraucht, mein lieber Onesimus", sagte Papias eifrig. „Dein Zeugnis von den schrecklichen aber trotzdem ermutigenden Ereignissen in Rom sowie deine Beziehung zu Paulus, Petrus und Lukas zusammen mit deiner geisterfüllten Fähigkeit, das Evangelium zu verkündigen — so ist es mir berichtet worden —, machen dich zu einem Mann, den alle Gläubigen in den jonischen Gemeinden dringend benötigen. Wir wissen, daß auch für uns die Zeit der Prüfungen und Verfolgungen gekommen ist. In Philadelphia und Smyrna hat es schon begonnen. Die Leiter der dortigen Synagogen haben direkte Verbindung mit den jüdischen Führern in Jerusalem und Rom. Und auch dort werden schon, genau wie in Rom, wilde Lügen über die angeblichen üblen Taten der Christen verbreitet. Wir brauchen dringend dein geisterfülltes Zeugnis, wobei auch all deine Aufzeichnungen von großer Hilfe sein werden. Ich glaube, der Heilige Geist hat dich auch hier richtig geführt, indem du alles, was ich bei dir sehen konnte, niedergeschrieben hast."

„Ich will sehr gern so viel Zeit dafür einsetzen, wie nötig ist", antwortete Onesimus schlicht. „Philemon und Archippus haben zugestimmt, daß ich vom Geschäft abwesend sein kann, um die Gemeinden zu besuchen und dort zu predigen. Ich möchte allerdings hinzufügen, daß ich mich sehr unwürdig fühle, so große Männer wie Paulus und Petrus zu repräsentieren. Doch ich werde tun, was in meinen Kräften steht."

„Du sollst ja nicht Paulus und Petrus repräsentieren, sondern bist ein Botschafter unseres geliebten Herrn Christus, der dir durch Seinen Heiligen Geist auch die Kraft dazu geben wird", ermutigte Papias ihn. „Ich habe heute nachmittag voller Interesse deinem Bericht gelauscht und in deinen Niederschriften gelesen, und da ich auch von der Gemeinde in Ephesus erfuhr, wie kräftig du dort das Evangelium verkündigt hast, bin ich sicher, daß du einen großen Dienst für unseren Herrn und Seine Gemeinde tun wirst. Doch du solltest auch nicht vergessen, junger Mann, daß du einige wichtige Pflichten deiner hübschen Braut Helen gegenüber hast, die morgen deine Frau wird."

„Ich danke dir für dein Vertrauen, Bruder Papias", antwortete Onesimus.

Beim Abendessen, das die Familie gemeinsam mit Bischof Papias einnahm, wurden nochmals alle Vorbereitungen und der Ablauf der morgigen Hochzeit besprochen.

Onesimus hatte im Laufe des Tages seine wenigen Sachen schon in die neuerbauten Räume gebracht, in denen in Zukunft Helen und er wohnen sollten. Zum erstenmal schlief er nun darin — und zwar in dieser Nacht noch allein, das heißt, soweit er überhaupt schlief. Sein Herz war mit Dank erfüllt über alle Führungen Gottes in Seinem Leben und mit Freude im Blick auf die morgige Hochzeit.

Doch dann mußte er wieder über das Gespräch mit Bischof Papias nachdenken. Er kniete am Bett nieder und betete: „Herr, Du weißt, was in meinem Herzen ist, wie sehr ich Dich liebe und für Dich leben möchte. Du weißt aber auch, wie oft ich noch mit den Zweifeln meiner alten Natur zu kämpfen habe. Hilf mir, sie allezeit zu besiegen. Ich will Dir für die Zukunft vertrauen, Herr, und für alle Aufgaben, die Du mir übertragen willst, denn ich weiß: *Ich vermag alle Dinge durch Dich, der Du mir die Kraft dazu gibst.*"

Damit legte er sich zu Bett. Doch es dauerte noch eine geraume Zeit, bis er einschlafen konnte.

36. KAPITEL

Die Hochzeit von Helen und Onesimus fand am Nachmittag im Rahmen eines schlichten Gottesdienstes im Garten von Philemons Anwesen statt. Der gesamte Haushalt Philemons sowie die ganze Gemeinde und viele Freunde der Familie nahmen daran teil. Vor allen die nichtchristlichen Bekannten Philemons, die eingeladen waren, beobachteten die Feier voller Interesse. Die übliche Praxis bei Juden und anderen Religionen war, daß die Hochzeitszeremonie hauptsächlich im Rahmen des großen Festessens stattfand. Ein besonderer Gottesdienst für eine Hochzeit war für sie etwas Neues, was sie staunend miterlebten.

Der Gottesdienst begann mit Gebet und einem sich anschließenden Lied von Alcestia. In der anschließenden Predigt von Papias nahm der Bischof Bezug auf die auch bei ihnen schon bekannte Geschichte der Anwesenheit Jesu bei der Hochzeit in Kana in Galiläa, wo Er Wasser in Wein verwandelt hatte. Alle waren tief bewegt von den wunderbaren Worten und Gedanken des Bischofs. Er schloß mit den Worten: „Wir wollen dankbar sein für die Gegenwart des lebendigen Herrn Jesus Christus in unserer Mitte, der euch, Onesimus und Helen, durch Seinen Heiligen Geist segnet, wenn ihr nun durch den Bund der Ehe in ein gemeinsames Leben geht, das solange dauert, wie ihr auf dieser Erde seid."

Daran anschließend las er zur großen Freude von Onesimus noch das „Lied der Liebe" aus dem Brief des Apostels Paulus an die Korinther.

Als die Gemeinde sich dann von ihren Sitzen erhob und

Onesimus und Helen mit freudigem Ja sich gegenseitig lebenslange Treue gelobt hatten, knieten die beiden nieder. Nun rief der Bischof die Ältesten der Gemeinde von Kolossea nach vorn, und als er nun gemeinsam mit ihnen unter Handauflegung den Segen Gottes auf das Brautpaar herabflehte, standen den meisten der Anwesenden Tränen in den Augen.

Anschließend stimmte die Gemeinde noch ein frohes Danklied an, und die ganze Feier wurde mit einem Dankgebet abgeschlossen, zu dem Philemon von Bischof Papias aufgefordert wurde.

Nun wurde das Ereignis fröhlich gefeiert. Auf der anderen Seite des Gartens war ein großes Zelt errichtet worden, in dem das Festmahl stattfand. Musikanten begannen zu spielen, das Brautpaar nahm viele Glückwünsche und Geschenke entgegen. Alle freuten sich mit an dem Glück der nun vermählten beiden jungen Menschen, das man ihnen ansehen konnte.

Die Nichtchristen unter den Gästen wunderten sich, daß hier die Sklaven genauso froh mitfeierten wie alle anderen. Archippus verbreitete zur Vorsorge hier und da unter den Gästen die Mitteilung, dies sei auf ausdrücklichen Wunsch von Onesimus hin geschehen, der ja früher selbst einmal Sklave gewesen war. Philemon hielt an der Tafel eine zu Herzen gehende Rede, in der auch er den beiden Neuvermählten den Segen Gottes für ihr ganzes gemeinsames Leben wünschte. Danach war das Zelt erfüllt von den vielen Stimmen der Tischgespräche, von Lachen und Fröhlichkeit.

Papias, der neben Onesimus saß, sprach den Bräutigam an im Blick auf seinen Besuch in Hierapolis. Onesimus antwortete: „Ich habe der Gemeinde in Ephesus versprochen, sobald wie möglich zu ihnen zu kommen. Helen und ich haben uns vorgenommen, gleich nach unserer Hochzeit gemeinsam nach Ephesus zu reisen. Nach unserer Rückkehr will ich dann gern nach Hierapolis kommen, dort von meinen Erlebnissen berichten und das Evangelium verkündigen;

und es wird mir eine Freude sein, dies dann auch in den anderen Gemeinden Kleinasiens zu tun."

Papias wandte sich lachend an die Braut: „Helen, du solltest aus euren gemeinsamen Tagen soviel wie möglich machen, denn ich bin sicher, daß dein Gatte sehr oft unterwegs sein wird." Ernster fügte er hinzu: „Ich denke, es ist die gute Hand unseres Herrn, der dafür gesorgt hat, daß du nun bei uns bist, Onesimus. Ich habe mittlerweile auch schon eine Einladung für dich von der Gemeinde in Antiochien erhalten. Sie fügten hinzu, du sollst mit deinem Besuch bei ihnen nicht zu lange warten."

Als das Fest vorüber war und alle Gäste sich auf den Heimweg gemacht hatten, versammelte sich die Familie noch im Atrium zu einer Zeit des Gebets, in der sie nochmals besonders die Gegenwart ihres Herrn und das Wirken des Heiligen Geistes verspürten.

Als sich die anderen zurückzogen, machten die Neuvermählten noch einen Spaziergang zur Brücke über den Lycus, wo sie vergangenen Erinnerungen nachhingen. Dann kehrten sie in ihr nunmehr gemeinsames Schlafgemach zurück und ergaben sich ihrer Liebe.

Ehe sie spät in der Nacht einschliefen, beteten sie nochmals zusammen und waren von der tiefen Überzeugung durchdrungen, daß nichts, nicht einmal der Tod, sie trennen konnte von der Liebe, die in Christus Jesus ist.

EPILOG

Die kirchengeschichtlichen Überlieferungen erzählen uns, daß Onesimus in den kommenden 30 Jahren gemeinsam mit dem Apostel Johannes, der nicht nur Bischof von Ephesus, sondern von ganz Jonien wurde, dem Herrn diente. Johannes, der von den anderen *der geliebte Apostel* genannt wurde, war dadurch der geistliche Leiter der Christen in ganz Kleinasien. In dem Maße, in dem der Apostel älter und schwächer wurde, nahm Onesimus an Kraft und Weisheit zu.

Johannes starb als sehr alter Mann von 95 oder noch einigen mehr Jahren. Danach wurde Onesimus im Alter von 55 Jahren von der Gemeinde in Ephesus zu ihrem Bischof gewählt und wurde also dort der Nachfolger des Apostels Johannes.

Das weitere Leben von Onesimus ist eine faszinierende Geschichte. Dabei wurde sein Glaube immer wieder auf die Probe gestellt. Zum Beispiel bei dem großen Erdbeben, das 64 n.Chr. Klossea zerstörte und bei dem der größte Teil seiner Familie ums Leben kam; bei der Auseinandersetzung mit der Irrlehre der Gnostiker, die für einen philosophisch gebildeten Verstand so anziehend war und so viele Spaltungen in die Gemeinde Jesu brachte; bei den immer wiederkehrenden Christenverfolgungen unter den Kaisern, die nach Nero den römischen Thron bestiegen. Die Geschichte von Onesimus zeigt ihn auch, wie er zusammen mit anderen Christen dem alten Apostel Johannes zuhörte, wenn dieser von dem Leben, den Lehren, dem Tod und der Auferstehung Jesu Christi erzählte.

Als Bischof von Ephesus wurde Onesimus durch den Heiligen Geist ausgerüstet, mit seinem immer mehr wachsenden Glauben die Gemeinde in Ephesus stark und furchtlos durch die zweite Welle der Christenverfolgung zu führen, die der unter dem Kaiser Nero folgte und von der uns Eusebius in seiner Chronik sagt:

„*Der Kaiser Domitian war der erste, der sich selbst zum Herrn und Gott erklärte . . . Domitian war nach Nero der zweite, der die Christen verfolgen ließ.*"

Dann folgte die dritte Welle der Christenverfolgung unter dem Kaiser Trajan. Plinius berichtet, daß der römische Statthalter von Antiochien 117 n.Chr. den Bischof von Antiochien, Ignatius, verhaften ließ. An zehn Soldaten gekettet wurde er auf einer Landreise durch Cilicien und Kleinasien bis nach Rom gebracht, wo er getötet wurde. Unterwegs wurde es ihm gestattet, in Laodizea, Philadelphia und auch in Smyrna kurze Unterbrechungen einzulegen. Hier traf er den bekannten Bischof Polycarp und Vertreter der Nachbargemeinden aus Ephesus, Magnesia und Tralia. Unter diesen christlichen Führern befand sich auch Onesimus, der Bischof von Ephesus.

Als Ignatius anschließend der Gemeinde in Ephesus schrieb, erwähnte er auch den bescheidenen, ruhigen aber kraftvollen Charakter von Onesimus: „*Ich empfing die Grüße eurer Gemeinde durch euren Bischof Onesimus, einen Mann, der mehr Liebe ausstrahlt, als man beschreiben kann. Mein Gebet ist, daß ihr ihn mit dem Geist Jesu lieben sollt und seinem Beispiel nacheifert. Gepriesen sei Er, der euch einen solchen Bischof geschenkt hat.*"

So wurde einer, der einmal beschlossen hatte, nur noch sein eigener Herr zu sein, zu einem Sklaven Jesu Christi, so daß Sein Herr ihn als rechtes Werkzeug in Seiner Gemeinde und vor allem als Bischof in Ephesus gebrauchen konnte. Die Worte von Paulus und Johannes blieben in seinem Leben stets Wirklichkeit: „*So steht nun fest in der Freiheit, zu der euch Christus befreit hat!*"

„*Und vor allem: liebet einander! Denn Gott ist die Liebe!*"

DIE CHRONOLOGIE
DES LEBENS VON ONESIMUS

Ereignisse	ungefähre Daten	römische Kaiser	Onesimus' Alter
Onesimus' Geburt	33 n. Chr.		
Als Sklave verkauft	50 n. Chr.	Claudius (41-57)	17
Erste Reise nach Ephesus	56 n. Chr.	Nero (57-68)	23
Flucht nach Rom	April 60 n. Chr.		27
Bei dem Apostel Paulus	Juni 60 n. Chr.		27
Rückkehr nach Kolossea	August 61 n. Chr.		28
Rückkehr nach Rom	Oktober 61 n. Chr.		28
Paulus' Tod	März 62 n. Chr.		29
Brand Roms — Petrus Tod	Mai 62 n. Chr.		29

Ereignisse	ungefähre Daten	römische Kaiser	Onesimus' Alter
Rückkehr nach Kolossea — Heirat	Sommer 62 n. Chr.		29
Erdbeben in Kolossea	Oktober 64 n. Chr.		31
nach Ephesus zum Apostel Johannes	65 n. Chr.		32
Mitarbeit beim Schreiben des Johannesevangeliums	90 n. Chr.	Domitian (81-96)	57
Tod des Apostels Johannes	92 n. Chr.		59
Onesimus Bischof von Ephesus	92-117 n. Chr.	Nerva (96-98)	59
Zusammenstellung der Schriften von Paulus	107 n. Chr.		74
Treffen mit Ignatius in Smyrna	117 n. Chr.	Trajan	84
Onesimus' Tod	117 n. Chr.		84